教师教育课程标准配套教材

教育学

JIAO YU XUE

张翔◎著

北京师范大学出版集团
BEIJING NORMAL UNIVERSITY PUBLISHING GROUP
北京师范大学出版社

图书在版编目(CIP)数据

教育学/张翔编著. — 北京：北京师范大学出版社，2016.10
(教师教育课程标准配套教材　全国教师资格证书考试通用教材)
ISBN 978-7-303-21270-5

Ⅰ. ①教…　Ⅱ. ①张…　Ⅲ. ①教育学－中小学－教师－聘用－资格考试－教材　Ⅳ. ①G40

中国版本图书馆 CIP 数据核字(2016)第 217380 号

图书意见反馈　**gaozhifk@bnupg.com　010-58805079**
营销中心电话　010-58802755　5880035
编辑部电话　010-58802786

出版发行：北京师范大学出版社　www.bnupg.com
　　　　　北京市西城区新街口外大街 12-3 号
　　　　　邮政编码：100088
印　　刷：北京虎彩文化传播有限公司
经　　销：全国新华书店
开　　本：730 mm×980 mm　1/16
印　　张：19.75
字　　数：340 千字
版　　次：2016 年 10 月第 1 版
印　　次：2024 年 11 月第 5 次印刷
定　　价：36.00 元

策划编辑：郭　翔　　　　责任编辑：路　娜　郭　翔
美术编辑：焦　丽　　　　装帧设计：焦　丽
责任校对：陈　民　　　　责任印制：马　洁

前 言

《教育学》是教师教育的理论符号。随着我国教师教育改革发展以及教师资格国考政策的纵深推进，《教育学》的完善与更新势在必行。众所周知，教师资格证是教师入职的专业门槛，更是教师质量保障的重要机制之一。2011年，教育部在浙江、湖北两省率先启动中小学教师资格考试改革和定期注册(简称“教师资格新政策”)试点；2015年，教师资格新政策全面实施。根据教师资格新政策，师范生必须通过全国教师资格统一考试方可获证。《教育学》作为师范生的专业理论课程和助考课程，在当前状况下却难以为师范生参加全国教师资格统一考试提供助力。因此，教师资格新政策背景下《教育学》如何编写？《教育学》的“学科逻辑”与“应试逻辑”如何整合？《教育学》内容选择和编排方式如何创新？成了当前每位教育学人面临的理论与实践问题。

基于此虑，本书力图在以上几个方面做一点突破。全书共分四编十章，均由贵州师范大学教育科学学院张翔博士独自完成，编著呈现出以下特点：

第一，学科逻辑与应试逻辑有机整合。本书严格遵循《教育学》的学科逻辑，紧扣“教育是什么”“为什么要教育”“如何教育”“教育何以保障”这四个教育基本问题进行理论建构，为师范生提供完整的教育理论框架，确保《教育学》的学科逻辑。同时，考虑《教育学》的助考需要，本书严格按照国家教师资格统一考试《教育知识与能力》考试大纲进行编著，力图做到考试内容全覆盖，为师范生参加全国教师资格统一考试提供助力。

第二，教育知识与考试内容的深层融合。本书全面整合国内外数十部《教育学》经典教材，并结合教师教育自身的特点和目前全国教师资格统一考试要求，精准选择教育知识内容。全书除教育教学知识以外，还融入全国教师资格统一考试的部分经典考题，每章结尾部分还附有知识框架思维导图，实现了教育知识与考试内容的深层次融合。

第三，直线式编排与螺旋式编排并行并重。本书注重顶层设计，确定四个模块，且每个模块相互独立而又不失神合，确保教育内容的直线推进，避免不必要的知识重复。同时，本书还采用螺旋式编排方式，根据学生的认知发展水平，在不同章节有效植入已学知识，不断加深师范生对教育知识的理解与拓展。此外，本书编著坚持理论与实践相结合的原则，每一章的编著都包括理论与实践两个部分，便于师范生记忆与运用教育教学知识。

本书系贵州省2015年度省级本科教学工程建设项目——贵州省高等学校教学内容和课程体系改革重点项目“教师资格新政策背景下师范院校教师教育类理论课程建设研究”(课题批准号：2015JG10)的最终研究成果。全书的编撰借鉴了许多学术论文和兄弟院校教材的观点和材料，囿于篇幅，未能一一标注，敬请海涵。在此，我向给予我启示和指导的陈新宇教授表示真挚的感谢，同时感谢研究生赖翔晖和梁建华在资料收集中的付出与贡献。由于时间紧迫，水平有限，本书的疏漏之处难以避免，敬请广大读者提出宝贵意见，以便日后不断修正。

张 翔

贵州贵阳思贤山下

2016年6月

目 录

绪 论

本章要点

通过本章学习，我们将：

1. 掌握教育学的概念；

2. 了解国内外著名教育家的代表作及主要教育思想；

3. 了解教育研究的基本方法，包括观察法、调查法、历史法、实验法和行动研究法。

核心概念： 教育学 《学记》《普通教育学》 教育研究方法

[导学]“教育学的尊严”与教育学的“失语”

王雪峰

所谓“教育学的尊严”问题，就是教育学得不到其他人文社会学科应有的尊重，处于“次等学科”(sub discipline)地位的问题。“教育学的尊严”成为问题，进而导致教育学者的尊严也成为问题，教育学从业者无法获得学术自豪感，这正是教育学界对此耿耿于怀的原因。

中国教育学界有一个历久弥新的话题——“教育学的尊严”，也许当中国大学出现了教育系科之后，这个话题就开始出现了。谓予不信，请看小说《围城》中钱锺书先生的一段妙论：“理科学生瞧不起文科学生，外国文学系学生瞧不起中国文学系学生，中国文学系学生瞧不起哲学系学生，哲学系学生瞧不起社会学系学生，社会学系学生瞧不起教育系学生，教育系学生没有谁可以给他们瞧不起了，只能瞧不起本系的先生。”(《围城》，人民文学出版社 1991 年版，第 72 页)

教育学者肖川在 2002 年出版的一本书中写道：“‘教育学不是科学’曾是人们普遍焦虑的问题，成了人们质疑教育学存在合法性的几乎是唯一的理由与根据。尽管今天人们对‘唯科学主义’有了相当的警觉，在这一观念上有了很大的改变，但教育学的学术品质因而关涉到教育学的尊严的问题，仍是业内人士萦绕于心的主题。”(肖川：《教育学的尊严》，收入《教育的理想与信念》，岳麓书

社，2002 年版，第 11 页）

十年来，教育学者围绕这个问题发表了大量文章，直到今年年初仍有人在《中国教育报》著文呼吁“让教育学成为有尊严的学科”(马凤岐：《让教育学成为有尊严的学科》，《中国教育报》，2012 年 1 月 31 日)。

资料来源：《中华读书报》 2012-11-28

一、教育学概述

初涉教育学，不禁要问：“教育学是什么”“为什么要学教育学”“怎么学好教育学”。其中，“教育学是什么”指向教育学的概念界定；“为什么要学教育学”指向教育学的功能分析；“怎么学好教育学”指向教育学的学习路径。这三个基本问题构成了教育学本论的基础，也是全书的开端。在这三个基本问题中，教育学的概念问题属于起点问题。回答这一回答的根本在于确立教育学的“基本面目”。教育学的基本面目即“教育学的学科要素”，具体内容包括教育学的研究对象、学科性质和研究方法。因此，本书先逐一探讨教育学的上述三个基本要素，最后再界定何谓“教育学”。

(一)教育学的研究对象

任何学科都必须有它特定的研究对象。毛泽东同志曾经说过：“每一种社会形式和思想形式，都有它的特殊矛盾和特殊的本质。科学研究的区分，就是根据科学对象所具有的特殊的矛盾性。因此，对于某一现象的领域所特有的某一种矛盾的研究，就构成某一门科学的对象。”①吴康宁先生指出，不管人们是在对哪一门类的学科认识，也不管人们从各自角度提出了多少标准，只要是一门学科，其最根本的特征主要体现在对象和方法两个方面。如果说第三个方面，则是在此基础上形成的理论体系。因此，学科的命名也概略地出现这样的分布：或以对象命名，或以方法命名②。

据此，我们认为，规定一个学科是它本身而非其他，不外乎两个标准：一是研究对象，二是研究方法。众所周知，教育学没有独特的研究方法，教育学的独特性与合法性就只能寄望于其研究对象。然而，截至 2015 年年底，有关教育学理论的著作(包括专著、编著等)数百部。其中，绝大多数都对教育学的研究对象做了解读。笔者通过国家图书馆、网络书店(超星图书馆、卓越网、

① 毛泽东．矛盾论[A]．毛泽东选集[C]．北京：人民出版社，1964.08：284.

② 吴康宁．教育社会学[M]．北京：人民教育出版社，1998.07：18.

当当网和孔夫子旧书网）等渠道，收集数百部教育学著作，并选取其中 100 部具有一定影响力的教育学著作（中图分类：G40）作为样本。样本名称涉及“教育学”“教育学基础”“普通教育学”“教育概论”“教育原理”和“教育学原理”等。统计发现，当前我国关于教育学研究对象的表述主要集中在以下几个方面，如表绪-1 所示。

表绪-1 教育学研究对象情况统计

项目 / 研究对象	著作（部）	占比	主要代表人物及其作品
教育	4	4%	[苏]凯洛夫．教育学[M]．北京：人民教育出版社，1953. [苏]巴拉诺夫等．教育学[M]．北京：人民教育出版社，1979.
教育事实	5	5%	李承武．现代教育学[M]．重庆：西南师大出版社，1997. 石佩臣．教育学基础理论[M]．长春：东北师大出版社，1996.
教育现象	17	17%	金一鸣．教育原理[M]．合肥：安徽教育出版社，1995. 胡德海．教育学原理[M]．北京：人民教育出版社，2013.
教育问题	19	19%	[日]大河内一男、海后宗臣．教育学的理论问题[M]．曲程、迟凤年译．北京：教育科学出版社，1984. 成有信．教育学原理[M]．郑州：河南教育出版社，1993.
教育规律	7	7%	中国大百科全书编写委员会．中国大百科全书·教育[M]．北京：中国大百科全书出版社，1985. 李放．教育学基础[M]．沈阳：辽宁教育出版社，1990.
教育现象与教育问题	27	27%	王道俊，王汉澜．教育学[M]．北京：人民教育出版社，1999. 蒲蕊．教育学原理[M]．武汉：武汉大学出版社，2010.

续表

研究对象 \ 项目	著作（部）	占比	主要代表人物及其作品
教育现象及其规律	21	21%	南京师大教育系．教育学[M]．北京：人民教育出版社，1984. 华中师大教育系等．教育学[M]．北京：人民教育出版社，1982.

本书认为，教育现象只是教育问题生存的时空场域，不能构成教育学的研究对象。教育规律是教育研究的目的和结果而非研究对象。只有教育问题才是教育学实至名归的研究对象。科学的教育学所要研究的就是教育事实问题、教育价值问题和教育实践问题。

(二)教育学的学科性质

教育学的学科性质问题，实际上是一个教育学的科学分类问题，即教育学属于什么类型的学科。关于教育学究竟是一门什么样的学科？历来纷争不断。比较突出的意见有两派：一派认为教育学应是一门自然科学，就像数学、物理学、生理学等那样规范严谨的自然科学。近代教育学科学化运动肇始于德国教育学家赫尔巴特(J. F. Herbart，1776—1841)，其代表作《普通教育学》(1806年)在西方享有第一本“科学教育学”的盛誉；19世纪末20世纪初，出现了“实验教育学”派，更是将教育学的科学化运动推向了巅峰。而另一派则是把教育学视为一门人文科学(精神科学)。这一流派认为，不能完全按照自然科学的模式来研究和建构教育学，即教育学不可能被彻底科学化。这派的代表人物有卢梭、康德、杜威、雅斯贝尔斯等。

20世纪70年代初期，联合国教科文组织出版三卷本《社会科学和人文学科研究中的主要趋势》，书中将社会科学和人文学科划分为社会学、政治学、心理学、经济学、人口学、语言学、人类学、历史学、艺术及艺术科学、法学、哲学等11个学科。前5种学科倾向于归为社会科学，后6种学科倾向于归为人文学科。① 值得注意的是，教育学未包含于其中。

在我国，较早的一些教育学教科书和教育学辞典都认为教育学属于社会科学。例如，王道俊等编著《教育学》认为：“教育学就是研究教育现象和教育问

① 方华，刘大椿．走向自为——社会科学的活动与方法[M]．重庆：重庆出版社，1992.12：6—8.

题，揭示教育规律的科学。”①这里理解的科学是社会科学。王汉澜教授主编的《教育学》明确提出“教育学就是研究教育现象，揭示教育规律的一门社会科学”。②《教育百科辞典》中表述教育学为“研究教育现象、揭示教育规律的一门科学”，是“一门社会科学”。③ 还有其他一些版本的教育学教材均是此类表述，都认为教育学是一门研究教育现象、揭示教育规律的社会科学。

目前，我们注意到两派出现合流的新动向，即教育学的科学—人文走向，而且已有不少学者在做科学—人文教育学的建构工作：如由联合国教科文组织编写的《学会生存——教育世界的今天和明天》一书就在这方面做出了可贵的探索，提出所谓“科学人道主义的教育学”，在国际上产生了很大的影响。国内有学者也提出建构“人文·科学教育学”的主张。

在学科制度方面，《中华人民共和国学科分类与代码国家标准(GB/T 13745—92)》将教育学归为人文与社会科学类。其实，“教育学的问题既不单纯是逻辑实证的问题，也不单纯是语义分析的问题，而首先是历史观、价值观的问题，是社会批判和文化批判所依据、所坚守的理想与信念的问题。”④因此，我们不能简单地把教育学的学科性质定论为科学性或人文性，这原本就是一个二者兼而有之的复杂问题，教育学属于人文社会学科。

(三)教育学的研究方法

教育研究方法，即探索、发现、揭示教育规律性知识，有目的、有计划、系统地建构教育科学理论，以解决教育问题的一整套思维方式和行为规则的总和。目前，常用的教育研究方法主要有五种，即观察法、调查法、实验法、历史法、行动研究法。

1. 观察法

教育观察法是研究者在比较自然的条件下，通过感官或借助于一定的科学仪器，在一定时间、一定空间内进行的有目的、有计划的考察并描述教育现象的一种研究方法。

观察法的基本实施步骤包括：

(1)事先做好准备。制订观察计划，先对观察的对象作一般的了解，然后

---

① 王道俊，王汉澜．教育学[M]．北京：人民教育出版社，1999.09：5.

② 王汉澜．教育学[M]．开封：河南大学出版社，1989.06：16.

③ 张念宏，徐仁声．教育百科辞典[M]．北京：中国农业科技出版社，1988.07：33.

④ 劳凯声．中国教育学研究的问题转向——20世纪80年代以来教育学发展的新生长点[J]．教育研究，2004(04)：17—21.

根据研究任务和研究对象的特点，确定观察的目的、内容和重点，最后制订整个观察计划，确定观察的步骤、次数、时间、记录用纸、表格，以及所用的仪器等。

(2)按计划进行实际观察。在观察过程中，一般要严格按计划进行，必要时也可随机应变，观察时要选择最适宜的位置，集中注意力并及时作记录。

(3)及时整理材料。对大量分散材料进行汇总加工，删去一切错误材料，然后对典型材料进行分析，如有遗漏，及时纠正，对反映特殊情况的材料另做处理。

2. 调查法

教育调查法是在科学方法论和教育理论的指导下，通过问卷、访谈、测量等方式，有目的、有计划、系统地收集有关教育问题或教育现状的资料，从而形成关于教育现象的科学认识的一种研究方法。根据调查方式不同，可以把调查法分为问卷调查、访谈和测量三种方式；根据调查范围不同，可以把调查法分为全面调查、重点调查、抽样调查三种范围。

调查法的基本实施步骤包括：

(1)准备。选定调查对象，确定调查范围，了解调查对象的基本情况；研究有关理论和资料，拟订调查计划、表格、问卷和谈话提纲等，规划调查程序和方法及各种必要的安排。

(2)按计划进行调查。这是调查研究最为关键的环节。在具体的实施过程中，要通过各种手段搜集材料，力求收集的资料全面、系统，必要时可根据实际情况，对计划作相应的调整，以保证调查工作顺利开展。在收集资料时，要注意所收集的资料的典型性、客观性和真实性。

(3)整理资料，研究情况。分类整理所收集到的资料，并对其进行统计分析，进而研究策略。常用的资料整理方法包括分类、统计、分析、综合。

(4)撰写调查报告。根据资料分析研究所得出的结论，撰写调查报告。

3. 实验法

教育实验法是在人为控制某一变量或多个变量的情况下，有目的、有计划地观察教育现象的变化与结果的一种方法。实验法分为自然实验法和实验室实验法两类。其中，自然实验法是在日常教育工作的正常条件下进行；而实验室实验法则是在人工设置的条件下进行，可借助各种仪器和现代技术。通常情况下，教育研究更多采用自然实验法。利用教育实验法，研究者可以精准地挖掘教育现象之间以及教育现象与其他因素之间的因果关系。

实验法的基本实施步骤包括：

(1)确立实验目的、方法和组织形式，制订实验计划。确定实验目的是教育实验研究的第一步。在确定实验目的后，要根据实验目的选择实验方法，确定实验组织形式等，并撰写实验计划。

(2)创造实验条件，准备实验用具。在确定实验计划后，要根据实验方案进行实验准备，要准备实验所需要的各项器材，为实验的顺利实施做好准备。

(3)开展实验。要求在教育实验开展的各阶段，做精确而详尽的记录。对实验资料的有效收集，是保证后续研究的基础。如果收集的实验资料不够全面，就会影响实验的结果。

(4)处理实验结果，得出实验结论。教育实验需要考虑各种因素的作用，慎重核对结论，力求排除偶然因素作用。

4. 历史研究法

教育历史研究法是运用历史资料，按照历史发展的顺序对过去的教育事件进行研究，以发现教育规律的一种研究方法。

历史研究法的基本实施步骤包括：

(1)收集史料。史料是历史研究的出发点。收集史料并不仅仅意味着收集与研究问题相关的历史文献，而且要掌握鉴定史料的方法，以确定史料来源的真实性和其价值。历史研究的资料主要有两个来源：第一手资料和第二手资料。第一手资料是关于要研究的事件或经历的原始描述，它包括原始文件、真正参加者或直接观察者的报告，被研究的教育家本人的论著、演说稿和日记、会议记录、调查报告等。第二手资料是对事件或经历至少处理过一次的资料，包括各类参考书、他人传抄的记事、传闻、各类出版物等。研究者在使用历史文献前，必须确定哪些是第一手资料，哪些是第二手资料。在研究中，要尽量使用第一手资料。

(2)鉴别史料。历史分析要使用大量文献资料。研究者就要善于鉴别史料，要把握基本的辑佚、校勘、训诂的方法，同时研究者要建立批评的态度。史料必须首先服从于外在批评，即评价史料文献的有效程度——文献在哪里产生的、什么时候产生的、谁记录的，只有在回答了这些问题的基础上，才能保证文献的真实可靠；其次还必须服从于内在批评即文献内容的意义、精确度和可信程度。内在批评涉及作者的风格、技巧以及大量文献的相互参照。对史料的内在批评和外在批评，是确定史料来源真实可信与可用性的必要过程。

(3)分类与整理史料。在对不同来源的史料的相关价值确立以后，研究者就应该将所得的史料加以综合整理。在这个过程中，研究者必须解决史料之间的不一致所带来的矛盾，并根据研究目的取舍这些材料。

5. 行动研究法

教育行动研究法是指教育实践工作者在自己工作环境中，通过自主的反思性探索，解决教育教学实际问题的一种研究方法。换言之，教育行动研究是教育实践工作者将工作情境和研究情境合为一体的一种研究方法。

行动研究法的基本实施步骤包括：

(1)发现问题。从实践中寻找需要解决且值得研究的问题。

(2)分析问题。对问题加以聚焦与界定，诊断问题产生的原因和探讨可能的解决方案。

(3)设计研究方案。具体地确定问题解决的目标、措施、评价指标等。

(4)实施研究方案。根据方案，把解决问题、改进实践的具体措施有计划地落实到实践中。

(5)评价与总结。对实施方案的效果进行评价。如果效果明显，可以进行总结和论文的撰写。

(6)修正方案进一步实施。如果实施方案的效果不明显，要进行反思，修改措施，进一步实施，直到问题解决。

当然，上述列举的五种研究方法并非专属教育学的研究方法，因此，我们不能根据教育学的研究方法来确认教育学概念，而只能根据教育学的研究对象和学科归属来确定教育学的概念。据此，本书对教育学做出如下界定：教育学是一门研究教育问题的人文社会学科。

二、教育学的价值

(一)获取教育科学知识

教育科学知识是人们在长期的教育教学实践和教育科学研究过程中的经验总结。研习者研习《教育学》，可以获得系统而科学的教育科学知识。这些知识包括四个方面：第一，关于教育本质的知识，即弄清“教育是什么”。这部分涉及“教育的内涵、构成要素、起源、基本形态以及发展脉络”等方面的知识。第二，关于教育价值的知识，即弄清“为什么要教育”。这部分涉及“教育的个体价值和教育的社会价值”两个方面的知识。第三，关于教育运作的知识，即弄清“怎么办教育”。包括“确立教育目的、构建教育制度、确定教育者、选择教育内容、设计教育途径等”。第四，关于教育保障的知识，即弄清“教育何以保障”。限于书中篇幅，在本书中，这部分主要包括“德育”和“班级管理”。

(二)树立教育理念

教育理念是指导教育行为的思想观念和精神追求。只要有教育行为发生，就一定有教育理念在起作用，只不过有些人的教育理念比较明确，有些人则比较模糊。对于在有组织、有目的的教育系统中专门从事教育工作的人员来说，具有明确和先进的教育理念，是最基本的素质要求。教育理念主要涉及三个方面的内容：首先是教育观，即如何看到教育。不同的教育观会产生不同的教育行为。通过研习教育学，可以构建正确的素质教育观，即明确教育应该“一切为了学生、为了一切学生、为了学生的一切”。其次是学生观，即如何看到学生。通过研习教育学，可以构建“以人为本”的学生观，自觉将学生视为具有能动性的发展主体。最后是教师观，即如何看待教师。通过研习教育学，可以形成终身学习的教师观。

(三)掌握教育规律

教育学的根本任务在于探索和揭示教育的一般规律，以更好地指导教育实践。只有认真研习教育学，对教育的规律有深刻的认识，才能在具体而繁杂的教育工作中，更有预见性和全面性，取得更好的教育效果。当然，教育学揭示的教育规律与其他社会学科的规律一样，具备必然性的同时，也具有一定的或然性。因此，研习者掌握教育的一般规律，还需要与实践操作中的具体方法和技术联系起来。

(四)构建教育素养

优质教育需要优质教师。“做一个研究型、专家型教师，已成为我国教育教学改革的重要特征①。”为此，作为广大的一线教师，必须要改变以前那种被动消极的单一教师形象，树立起主动的、积极的多维教师形象，实现教师专业发展。教师专业发展包含着丰富的内涵，其中至关重要的一项内容就是确立“教师作为研究者”的教师发展新理念，做研究型教师。研究型教师不仅需要“埋头拉车”，还要能“抬头看路”。然而，要能“抬头看路”，必须具备相应的教育理论知识。研习教育学，可以构建教育理论素养，成为一个研究型教师奠定理论基础。

三、教育学的学科发展

教育学的产生与发展经历了教育学的萌芽、独立、发展以及理论深化等四

---

① 全国十二所重点师范大学．教育学基础[M]．北京：教育科学出版社，2008.12：296.

个阶段，每个阶段均具有不同特征。

(一)教育学的萌芽阶段

教育学的萌芽阶段经历了整个古代社会。西方国家教育学的萌芽阶段，是从古希腊、古罗马时期开始一直到资产阶级革命前夕(约 2000 年)；而我国则是从春秋战国时期一直持续到清末(约 2500 年)。这一时期教育学没有形成独立形态，诸多教育思想与哲学、伦理学、宗教思想混杂在一起，以教育经验和不系统的教育思想为表征。此阶段，所有的教育思想都仅仅停留于经验的描述，并时常带有类比、臆测的色彩，缺乏科学的理论分析；没有形成完整的体系，更没有形成专门的研究对象和研究方法。这一时期教育思想主要散见于当时的哲学、宗教、伦理学、政治学甚至文学著作之中。(见表绪-2)。

表绪-2　教育学萌芽阶段教育名家名著及其教育主张(略表)

国别	教育家	代表作	主要教育思想	备注
中国	孔子	《论语》	1. 教育的人学基础："性相近也，习相远也""有教无类"。 2. 教育目的：培养"君子或士"。 3. 教育内容：六艺(诗、书、礼、乐、易、春秋)。 4. 教育方法：重视因材施教、强调"不愤不启，不悱不发"等启发式教学等。	
	孟子	《孟子》	1. 教育的人学基础：人性本善。 2. 教育目的：培养"大丈夫"人格等。	
	乐正克	《学记》	1. 教育目的：化民成俗。 2. 教育制度：古之教者，家有塾，党有庠，术有序，国有学。 3. 教育方法：学不躐等；预时孙摩；故君子之教，喻也：道而弗牵，强而弗抑，开而弗达。 4. 教师与学生：凡学之道，严师为难。师严然后道尊，道尊然后民之敬学。	《学记》是中国古代，也是世界上最早的一部专门论述教育和教学问题的论著。

续表

国别	教育家	代表作	主要教育思想	备注
古希腊	苏格拉底		1. 教育目的：造就治国人才。 2. 教育内容：德智体。 3. 教育方法：产婆术（讥讽、“助产”、归纳定义）。	
	柏拉图	《理想国》	1. 教育的人学基础：人包括金质之人、银质之人和铜质之人。 2. 教育目的：培养“哲学王”。 3. 教育内容：“四科”（算术、几何、天文、音乐）。 4. 教育方法：首次提出“寓学习于游戏”。	
	亚里士多德	《政治学》	1. 教育的人学基础：人有三种灵魂，即理性灵魂、非理性灵魂和植物性灵魂。 2. 教育目的：培养身体、德行和智慧得以和谐地发展之人。 3. 教育内容：“百科全书”式的课程。他主张学生在德、智、体、美等方面全面发展。 4. 教育方法：重视练习与实践。 5. 教师与学生：我爱我师，我更爱真理。	
古罗马	昆体良	《雄辩术原理》	1. 教育目的：培养完美的雄辩家。 2. 教育制度：提出了一个从学前教育到高等教育的完整的教育过程，主要包括四个阶段：家庭教育、初级学校、文法学校和雄辩术学校。 3. 教育内容：主张把道德原理作为学校的主要课程。 4. 教育方法：反对体罚，引导班上的学生自己去发现问题。	又译作《雄辩家的教育》、《演说术原理》等，被誉为西方第一部教学方法论著作。

经典考题

1.（2011 年 · 下半年 · 中学段《教育知识与能力》）提出“产婆术”的教育家是（　　）。

A. 苏格拉底　　B. 柏拉图　　C. 亚里士多德　　D. 昆体良

【答案】A

2.(2013年·下半年·中学段《教育知识与能力》)世界上最早专门论述教育教学问题的著作是(　　)。

A.《论语》　　B.《大学》　　C.《学记》　　D.《孟子》

【答案】C

3.(2014年·下半年·中学段《教育知识与能力》)(单项选择题)在人类历史上，最早专门论述教育问题的著作是(　　)。

A.《学记》　　B.《论语》

C.《论演说家的教育》　　D.《理想国》

【答案】A

(二)教育学的独立阶段

17—18世纪，是教育学的独立形态阶段。在这一阶段，以弗朗西斯培根、夸美纽斯、卢梭、赫尔巴特等为代表的教育家，撰写了一系列著作，阐述了他们的教育主张，促使教育学开始从哲学和其他学科中分化出来，成为一门独立的学科。尤其是赫尔巴特的《普通教育学》的诞生，标志着科学的教育学正式诞生。教育学独立的具体表现：(1)就研究对象而言，教育问题成为了一个专门的研究领域。(2)就概念和范畴而言，形成了专门反映教育本质和规律的概念和范畴，以及概念和范畴体系。(3)就方法论而言，有了科学的研究方法。(4)从结果上看，出现了一批重要的教育学家，产生了一些专门的、系统的教育学专著。(5)从组织机构而言，出现了专门的教育研究机构。本阶段教育名家名著及其教育主张见表绪-3。

表绪-3　教育学独立阶段教育名家名著及其教育主张(略表)

国别	教育家	代表作	主要教育思想	备注
捷克	夸美纽斯	《大教学论》	1. 教育的人学基础：强调教育的自然性，强调人也是自然的一部分。 2. 教育制度：论证了班级授课制度。 3. 教育内容："泛智论"，规定了广泛的教学内容。 4. 教育方法：倡导直观教学。 5. 教师与学生：教师是太阳底下最光辉的职业。	

续表

国别	教育家	代表作	主要教育思想	备注
英国	洛克	《教育漫话》	1. 教育的人学基础："白板说"。 2. 教育目的：培养"绅士"。	
法国	卢梭	《爱弥儿》	1. 教育目的：培养"自然人"。 2. 教育方法：教育遵循人的自然，强调通过个人经验来学习。	提出浪漫的自然主义教育思想；反对一切束缚人的自然本性的制度、环境。
德国	康德		1. 教育的人学基础：提出人必须接受一种合适的教育之后才能成为一个人。 2. 教育内容：重视道德教育、智育、体育、宗教教育和性教育	1776—1787 年，先后四次在哥尼斯堡大学讲授教育学，是较早在大学开设教育学讲座的教授。
	赫尔巴特	《普通教育学》	1. 教育目的：道德普遍地被认为是人类的最高目的，因此也是教育的最高目的。 2. 教育方法：教学过程分为"明了"、"联想""系统""方法"四个阶段。 3. 教师与学生：强调教师的中心地位，形成了传统教育教师中心、教材中心、课堂中心的特点。	《普通教育学》诞生，标志着教育学成为一门独立的学科。因而赫尔巴特被誉为"教育学之父"。
瑞士	裴斯泰洛齐	《林哈德与葛笃德》	1. 教育目的：全面、和谐地发展人的一切天赋力量和能力。 2. 教育制度：反对具有等级性的国民教育制度。 3. 教育内容：教育与手工业、农业生产相结合，生产劳动是学校教育的中心。 4. 教育方法：主张教育者对于儿童所产生的影响必须跟儿童的本性一致。	

经典考题

1.(2013年·上半年·中学段《教育知识与能力》)捷克教育家夸美纽斯高度评价了教师的作用，他把教师赞誉为(　　)。

A. 人类灵魂的工程师　　B. 心灵的建筑师
C. 太阳底下最光辉的职业　　D. 辛勤的园丁

【答案】C

2.(2013年·下半年·中学段《教育知识与能力》)最早在大学里讲授教育学的学者是(　　)。

A. 梅伊曼　　B. 赫尔巴特　　C. 洛克　　D. 康德

【答案】D

3.(2015年·下半年·中学段《教育知识与能力》)在教育史上，提出著名的“白板说”和完整的绅士教育理论的学者是(　　)。

A. 夸美纽斯　　B. 洛克　　C. 裴斯泰洛齐　　D. 赫尔巴特

【答案】B

(三)教育学的发展阶段

19世纪中叶至20世纪中叶是教育学的发展阶段。随着科学技术的发展，心理学、社会学、政治学等经验学科逐渐兴起。教育学不仅从这些学科中吸取有关成果，而且逐步利用社会学常用的实证方法和心理学所使用的实验方法来研究教育问题。研究方法的借鉴和创新，使得教育学的研究，不再是根据一定的理性和规范去考察教育，而是从教育事实出发，对教育进行客观的分析与研究，从而使教育学向着实证的社会科学转化。

在这一阶段，教育学不再作为“单数的教育学”，而是向着一个“复数的教育学”体系发展。本阶段教育学发展的特点主要表现为：(1)教育学应用相关学科的视角和方法研究教育，比如，教育学借鉴了哲学、心理学、社会学、伦理学等众多学科的研究方法。(2)把教育作为一个系统来研究，在纵向和横向上把教育划分为不同层次与种类。(3)把教育学系列问题加以分离与拓展，比如，把教育学系列问题具体分为德育论、教学论、美育、课程论等。本阶段教育名家名著及其教育主张见表绪-4。

表绪-4 教育学发展阶段教育名家名著及其教育主张(略表)

国别	教育家	代表作	主要教育思想	备注
英国	斯宾塞	《教育论》	1. 教育目的：为完满生活作准备。 2. 教育内容：强调生理学、卫生学、数学、机械学、物理学、化学、地质学、生物学等实用学科，反对古典语言和文学的教育 3. 教育方法：主张启发学生的学习自觉性，反对形式主义教学。	把人类生活分为：直接有助于自我保全的活动；从事获得生活必需品而间接有助于自我保全的活动；目的在抚养和教育子女的活动；与维持正常的社会和政治活动有关的活动；在生活中的闲暇时间拥有用于满足爱好和情感的各种活动。
德国	梅伊曼和拉伊	《实验教育学》	1. 教育目的：造就完整的生物——社会中完整的个性。 2. 教育方法：教学活动为活动、表现、建构和创造。	1901年，梅伊曼首先提出了“实验教育学”概念；1903年，拉伊出版了《实验教育学》。
美国	杜威	《民主主义与教育》	1. 教育目的：教育即生活、教育即生长，教育之外无目的。 2. 教育内容：生活经验。 3. 教育方法：“从做中学”。 4. 教师与学生：儿童中心、经验中心、活动中心。	现代教育的开创者，被誉为教育学上的“哥白尼”。
苏联	凯洛夫	《教育学》	1. 教育目的：培养学生的共产主义人生观。 2. 教育方法：肯定课堂教学。 3. 教师与学生：强调教师在教育和教学工作中的主导作用。	这是一本试图以马克思主义的观点和方法阐明社会主义教育规律的教育学。
	加里宁	《论共产主义教育》	1. 教育目的：培养社会主义社会的公民。 2. 教师与学生：教师是人类灵魂的工程师。	
	马卡连柯	《论共产主义教育》、《教育诗》	1. 教育目的：教育任务是培养集体主义者。 2. 教育方法：发挥集体的教育力量。	专门从事流浪儿童教育。

续表

国别	教育家	代表作	主要教育思想	备注
中国	杨贤江（化名李浩吾）	《新教育大纲》	教育本质上是上层建筑	这是我国第一本试图用马克思主义的观点论述教育的著作。

经典考题

1.(2013年・下半年・中学段《教育知识与能力》)最早提出"什么知识最有价值"这一经典课程论命题的学者是(　　)。

A. 夸美纽斯　　B. 斯宾塞　　C. 杜威　　D. 博比特

【答案】B

2.(2015年・上半年・中学段《教育知识与能力》)在近代教育史上，反对思辨，主张用实证方法研究知识价值，提出教育的任务是教导人们为完美生活做准备的教育家是(　　)。

A. 夸美纽斯　　B. 赫尔巴特　　C. 斯宾塞　　D. 卢梭

【答案】C

(四)教育学的理论深化阶段

20世纪50年代以后，教育学的发展进入了理论深化阶段。科学技术迅猛发展，智力开发和运用，成了提高生产率和发展经济的主要因素，引起世界范围内的新的教育改革，进而促进了教育学的发展。近几十年来，各国的教育学研究都在不同思想体系的指导下蓬勃发展。教育学的理论深化阶段，呈现出新的特点，主要表现为以下六个方面：

(1)教育学研究问题领域不断扩大。教育学研究的问题领域，已经从微观的教育教学过程扩展到宏观的教育规划，从学校教育扩展到社会教育，从正常儿童教育扩展到特殊儿童的教育，从儿童青少年的教育扩展到成人教育、老年教育等，一个巨大的教育问题领域已经形成。

(2)教育学研究的学科基础不断扩展。当前教育学发展的基础不再只是哲学和心理学，而是将更多的学科作为了自己的发展基础，包括生理学、脑科学、社会学、经济学、政治学、法学、人类学、文化学、科学哲学、技术学、管理学等。

(3)教育学领域范式的多样化。有的从科学主义的角度进行研究，强调对教育活动中数量关系的描述；有的从人文主义的角度进行研究，强调对教育活动中非数量关系的质的成分进行分析；还有的综合运用科学主义与人文主义的研究方法，促进教育学的学科发展。

(4)教育学的进一步分化与综合。20世纪后期的教育学，在发生高度分化的同时又出现了高度综合的现象，出现了许多新的教育知识增长点。

(5)教育学与教育改革的关系日益密切。这一阶段的教育理论工作者与教育实践工作者之间的隔膜、陌生乃至对立状态得到很大程度的扭转，在教育理论工作者与教育实践工作者之间会出现多种形式的接触、交流和对话。

(6)教育学的学术交流与合作日益广泛。

教育学理论深化阶段教育名家名著及其教育主张见表绪-5。

表绪-5 教育学理论深入阶段教育名家名著及其教育主张(略表)

国别	教育家	代表作	主要教育思想	备 注
美国	布卢姆	《教育目标分类学》	1. 教育目的：教育目标分为认识目标、情感目标、动作技能目标。 2. 教育方法：掌握学习。	“掌握学习”是将学习分为小单元，学生每次学习一个小单元并参加单元考试，80%～100%的学生通过考试后才能进入下一个单元的学习。
	布鲁纳	《教育过程》	1. 教育目的：主张“不论我们选教什么学科，务必使学生理解该学科的基本结构。” 2. 教育方法：提倡发现学习。	
苏联	赞可夫	《教学与发展》	1. 教育目的：主张“以最好的教学效果使学生达到最理想的发展水平”。 2. 教育方法：提出了五条教学原则：以高难度进行教学的原则；以高速度进行教学的原则；理论知识起指导作用的原则；使学生理解学习过程的原则；使全体学生都得到一般发展的原则。	以其导师维果茨基的“最近发展区”为理论基础。

续表

国别	教育家	代表作	主要教育思想	备　注
法国	德洛尔	《学习：内在的财富》(又译《教育：财富蕴藏其中》)	第一次明确地提出了人类在21世纪的教育发展的四大支柱——学会生存(Learning to being)，学会求知(Learning to know)，学会做事(Learning to do)，学会共处(Learning to live together)。	
中国	晏阳初	《平民千字科》	1. 教育目的：为平民办教育，尤其是到乡村中去为农民办教育，“开发世界最大最富的‘脑矿’”。 2. 教育内容：提出“四大教育”，即文艺教育、生计教育、卫生教育和公民教育。 3. 教育方式：学校式、家庭式和社会式。	推行“平民教育”。
	陶行知	《中国教育改造》	1. 教育目的：培养全面发展的“人中人”。 2. 教育内容：“生活即教育”，即生活无时不含有教育的意义。 3. 教育方法：“社会即学校”“教学做合一”。	推行“乡村教育”。

经典考题

(2015年·下半年·中学段《教育知识与能力》)在教育目标的分类中，美国教育学心理学家布鲁姆就学生学习结果划分的三大领域是(　　)。

A. 知识、技能和技巧　　B. 知识、理解和应用技能

C. 认知、情感和动作技能　　D. 认知、应用和评价功能

【答案】C

本章知识结构

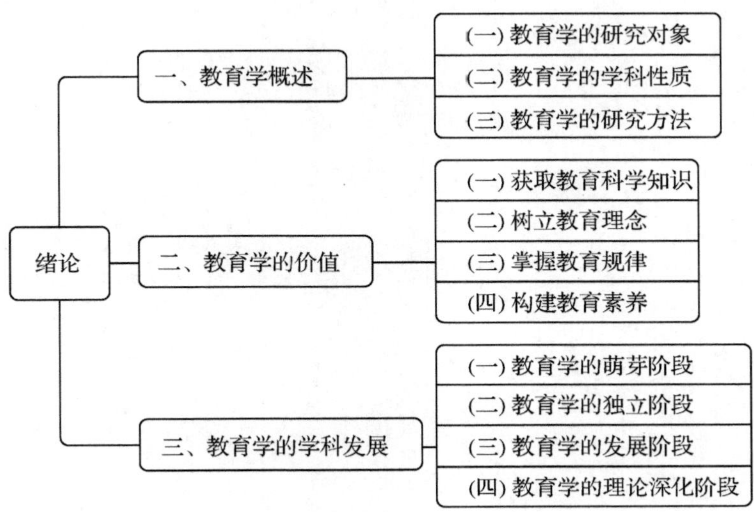
绪论
一、教育学概述
(一) 教育学的研究对象
(二) 教育学的学科性质
(三) 教育学的研究方法
二、教育学的价值
(一) 获取教育科学知识
(二) 树立教育理念
(三) 掌握教育规律
(四) 构建教育素养
三、教育学的学科发展
(一) 教育学的萌芽阶段
(二) 教育学的独立阶段
(三) 教育学的发展阶段
(四) 教育学的理论深化阶段

第一编
教育是什么——教育的本质

【本编按语】

教育学是研究教育的一门学科。因此，教育学的开篇命题必然是回答教育是什么。即教育的本质问题。关于教育的本质，可谓仁者见仁，智者见智，众说纷纭。然而，本质作为事物的内部规定性，是某事物区别于他物的比较深刻而稳定的基本属性。因此，教育的本质应该是相当独立的，甚至应该是唯一的。那么，教育的本质到底是什么呢？这成了本编的基本内容。要回答教育的本质到底是什么。我们一方面需要从横向上解剖教育的内涵和外延，并跳出教育系统，从教育的功能上透视教育的本质；另一方面，需从纵向上梳理教育发展历史，以期从实践层面弄清教育的本质。综上，本编仅有一章(二节)：一是教育概述；二是教育发展历史。

第一章　教育的本质

本章要点

通过本章学习，我们将：

1. 理解教育的概念；
2. 掌握教育的起源与发展以及各发展阶段的基本特征；
3. 掌握教育的基本要素及其相互关系；
4. 理解教育的基本形态。

核心概念： 教育　教育起源　教育者　受教育者　教育中介

[导学]教育：本质应该是什么

目前，《国家中长期教育改革和发展规划纲要(2010—2020年)》业已进入实施阶段。教育，这个关乎国家发展、关乎民生的话题，再一次成为两会代表关注的热点。高等教育的发展方向在何方？教育的本质是什么？两会代表、委员们纷纷提出自己的观点。世界一流大学是不能“加快”建设的，而是应该稳妥推进高校总体水平的提高，以总水平的提高来成就一流大学的建设。一流大学的形成，是一个渐进、连续、积淀的过程，有自身的发展规律，短期内想实现“加快建设”，目标不切合实际。

全国政协委员、中国社会科学院文学研究所研究员赵园：“如果深圳能像香港扶持香港科技大学那样扶持南方科技大学，它就会成功。我在担心，它的后期会不会有那么大的投入，如果没有了，只能是个普通的技术学校。现在朱校长①连买一台空调都说了不算，我真的非常担心。”

全国政协委员、山东大学副校长韩圣浩：如果不是顶尖的人才，“北约”“华约”②去都不要去，还不如花时间好好准备高考；有条件的地方，义务教育与其往后延伸，还不如往前推。

注：

①朱清时：时任南方科技大学校长。

②“北约”“华约”：以北京大学为主的高校自主招生同盟被戏称为“北约”，以清华大学

为主的则被称为“华约”。

资料来源：《中华社会报》　2011-03-10

第一节　教育概述

教育是什么？这是每一位教育理论者和实践者不可回避的基本命题。关于这一问题的回答，不仅决定了教育理论的品质，还影响教育实践的取向。长期以来，人们对“教育是什么”的回答往往局限于分析教育的概念。然而，要真正弄清教育的本质，不仅需要解剖教育的内涵和外延，还需跳出教育系统，从教育的功能上透视教育的本质。因此，教育的概念、功能及其运作等基本问题成了教育学开展教育问题讨论的起点。

一、教育的概念

教育是一种和人类相伴而生的社会现象，广泛地存在于人类社会的生活之中，且在不同的语境中，教育的含义是不尽相同的。如，这件事情“教育”了我；父母“教育”孩子的方法不对；学生在学校接受“教育”等。上述三个“教育”的内涵和外延都是不一样的，由此可见，关于教育的理解，常常因人而异。那么，作为专业人员，我们应该如何界定教育的基本概念呢？

(一)“教育”一词的界定

从词源上来看，在古代中国，早在商代的甲骨文中就有“教”和“育”的象形文字，但一直是分开使用。甲骨文的 ——“教”。意指儿童在成人的棍棒监督之下学习经典。此处的“教”大致等同于现在的“教育”。甲骨文中的 ——“育”，意为妇女“分娩生子”，引申为“养育与生长”的过程。

“教育”一词最早出现在《孟子·尽心上》：“君子有三乐，而王天下者不与存焉。父母俱存，兄弟无故，一乐也；仰不愧于天，俯不怍于人，二乐也；得天下英才而教育之，三乐也①。”东汉的许慎在《说文解字》中说：“教，上所施，下所效也。育，养子使作善也。②”《荀子·修身》认为：“以善先人者谓之教③”；《学记》认为：“教也者，长善而救其失者也④。”“教育”在中国最早的意

① 《孟子·尽心上》

② 《说文解字》

③ 《荀子·修身》

④ 《学记》

思是指儿童需要在大人的棍棒监督下习字学文，从德向善。

在西方，“教育”一词源于拉丁语“educare”，意指“引出”“引导”“使显现”“使发挥”，英文“education”、法文“éducation”、德文“erziehung”三者皆来源于拉丁语“educare”，均有“引出”之意①。古希腊哲学家柏拉图所说的“回忆说”，正是反映了教育的“使显现”和“引出”之意。他认为教育重在使人回忆理念世界，把结合肉体以后的灵魂提高到原有的状态，使其恢复理性。捷克教育家夸美纽斯提出的“种子说”，即“知识、德行与虔信的种子是天生在我们身上的，但是实际的知识、德行与虔信却没有这样给我们。这是应该从祈祷、从教育、从行动去取得的”②，也体现了教育需要“引导”。此外，法国教育学家卢梭提出的自然教育思想、美国教育学家杜威提出的“教育即生长”等，对教育的理解都有“引出”“引导”的之意。

比较一下中西方对“教育”一词的解释，我们不难发现：中国古代的“教育”，更多的是从“教诲”“教导”“教化”以及“教养”等角度，强调由外施加的影响，或是从外部向人的内心灌输人原本所没有的品质。“教育”一词在中国有很强的“外铄”之意味，而且具有一定的强制性。中国古代社会行重于知，学重于教，在“修业”“践行”“善学”及“进德”等要求下逐渐形成了“以学为本，教从属于学”的话语系统③。西方对“教育”一词的解释，则更多的是由内而外的“引出”和“引导”，皆是强调由内而外将人潜在的品质引发出来，使其成为现实的发展状态。由此可见，中西方在对“教育”一词的理解上有明显的差异，中文的“教育”是“外铄”之意，而西文则是“内发”之意。然而，当我们从它们所描述的具体内容中，又能找出共通之处：无论是中文“外铄”之意，抑或西文的“内发”之说，皆有“使人成人”之意，即使人更加完善。

(二)教育的内涵与外延

概念是反映事物本质属性的思维形式。概念具有两个基本特征，即概念的内涵和外延。其中，概念的内涵是指该概念所反映的事物对象所特有的属性。例如“商品是用来交换的劳动产品”，“用来交换的劳动产品”就是概念“商品”的内涵；而概念的外延就是指这个概念所反映的事物对象的范围。即具有概念所反映的属性的事物或对象。概念的内涵和外延具有反比关系，即一个概念的内涵越丰富，外延就越小；反之亦然。那么，教育的内涵与外延是什么呢？

---

① 罗炳之．外国教育史[M]．南京：江苏人民出版社，1981.02：37.

② [捷]夸美纽斯．大教学论[M]．傅任敢译，北京：人民教育出版社，1984.12：39.

③ 瞿葆奎．元教育学研究[M]．杭州：浙江教育出版社，1999.04：108—110.

1. 教育的内涵

教育的内涵指教育区别于其他社会活动的根本属性。关于教育的内涵，儒家经典《中庸》曾有记载："天命之谓性，率性之谓道，修道之谓教。"①表明古代将教育定义为"修道"，即知识传递。《中国大百科全书·教育卷》中写道："教育是培养人的一种社会活动，它同社会的发展、人的发展有着密切的联系。"②《教育大辞典·总论》中写道："广义的教育，泛指影响人们知识、身心健康、思想品德的形成和发展的各种活动。"③据此，本书认为，教育是一种传递经验、培养人的社会活动，此为教育的内涵。其中，传递经验是手段，培育人是目的。"培养人"是教育作为一种社会活动区别于其他社会活动的本质特征。

我们可以从四个方面来理解教育的本质特征：

(1)教育是人类所特有的一种社会活动，源于个体的生存需要；

(2)教育是人类有目的、有意识、自觉地传递社会经验的活动；

(3)教育是以人的培养为直接目的的社会实践活动；

(4)在培养人这种社会实践活动中，教育者根据社会要求以及受教育者身心规律，将受教育者培养成为社会所需要的人。

2. 教育的外延

教育的外延是指教育活动包含的范畴，即我们可以把什么东西称之为教育。关于教育的外延，《美国教育百科全书》中写道："从最广泛的意义上来说，教育可能是正式的或非正式的，私人的或公共的，个人的或社会的，但是它总是在用一定的方法培养各种倾向(能力、技能、知识、信仰、态度、价值及其品格特征)。"④其实，根据不同的视角，教育的范畴界定不尽相同。比如，从教育发展的制度化程度看，教育包括前制度化教育、制度化教育和非制度化教育。从教育的活动场所上看，有的在家里进行，我们称之为家庭教育；有的在社会上进行，我们称之为社会教育；而有的在学校里，由专人负责，有目的、有计划地进行。我们称之为学校教育。这些不同形态、不同场域的培养人的活

---

① 《中庸》

② 中国大百科全书出版社编辑部．中国大百科全书·教育[M]．北京：中国大百科全书出版社，1985.08：1.

③ 顾明远．教育大词典(增订合编本)[M]．上海：上海教育出版社，1998.01：725.

④ W.K. 法兰肯纳，张家祥．关于教育哲学的一般看法[J]．全球教育展望，1981.02：62－65.

动，均构成了教育的外延。而在所有的教育形态中，学校教育是最基本的形态。

综上所述，我们将教育分为广义的教育和狭义的教育。其中，广义的教育是指传递经验培养人的一种社会活动；狭义的教育主要是指学校教育，即由专门的教育机构承担的、由专门的教职人员有目的、有计划、有组织地培养人的活动。

经典考题

1.(2014年·上半年·中学段《教育知识与能力》)人类的教育活动与动物的教育活动存在本质区别，这主要表现为人类的教育具有(　　)。

A. 延续性　　B. 模仿性　　C. 社会性　　D. 永恒性

【答案】C

2.(2014年·下半年·中学段《教育知识与能力》)教育是人类社会特有的现象，任何社会进步与个人发展都离不开教育。这表明教育具有(　　)。

A. 永恒性　　B. 依附性　　C. 时代性　　D. 独立性

【答案】A

3.(2015年·上半年·中学段《教育知识与能力》)教育活动与其他社会活动最根本的区别在于(　　)。

A. 是否有目的地培养人　　B. 是否促进人的发展

C. 是否促进社会发展　　D. 是否具有组织性和系统性

【答案】A

4.(2015年·下半年·中学段《教育知识与能力》)教育的本质特点是(　　)。

A. 影响人的身心发展　　B. 促进社会发展

C. 有目的地培养人　　D. 完善人的自身生产

【答案】C

5.(2012年·上半年·中学段《教育知识与能力》)(辨析题)动物界也存在教育。

【答案要点】这种说法是不正确的。教育是一种有目的地培养人的活动，这是教育区别于其他事物现象的根本特征，是教育的质的规定性。由此可知，教育是人类所独有的社会现象；动物界所谓的"教育现象"只是动物的一种生存本能，不符合教育的本质，所以动物界不存在教育。

6.(2013年·上半年·中学段《教育知识与能力》)(辨析题)凡是能影响人的身心发展的活动都是教育。

【答案要点】这种说法是不正确的。并不是能够影响人身心发展的活动都是教育。教育是一种有目的地培养人的社会活动，它的目的在于影响和促进人的发展，培养人的实践意识和实践能力。是否有目的地培养人是教育活动与其他社会活动的根本区别。除了教育之外，人类的其他活动也影响人的发展，如经济活动、政治活动、文化活动、休闲活动、日常生活等的影响或显或隐地与人的发展相关。这些活动与交往的直接目的并不在于培养人，只是间接地自发影响人的发展。

二、教育的价值

教育的价值即回答教育"有何用"的问题。这是教育存在的合法性基础，也是帮助人们理解教育本质的一个重要维度。教育的价值体现在两方面：一方面，教育作为一种培养人的活动，它能促使每一个受教育者更加完善；另一方面，教育通过培养人去作用于社会，从而推动社会发展。因此，在理论上，可将教育价值概括为两大方面，即教育的个体价值和教育的社会价值。

(一)教育的个体价值：促进个体发展

人是如何发展的？这是教育学一直在思考的问题。教育学通常将影响人的发展的因素归结为四个方面，即遗传、环境、主观能动性以及教育(简称为"四因素论")。在这四个因素中，遗传素质是个体发展的物质前提，为人的身心发展提供可能性；环境(自然环境与社会环境)对人的发展起重要作用；主观能动性是个体发展的内在动力；教育(尤其是学校教育)虽然广义上讲也是一种环境，但它对人的发展具有主导作用，为了便于分析，我们将学校教育从环境中剥离开来，视其为影响个体发展的独立因素。

1. 学校教育对个体发展起主导作用

(1)学校教育对个体发展的方向做出社会性规范；

(2)学校教育具有加速个体发展的特殊功能；

(3)学校教育对个体发展的影响具有即时和延时价值；

(4)学校教育具有开发个体特殊才能和发展个性的功能。

2. 学校教育为何能对个体发展起主导作用

(1)教育是一种有目的地培养人的活动，它规定者人的发展方向；

(2)教育特别是学校教育给人的影响比较全面、系统和深刻；

(3)学校有专门负责教育工作的教师；

(4)学校教育具有选择性和专业性。

当然，我们也必须清楚地看到，学校教育对个体的发展不是无限的。个体必须以遗传为基础，以外在环境为条件，以人的主观能动性为动力，才能实现个体的发展。因此，我们不能够夸大教育的作用，陷入“教育万能论”的泥沼之中，而应该实事求是地看待学校教育在个体身心发展中的作用。

(二)教育的社会价值：促进社会的发展

教育作为人类社会特有的一种社会现象与社会活动，它的发展本身是社会发展的一个重要方面或重要标志。与此同时，教育又是一个相对独立的系统，具备自身的发展规律，能促进社会人口、自然环境、经济、政治、文化等五方面的发展(详细内容请见第三章)。

1. 教育促进人口发展

(1)教育是控制人口增长的重要手段。教育可以影响受教育者的生育观念和推迟受教育者生育年龄等，从而达到控制人口增长的目的。

(2)教育是提高人口质量的基本手段。教育能够直接而有效地影响受教育者的思想觉悟、道德品质、知识水平、智力水平等。即改变人口质量中的精神要素。

(3)教育是促使人口结构合理化的重要途径。教育可以改变人口的文化结构和职业结构，促使人口的地域分布向合理的方向流动。同时，教育还能改善人口迁移，从而实现人口阶层结构的合理化。

2. 教育促进自然环境的可持续发展

(1)提高环保意识，树立建设生态文明理念。教育，尤其是学校教育，可以通过开设独立课程或将环保知识渗透于各学科之中，促使学生从小养成爱护自然、爱护生命、节约资源、保护生态环境的意识和情感，从而逐渐在全社会树立建设生态文明观念。

(2)提高环保能力，优化生态环境。保护环境是实现可持续发展的前提。环保意识只是对问题的认识，只有行动才能证明这项活动的存在。教育可以根据人的生活需要和社会发展的需要有目的、有计划、有组织地开展相关活动，提高受教育者的环保能力。

3. 教育促进经济发展

(1)教育是实现劳动力再生产的重要手段。通过教育，可以使受教育者掌握一定的科学知识、生产经验和劳动技术，成为现实的劳动力，从而形成新的生产能力，促进社会生产的发展。

(2)教育是科学知识再生产的手段。科学知识的继承和发展，必须凭借教育把前人积累的科学知识传递给年轻一代。所以，教育是科学知识再生产的重要手段。

(3)教育本身是生产新的科学技术知识的重要手段。许多教育部门，特别是各高等院校都在不断产生着新的科学技术知识，并推动相关领域的研究进展。

4. 教育促进政治完善

(1)教育为社会培养各种政治人才。政治人才，指社会各个部门、各个领域的领导者与管理者。各级政治人才都需要通过教育培养。

(2)教育促进个体政治社会化。社会统治阶级总是要通过教育造就公民，使受教育者具备国家、政府或执政党所需求的政治理想与政治信念。

(3)教育形成社会舆论，进而影响政治时局发展。学校是知识分子和青少年集中的地方，他们有知识、有见解、思想敏锐、勇于发表意见，有强烈的爱国主义精神和政治责任感。历史经验表明，在学校中制造舆论能够影响时局发展。

(4)教育可以提高全民素质，进而促进政治民主化。民族素质是政治民主化的基础。重视教育事业的发展，提高全民的文化素养，能够促进社会民主化。

5. 教育促进文化发展

(1)教育传递文化。古往今来，教育一直承担着传递人类文化的重要功能。教育通过传递文化，实现对人类文化的“承前继后、继往开来”。

(2)教育选择文化。教育为了有效传递文化，还必须对文化进行选择和“净化”，即对历史批判继承，“取其精华、去其糟粕”。教育对文化的选择，体现了教育对文化发展的积极引导和自觉规范。

(3)教育创造文化。教育在传递和选择文化的同时，还不断地对原有文化进行补充和完善，实现对人类文化的更新与创造。

三、教育的运作

教育的运作包括宏观运作和微观运作两个层面。其中，从教育的宏观运作上看，教育的运作包括确立教育目的、构建教育制度、确立教育者与受教育者、选择教育内容、设计教育途径(详细内容请见第三编)；从教育的微观运作上看，教育运作主要聚焦于教育教学活动之中，因而微观的教育运作只涉及选拔教育者，确定受教育者，设计教育中介。

(一)教育的宏观运作

教育的宏观运作意指教育系统的整体运行。该过程主要包括：确立教育目的、构建教育制度、确定教育者与受教育者、选择教育内容、设计教育途径五个部分，简述如下：

1. 教育目的

教育目的，指把受教育者培养成为一定社会所需要的人的总要求，是培养人的质量规格标准。教育目的通常由两部分组成，一部分是规定教育所培养的人的社会角色，比如“劳动者”“建设者”“接班人”“公民”等；另一部分则是规定教育所培养的人的质量规格，或对人的素质的要求，比如“‘德、智、体、美、劳’全面发展”等。教育目的一般由国家或国家教育行政部门制定。教育目的确定的，首先要反映一定的价值取向和教育理想。但与此同时，教育目的的价值追求又必须以现实条件为前提，必须考虑社会发展的现实和要求，依据受教育者的身心发展规律行事。所以，教育目的确立的基本依据可以概括为现实依据和理论依据以及人的依据三个方面。

2. 教育制度

教育制度是一个国家教育政策的根本体现，也是一个国家教育工作得以顺利开展的制度保证。它直接关系到国家教育目的的实现和各级各类学校培养目标的具体落实，制约着学校教育的发展规模和人才培养的质量规格。它既是学校教育活动外显的宏观表现，又是研究学校教育内在规律的基础。此外，教育的现代化离不开教育制度的现代化。在所有的教育制度中，学校教育制度(简称学制)是一个国家各种教育制度的核心部分和主体，是一个国家各级各类学校开展工作的总体制度。它规定了各级各类学校的性质、任务、入学条件、修业年限以及各级各类学校他们之间的关系。目前，我国的学制，从纵向上可划分为四个阶段：学前教育、初等教育、中等教育、高等教育。其中，初等教育与初级中等教育两阶段，属于我国法律所规定的义务教育阶段。

3. 教育者与受教育者

教育者和受教育者是教育运作过程中的两大主体。具体到学校教育，即指教师与学生。《中华人民共和国教师法》界定为：“教师是履行教育教学职责的专业人员……承担教书育人，培养社会主义事业建设者和接班人、提高民族素质的使命。”学生是指在学校机构中，以学习为主要任务，并在教师有目的、有计划的指导下，通过自身的主动学习，以实现其不断发展的社会个体。在教育实践中，学生虽是教育活动的对象，但并不是被动接受教师教诲的容器。学生有着自己的主见，具有自身的主体性和能动性，他们的学习准备和学习态度在很大程度决定着教育质量。因此，在教育过程中，教师应该充分发挥学生的主体性，把学生真正当成教育活动的主体。当然，学生的使命就是学习，而且学生的学习是以学习人类间接知识为主。因此，强化学生的主体地位的同时，并不能否定教师在教育过程中的主导作用。

4. 教育内容

教育内容是联系教育者和受教育者的桥梁，也是教育者影响受教育者的基本载体。在学校教育中，教育内容主要表现为系统的课程。课程是指学校学生所应学习的内容总和及其进程与安排。通常情况下，课程主要表现为课程计划、课程标准和教材。换言之，课程计划、课程标准和教材构成了课程的三种基本形态。根据不同的分类标准，可以将课程分为不同种类。根据课程性质的不同，可以将课程划分为学科课程、活动课程和综合课程；根据课程形态的不同，可以将课程划分为显性课程和隐性课程；根据学生修习方式的不同，可以将课程划分为必修课程与选修课程；根据课程管理主体的不同，可以将课程划分为国家课程、地方课程和学校课程。不司类型的课程有不同的特征，也有不同的功能和作用。在实际教育工作中，通常需要把不同类型的课程加以整合，以实现学生的全面发展。

5. 教育途径

教育途径是将教育者、受教育者以及教育内容串联起来的具体途径，是实现教育活动动态运行的动力和方式。在学校教育中，教育途径主要表现为教学。教学，指在教学目的规范下，教师的教与学生的学的统一活动。可见，教学即教师的教与学生的学。从本质上看，教学过程是教师带领学生通过教学内容认识世界的过程。通常情况下，教学类型主要包括课堂教学和活动教学。在我国，教育界对教学过程阶段的划分，大体上沿用苏联教育学家凯洛夫的阶段划分法，而在说明每个阶段的内涵时，加进了我们的理解和总结了我们的经验，形成结构稳定的教学过程模式：(1)激发学习兴趣，引起求知欲；(2)感知新教材，形成表象；(3)理解教材，形成科学概念；(4)复习与巩固知识；(5)运用知识与培养技能技巧；(6)检查掌握知识、技能和技巧的情况。

(二)教育的微观运作

教育的微观运作是从教育活动过程本身思量教育运作过程。从微观上看，教育运作不外乎需要做三件事情：首先，确定教育者；其次，设计教育中介；再次，确定受教育者。因此，教育者、教育中介、受教育者构成了教育微观运作的核心要素，也是教育活动的基本要素。

1. 教育者

教育者是指在教育过程中施教的人，有广义和狭义之分。广义的教育者指所有的对他人施加影响的人，如家长、朋友等。狭义的教育者则指的是学校中的教师。教师作为学校教育的教育者，具有两方面的特点：一是社会性的特点。即接受社会委托，承担特殊的育人职责，实现促进人的发展和社会的发展之目的。二是专业性的特点。即教师是从事教育教学的专业人员，经过专业的训练、具备专业工作的资格，具有较强的专业素质，享有一定社会地位。因此，教师在教育活动中能够并且应当起到引导、组织、指导等主导作用。

2. 教育中介

任何交往活动都是一种基于“主体—客体—主体”结构的互动。在教育活动中，教育者与受教育者的交往活动，同样是以共同的客体为中介来进行的。教育中介，是教育者与受教育者联系与互动的一种纽带，是开展教育活动的内容和方式。教育中介通常包括教育内容和手段两个方面。其中，教育内容是为教育者所利用的，用于给予受教育者特定影响的影响物，即经过挑选和加工的、适合受教育者身心发展水平的科学文化知识。在学校教育中，教育内容表现为系统化的课程体系，教育手段则涉及教育工具和教育手段的选择和运用，在学校教育中，教育方式表现为教学途径。

3. 受教育者

受教育者是指接受教育影响的人，有广义和狭义之分。广义的受教育者是指一切接受教育影响的人；而狭义的受教育者则是指在学校学习的学生。学生的特点有三个方面：第一，不成熟性。即受教育者一般在生理、心理、社会性等方面还不成熟，处于发展的过程中，或者缺乏某方面的知识与技能，所以才有接受教育的必要。第二，可塑性和可教性。即受教育者在生理上有巨大的潜能，有很大的可塑性，只要教育得当，每个人都可以有良好的发展。第三，能动性和主体性。受教育者接受教育之前，往往已有一定的知识经验，一定的思想意识和动机，所以学生在教育活动中不是简单地、被动地接受影响，而是有选择地、主动地接受教育，建构知识。

教育活动的三个要素有密切而复杂的关系，它们相互作用形成稳定结构。教育活动的三个要素之间的关系如图 1-1 所示。在这三要素中，教育者和受教育者的关系，是教育过程中最主要的关系或矛盾。二者通过教育中介联系起来，并分别作为教与学的主体，存在于同一的教育实践活动中，构成教育活动的复合主体。在这个复合主体之中，他们有共同的教育活动对象(教育内容)，有共同的活动方式(教育手段)，有共同的活动目的(受教育者素质的全面发展)。在相互作用过程中，教育者是教育活动的组织者和指导者，掌握着教育的目的，调节着受教育者和整个教育过程；教育中介是联系教育者和受教育者的桥梁和纽带；受教育者是教育活动的对象，也是教育活动的学习主体，教育活动最终效果取决于受教育者。

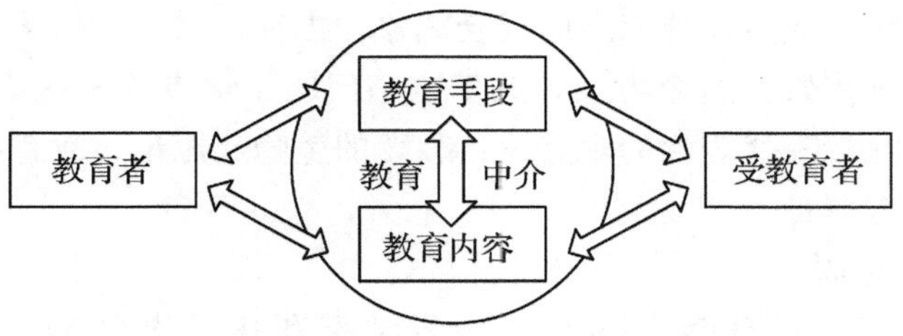

图 1-1　教育的基本要素结构图

经典考题

1.(2013 年·上半年·中学段《教育知识与能力》)通常把一个国家各级各类学校的总体系称为(　　)。

A. 国民制度学制　　　　B. 学校教育制度

C. 教育管理体制　　　　D. 学校教育结构

【答案】B

2.(2014 年·下半年·中学段《教育知识与能力》)(辨析题)教学是实现学校教育目的的基本途径。

【答案要点】这种说法是正确的。教学是进行全面发展教育、实现培养目标的基本途径，为个人全面发展提供科学的基础和实践，是培养学生个性全面发展的重要环节。教学不仅能够有目的、有计划地将包括智育、德育、美育、体育和综合实践劳动在内的教育的各个组成部分的基础知识、基本技能与基本规范传授给学生，为他们在智能。品德、美感、体质和综合实践能力等方面的发展奠定坚实的基础，还能在教学过程中使学生形成自己的情感、态度和价值观。

第二节　教育的起源与发展

教育学作为研究教育问题的一门学科。要科学而透彻地阐明有关教育的一系列问题，就必须对教育产生源流脉络有个清晰的了解和把握。因此，教育的起源与发展问题构成了教育学的重要理论问题。同时，对教育的起源与发展问题的研究，有助于我们从纵向时空的角度，进一步理解教育的本质。

一、教育的起源

教育是一种与人类相伴而生的社会现象。古往今来，人们从未中断过对教育起源的思考和求索。迄今为止，关于这一问题，学界并未达成一致的看法。各家学说中，比较有代表性的观点是：教育的生物起源论、教育的心理起源论和教育的劳动起源论。

(一)生物起源论

教育生物起源的代表人物是法国哲学家利托尔诺(Charls Letourneau，1831—1902)和英国教育学家沛西·能(Thomas Percy Nunn，1870—1944)。他们从人类的生物属性出发，主张教育是生物现象，认为人类社会没有出现之前，教育活动就已经出现，人类社会的教育活动只不过是动物教育活动的升级版而已。

利托尔诺在《人类各人种的教育演化》一书中认为，教育活动不仅存在于人类社会之中，而且存在于人类社会之外，甚至存在于动物界，如老猫教小猫捉老鼠，老鸭教小鸭游泳等。生存竞争的本能是教育的基础，动物也有自己的语言等。沛西·能在大不列颠协会教育科学大会上进行了题为《人民的教育》的演说，明确提出"教育从其起源来说是一个生物学的过程，不仅人类社会有教育，而且高级动物中也有低级形式的教育。……教育是扎根于本能的不可避免的行为。"①

教育的生物起源论看到动物的学习与人类教育的相似性，并从人类本能的角度对教育起源做出了生物学解释，这是教育史上第一次把教育起源作为一个学术问题加以研究，有其进步意义。但是，生物起源论过于强调人的生物属性及动物本能，抹杀了人与动物的根本区别，把动物的"学习"等同于教育，完全否认了教育是一种有目的、有意识的活动，否认了教育的社会性。因此，教育的生物起源论这一观点是不科学的。

(二)心理起源论

教育的心理起源论是由美国心理学家、教育史学家孟禄(Paul Monroe，1869—1947)提出的。孟禄从心理学研究视角出发，批判了生物起源说。他认为，教育起源于原始公社中，儿童对成人的本能的无意识的模仿。其实，根据

---

① 柳海民．教育学原理[M]. 北京：高等教育出版社，2011.05：46.

模仿的意识水平，可将模仿分为有意识模仿和无意识模仿。倘若是有意识的模仿，那么这种模仿就属于人类教育活动范畴；如果这种模仿是无意识地发生和进行的，那么这种模仿就不属于教育活动范畴。

教育的心理起源论，避免了生物起源说的错误，提出模仿是教育起源的新说，肯定了教育是人类社会所特有的一种现象，因而具有其合理的一面。但是，教育的"心理起源论"把人类有意识的教育行为混同于无意识模仿，实际上否认了教育的社会属性，因而也是不科学的。其实，孟禄的教育心理起源论与利托尔诺的生物学起源论并没有本质上的区别，他们都把教育活动看作按生物学规律完成的动物的本能活动和心理模仿行为。这两种观点在认识教育起源这一问题上所犯错误是一致的，即否定了教育的意识性和目的性，同时也就否定了教育的社会性。

(三)劳动起源论

教育劳动起源论是在批判生物起源论和心理起源论的基础上，以历史唯物主义为指导思想而产生的一种教育起源观点。这一教育起源论源于恩格斯的《劳动在从猿到人的转变过程中的作用》中"劳动创造了人类本身"的论断。马克思主义教育学派研究者，依据这一论断提出教育起源于劳动，认为人类的教育是伴随着人类社会产生而产生的，并指出，推动人类教育起源的直接动因，是劳动过程中人们传递生产经验和生活经验的实际社会需要。苏联十月革命后，一些教育家和教育史学家主张这一观点，如米丁斯基在其所著的《世界教育史》中认为，人类教育起源于劳动或劳动过程中所产生的需要，而以制造和利用工具为标志的人类劳动，不同于动物的本能活动，前者是社会性的，因而，教育是人类特有的一种社会活动。这种观点于20世纪50年代初期传入我国，并成为我国教育起源论的主导观点。这种观点克服了生物起源论和心理起源论在教育社会性上的缺陷，承认"人只有通过教育才能成为人"的观点，认识到了社会性才是教育起源的关键问题，因而较为科学。

二、教育的发展历程

教育作为一种社会历史现象，是伴随着人类社会发展而发展的，且与人类历史同始终。教育的历史发展是教育史研究的基本内容。教育学之所以要简述教育发展历史，其目的在于从教育与社会的联系中，洞察教育发展的时代特点和变化，为阐明教育规律奠定基础。本书按照文明时代的三个历史发展阶段，侧重分析原始社会教育、古代教育和现代教育的特征。

(一)原始社会教育

原始社会是人从动物界分离出来后的第一个人类社会，大约经历了一百万年的漫长历史时期。在原始公社制度建立之后，人类才开始从事有组织的社会生活，这时的教育还没有从社会生活中分离出来成为专门的事业，教育活动是在共同的劳动和社会生活中进行的。

1. 原始社会教育状况

(1)原始社会教育目的

原始社会的教育目的单一，主要以培养自食其力的劳动者。原始社会的生产力水平极其低下，人们的生产经验和生活经验都极度贫乏。为了谋生，成年人力图把所有掌握的经验都传递给下一代，以提高青少年参加生产和生活的能力，进而提升族群的生存能力。

(2)原始社会教育者

在原始社会中，教育还没有从社会生产和生活中分化出来，成为一个专门的职业。教育活动完全渗透于社会生产和生活之中。因此，也就没有专门的教育人员，承担教育任务的教育者，主要是老人和有丰富劳动经验的成年人。

(3)原始社会教育内容

原始社会的生产力水平极端低下，人类自身发展的水平也很低。所以，原始社会的教育内容是非常贫乏，主要以制造和使用生产工具的技能、从事渔猎、采集和原始手工业劳动的经验以及进行生活规范教育为主。

(4)原始社会教育途径

原始社会的教育方法简单，主要以口耳相传和实践模仿为主。由于原始社会还没有文字，教育只能在社会生产和生活中，通过“教育者”的言传身教和“受教育者”的听讲和观察模仿来实现。

2. 原始社会教育的特点

在整个原始社会，由于生产力水平低，教育发展整体水平受限。整个原始社会的教育的呈现以下基本特点。

(1)生产力水平低下，教育具有原始性；

(2)教育是在生产生活中进行；

(3)教育对象没有等级的区分，教育无阶级性。

(二)古代社会教育

古代社会是以农业生产为主的社会形态，包括奴隶社会和封建社会两个时期。因此，古代社会教育(下文简称古代教育)，包含了奴隶社会的教育和封建社会的两个时期的教育。

1. 古代教育状况

(1)古代教育目的

古代教育目的是培养统治人才。在我国，古代社会所盛行的“学而优则仕”的观点，是最好的佐证。西方奴隶社会的教育，主要以雅典和斯巴达的教育为代表。雅典的教育目的是培养身心和谐发展的奴隶主；而斯巴达的教育以军事教育为主，目的是将奴隶主的子女培养成为身体健壮的武士。西方封建社会的教育主要是教会学校教育和骑士教育。教会教育的目的是培养僧侣；骑士教育也称“武士教育”①，目的在于培养效忠封建领主和善于作战的武士。

(2)古代教育制度

古代教育出现了专门的教育机构——学校，并初步形成一定的教育制度。随着生产力的发展，奴隶社会出现剩余劳动力，为学校的诞生提供了人的条件。同时，知识和经验的增加以及文字的产生，为专门的学校教育机构的产生创造了物质条件。此外，统治者培养统治人才的诉求，为专门的学校教育机构的产生创造动力条件。据《礼记》等书记载，我国奴隶社会的学校，已有庠、序、校、学等不同级别和不同性质的名称；中国封建社会长期发展，封建文化已达到相当高的水平，在教育制度上有官学、私学、书院等多种形式。

(3)古代教育者

古代教育出现了学校教育，但却鲜有专职的教育人员。在奴隶社会，随着生产力的发展，社会的进步，为专职的教育人员的产生提供了必要的物质条件。然而，综观整个古代教育，教育人员多为兼职，主要是官吏或教士兼任，因而主要“以吏为师”和“以教士为师”。尽管其中也存在极少数专职的教师，如中国的部分私塾教师，但相对整个庞大的兼职教师来说，可谓微不足道。因此，无论是“以吏为师”，抑或“以教士为师”，教师都主要是兼职工作者，没有获得独立的职业身份。

(4)古代教育内容

古代教育内容主要是古典人文学科和治世之术。我国古代，以礼、乐、射、御、书、数为核心的“六艺”，已成为当时学校的学习内容。而在西方，斯巴达的教育主要内容以赛跑、跳跃、角力、掷铁饼、投标枪等“五项竞技”为主，甚至有时以屠杀奴隶作为演习；雅典的教育内容除体育竞技外，还要学习哲学、文法、修辞三门学科，即所谓“三艺”。而到中世纪，欧洲的教育的内容发生了一定变化，教育内容主要变成了宗教教育和“武士七技”，即骑马、游

① 翟继勇．体育文明的现状与发展探索[M]．北京：光明日报出版社，2013.01：180－181.

泳、投枪、击剑、打猎、下棋和咏诗。

(5)古代教育途径

古代教育方法多是死记硬背和强迫体罚。相对于原始社会的教育，古代教育出现了一些开明的教育方法，如我国孔子的启发式教学法，孔子曾说："不愤不启，不悱不发。举一隅不以三隅反，则不复也。"其大意为：若非弟子努力想弄明白某个问题却还没有弄明白，就不去引导他；若非弟子想表达某种意思却表达不出来，就不去启发他。当然，古代教育的方法总体较为呆板和机械，主要是单纯的知识传授，强迫性的道德灌输，并允许体罚。

2. 古代教育的特点

总的来说，整个古代社会(奴隶社会和封建社会)的教育大致表现出以下的特点：

(1)出现了学校教育，学校教育与非学校教育并存；

(2)学校教育为统治阶级服务，教育性质具有明显的阶级性；

(3)教育内容比较封闭，完全和生产劳动相脱离；

(4)教育方法比较呆板和机械；

(5)积累了丰富的教育经验，获得了逐步的科学教育认识。

经典考题

(2012年·上半年·中学段《教育知识与能力》)学校教育与生产劳动相脱离始于(　　)。

A. 原始社会　　B. 奴隶社会　　C. 封建社会　　D. 资本主义社会

【答案】B

(三)现代教育

1640年英国掀开了第一次资产阶级革命的序幕，开启了社会现代化的历史进程。随后，伴随着连接不断的政治革命和工业革命的发生，人类进入现代社会。现代社会是资本主义与社会主义制度并存的时代。与古代教育相比，现代社会教育(下文简称现代教育)在教育目标、教育制度、教育内容等方面都呈现出一些与古代教育不同的特征。

1. 现代教育状况

(1)现代教育目的

现代教育目的是培养全面发展的人。其实，早在古希腊时期，亚里士多德就系统论述了人的和谐发展，主张教育目的在于培养全面发展的个人。这一理想在文艺复兴时期得以彰显。然而，由于历史原因，培养全面发展的人只是一个教育理想。直到马克思关于人的全面发展理论问世，人的全面发展理论才从理想走向实践。目前，绝大多数国家的教育目的都在培养全面发展的公民。如我国当前的教育目的，在于培养"德、智、体、美、劳"全面发展的社会主义建设者和接班人。

(2)现代教育制度

学校的出现奠定了教育制度化的基础。然而，学校出现之后的很长一段时间内，现代意义上的教育制度并未建立。直到 19 世纪，现代意义上的教育制度才在欧洲得以诞生，其主要标志是国家教育制度的出现。国家教育制度，是法制型教育制度，基本特征为："国家建立相对统一的教育管理体制和学校系统，承担部分教育经费，颁布教育法令，对教师培训、课程内容和教育目标实施控制，尤其是颁布和实施义务教育制度。①"在现代教育制度中，现代学校教育制度是核心和根本。现代学制主要有双轨制、单轨制和分支制三种类型。20 世纪初，欧洲各国仍然实行双轨制，随着义务教育的发展，西欧诸国实行了统一的初等教育，实现初等教育并轨。二战以后，随着义务教育的上延，中等教育逐步实行并轨，双轨学制逐步向单轨学制和分支学制演变。

(3)现代教育者

现代教育中的教育者，主要包括教育行政人员、学校管理人员及广大教师②。其中，教育行政人员，包括各级教育行政部门中的管理人员，其主要职责是从宏观上对教育进行调控。学校管理人员，是指那些对学校的人力、物力、财力、时间、空间和信息等要素作恰当安排，使师生员工都能有秩序地工作、学习和生活，保证教育教学工作顺利完成的人员。广大教师是教育者队伍中主导力量，是培养学生的专门人员，通过对学生进行各种专业知识、各种技能以及思想品德的教育，把学生培养成为社会所需要的人才。

(4)现代教育内容

现代教育内容表现为两种基本形态：间接经验和直接经验。其中，间接经验是与科学知识相关的经验内容，强调的是科学性。随着科学技术的发展，计算机科学、遗传工程、空间科学、新材料、系统论、控制论、信息论等被纳入学校教育内容体系之中，成为现代教育内容的重要组成部分。而直接经验则是

---

① 靳玉乐，李森．现代教育学[M]．成都：四川教育出版社，2011.07：298.

② 黄宇智．现代教育改革论[M]．汕头：汕头大学出版社，1993.12：144－145.

与社会生活相关，突出教育生活化的经验内容，强调教育内容与生产生活联系起来。当然，现代社会学习者的主要任务仍然是学习间接经验，但间接经验的学习必须以学习者的直接经验为基础。

(5)现代教育途径

现代教育方法提倡以人为本。相对于原始社会和古代社会的教育，在现代社会中，出现了一批较为先进、较为开明的教育方法。在理念上，强调以学生为中心，如杜威提出了"以儿童为中心、以经验为中心和以活动为中心"的教育教学"新"三中心思想①，开启现代教育思潮。在教学组织形式上，班级授课制的实施，不仅提高了教育效率，还发挥了学生集体的教育力量。在教育手段的选择和使用上，强调现代多媒体技术的使用，如计算机辅助教学、多媒体辅助教学、网络教学等逐步走入课堂，实现了教育途径的现代化。

2. 现代教育特点

总的来说，现代教育与古代教育相比，呈现出以下的不同特点：

(1)教育普及化，教育对象具有广泛性；

(2)教育密切联系社会生产和生活实际，教育性质具有生产性；

(3)教育内容涉及科学和人文众多学科，教育内容丰富且具有开放性；

(4)重视教育立法，依法治教，教育具有法制性；

(5)提倡教育贯穿人的一生，教育呈现终身化发展趋势；

(6)重视教育的交流与合作，教育具有国际性；

(7)重视教育科学研究，提倡按科学规律办教育，教育具有科学性。

---

① 冯克诚．杜威实用主义教育思想与论著选读(上册)[M]．北京：人民武警出版社，2011.06：102.

本章知识结构

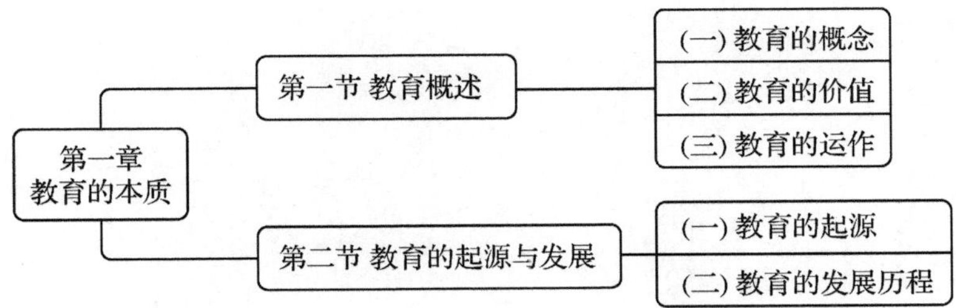
第一章
教育的本质
第一节 教育概述
(一) 教育的概念
(二) 教育的价值
(三) 教育的运作
第二节 教育的起源与发展
(一) 教育的起源
(二) 教育的发展历程

第二编
为什么要教育——教育的价值

【本编按语】

当我们弄清教育是什么以后，又不禁想问：教育到底有什么用？当然，这一命题的前提是教育首先是有用的。事实证明，教育的有用性是一个不争的事实。试想：如果教育无用，那我们个人为什么会投资教育？国家又为什么会举办教育呢？然而，在历史的长河里，“教育无用论”曾多次出现。因此，教育学需要从理论上阐述教育的价值，为教育存在的合理性做理性辩护。其实，教育的价值不外乎两大类，一是教育对受教育者个体而言，有何价值，即教育的个体价值；二是教育对社会而言，有何价值，即教育的社会价值。为此，本编将用两章论述教育的价值。即第二章（教育与人发展的关系）；第三章（教育与社会发展的关系）。

第二章　教育与人的发展

本章要点

通过本章学习，我们将：

1. 理解人的发展的概念；

2. 理解人的发展的一般规律、影响因素及作用方式；

3. 运用教育在人的发展中的作用的基本原理，分析普通中等教育在促进青少年发展中的特殊作用。

核心概念： 个体发展　遗传素质

[导学]遗传对智力的影响有多大

常燕群

不少父母对自己孩子的智力水平高低非常关心，甚至专门请医生给孩子测定智商，力求早日了解孩子的智力情况，以便及早培养。那么，究竟是什么因素决定了智力水平？智力是不是与遗传有关？

有人认为智力是天生的，后天的教育只能增加知识，而不能提高智力。有人则认为智力取决于后天的教育、环境的影响。目前多数专家都认为以上两种观点都是不全面的。

一般认为，遗传是智力发展的基础，后天的教育及环境是条件，二者都不可忽视。孩子出生后，来自先天的智力因素相对固定，而这种先天的智力因素能否成为现实，还受到文化背景、周围环境、家庭和学校的教育等许多因素的影响。

研究发现，智商比较高的孩子约60%至70%出生于有良好家庭教育的知识分子家庭。有专家将智力超常的儿童划分为三种情况，第一种是他们本身具备优秀的遗传因素，第二种是智力遗传因素一般者受到良好的教育，第三种是具有优秀的遗传因素再加上良好的后天教育。

资料来源：《中华读书报》　2012-11-28

第一节 人的发展概述

社会的发展取决于人的发展，而人的发展归根结底是个体的发展。教育作为一种培养人的活动，基本价值在于促进每一位受教育者的健康成长。在教育活动中，教育既能促进人的发展，又受到人的身心发展规律所制约。教育主导作用的发挥，是建立在对人的发展规律的王确认识基础之上。因此，教育学要阐明教育规律，挖掘教育的本体价值，就必须深入研究教育与人的发展①的关系。

一、人的发展的概念

人的发展亦称个体身心发展，是指个体从生命形成到生命的终结，其生理和心理两个方面有规律的变化的过程。据此，人的发展包括生理的发展和心理的发展。其中，人的生理发展，包括机体各种组织系统的正常发育和机能的增长以及体质的增强，这三个方面是相互联系的，机体的正常发育，有利于各组织系统机能的增长，使得体质得到增强；而体质的增强，又有助于机体的正常发育和各种组织系统机能的增长。心理发展是指人的精神的发展，包括人的认知发展(感觉、知觉、注意、记忆、思维、想象等)、非认知发展(需要、兴趣、情感、意志等)以及社会性的发展(社会经验与文化知识的掌握、社会关系与行为规则的习得，能够适应并促进社会的发展)。

在人的发展过程中，生理的发展与心理的发展是统一的，是人的发展不可分割的两个方面。其中，生理发展是心理发展的物质基础，心理发展也影响生理发展。当然，从总体上看，人的发展过程十分复杂，是一个生活与生长并进的过程，也是一个“给定”与“自我选择的”相互作用的过程，更是发展中各种因素相互制衡和相互协调的过程。该过程体现为，个体内部生理、心理、社会文化与外显行为方式的连续而稳定的发展变化。② 因此，人的发展并不包含人的所有变化，只有那些有顺序的、有规律的身心变化，才属于人的发展。

二、人的发展的特点

人的发展与其他动物发展相比，不同点主要在于人的发展具有未完成性和

① 本书中“人的发展”与“个体发展”作为同一概念使用，贯穿全书。

② 王道俊，郭文安．教育学[M]. 北京：人民教育出版社，2009.05：29.

能动性。其中，人的发展的未完成性蕴含着人的发展的多种可能性，但这种发展的可能性是无定向的，具体的发展过程则依赖于出生后的文化与教育。当然，人在后天的发展也是个体自觉的、自主的和自我塑造的过程，这是人的发展区别于动物发展的另一个重要特性。

(一)未完成性

从生物学的角度来看，人的发展与动物发展的最大区别就是，人的发展具有未完成性①。

动物在求生和生存中，直接起作用的特殊的器官和能力是先天具备的，完全适合于特定的生活条件和需求。“动物在天性上比人完美，它一出自然之手，就达到了完成。”②动物的活动器官的构造和机能是先天先定的，通过微不足道的练习就可以适应了。而且，对于动物而言，每种器官功能上的专门化和特定化，使得每种动物只能在特定的空间生活。动物的特定化，使动物的生命是“完善”和“完成”的，所以，对于动物而言，一切是确定的、限定的、无法发展的，如蝙蝠具备完善的声呐系统、鸽子具有良好的方向感等。跟人类最相近的类人猿，生来就长有抵御寒冷的皮毛，长有具备爬树登高、抵抗敌方攻击的尖爪利齿。动物一出生，就具有相当严密精确的本能活动图式，使得动物主体的内在要求与特定的外在环境之间，产生一种近乎完美的对应，并由此，形成相应的内外交互的固定模式。因此，动物能够轻而易举地实现主客体间物质、能量与信息的交换，满足其特定需要，同时，完成自我更新和复制。

与动物相比，人是一种相对孱弱的存在。人在生理构造、反应机制及生存功能上具有未完成性，即人的活动器官在构造和功能上不是专门化和特定化的。这使得人无法仅凭借天生能力生存，导致人的生命功能的欠缺——“本能”的缺乏。人没有天然毛发对付恶劣气候，没有锐利的身体武器对付天敌以获取食物，也没有适应快速奔跑的肌肉组织来避免意外的伤害。总之，人在本能上存在着巨大的缺陷和匮乏。尽管人类最终能够运用语言和技术发展起高度的文明，但从生命起始，人的本能的匮乏，使人成为自然界中生来“最脆弱的、毫无生存能力的一个物种”(赫尔德)，一种“有病的动物”(尼采)。比如，人类特有的直立行走和言语活动，一般说来要在出生后一年才可能有，人在大约一岁

① 王元臣．人的未完成性的补偿：文化成人与教育析论[J]．继续教育研究，2013(09)：47—50.

② [德]米夏埃尔·兰德曼．哲学人类学[M]．阎嘉译，贵阳：贵州人民出版社，1988.11：195.

的时候才能达到一般哺乳类动物降生时就有的发育状态。即假令一名一岁多的儿童跟动物相比，似乎不能说明人优于动物，主要原因就是，人此时仍然不能靠自己独立生存。人天生的本能的缺陷和未完成性，使得人在婴幼儿期，需要比其他动物更长时间的来自父母和群体照顾。人的这种未完成性是人成长的不利因素。比起世界上其他适应环境的生物，人的生存要难得多，人是最易受损害的动物，以至于人类学家格伦将其称为"被剥夺的存在"——被剥夺了生存权利的生物。

然而，正是人的这种未完成性和不完善性，意味着自然界把尚未完成的人放到世界之中，没有对人做出最后的限定，也就在一定程度上给人留下了广阔的发展空间和创造的自由，为类生命的存在创造了条件。正如兰德曼所说，"未特定性带给人类的不完善性，恰恰也使人类获得了双重自由——未完成性和未特定化赋予人以可塑性，赋予人以教育的需求与可能。人的本能的匮乏，使人无法依靠本能图式来实现自我的需要，但因此人自己能够学习、思考和发明"。同样，蒙台梭利也指出，"儿童身上蕴藏着巨大的潜在的生命力，一种吸收性心智天生地就存在于儿童身上，这些属性，既使得儿童将来的发展有了种种的不确定性，又为儿童提供了无限的发展空间——超越性的生成过程和开放性的吸纳"。

总之，人的发展的未完成性，蕴涵着人的发展的不确定性、可选择性、开放性和可塑性，潜藏着巨大的生命活力和发展可能性。

(二)能动性

既然人是未完成的，那么人是如何完成和完善的呢？简单地说，人是能动地、自主地完成和完善的。换言之，人的发展过程是一个自觉能动的过程，这是人的发展区别于动物的一个重要特征。这种能动性具体表现为人的自觉和自决(自我塑造)两个方面。

首先，人的发展是一个自觉的过程。人在发展的过程中，能够自觉审视自己的生存境况，自觉改变生活于其中的生活环境，自觉寻求自身的发展。一部分高级动物，虽然存在着简单的意识世界，但它们远没有达到认识自身存在和发展的水平，它们无法反思自身的存在及其周围环境的关系。而人则不同，他们不仅能够反思自身存在与环境的相互关系，还能自觉地利用这些反思和探究成果来改变自身的生存状况，促进自身的发展与环境的改变。

其次，人的发展是一个自决的过程。这是人的发展的能动性的重要表现。众所周知，相对于客观世界，人已经获得主体地位，并与客观世界建立了主客体关系。作为主体的人，在发展过程中，可以做出自主的决策，并通过自己的活动我自我塑造，实现现实的自我向期望的自我发展。这是一个连续而终其一生的过程。这种自决的特性，赋予了人对自己未来的规划和为未来发展创造条件的能力。这种能力，使人的发展与自然界的发展变化，及与动物生长发展变化产生了根本的区别。究其原因，是人的教育与人改造自然的实践活动，以及动物训练等活动之间的差别。

总之，人的发展的能动性表现为，人在发展过程中的自觉性和自决性。这是人的生长发展与动物生长发展的根本区别，也是人的教育与动物训练等活动之间的重大不同。它为教育提供了合理的人性假设，为教育活动指明了努力的方向，也为教育活动提供了基本的依据。

三、人的发展的规律及其对教育的制约

人的发展是有规律的，这种规律是不以人的意志为转移的，并通过人的发展过程所呈现出的一系列特点而表现出来的。这些规律包括顺序性、阶段性、不均衡性、差异性和互补性，直接规范和制约教育的发展。因此，研究教育对个体发展的价值，需要分析人的发展的规律及其对教育的制约，并以此思量教育的价值空间。

(一)人的发展的顺序性及其对教育的制约

1. 人的发展的顺序性的内涵

人的发展的顺序性指人的发展具有一个相对稳定的发展次序和序列。这种次序表现为人的发展是一个由低级到高级、由量变到质变的连续不断的发展过程。这个过程既不能逾越，更不能逆向。人的发展的顺序性，表现为生理发展的顺序性和心理发展的顺序性。其中，生理发展的顺序性是指人在生长发育中，各功能的发育由低级到高级，由简单到复杂。譬如，就身体整体结构的发展而言，头颅最先发展，然后是躯干，最后是四肢。在骨骼与肌肉的协调发展方面，首先发展的是大骨骼和大肌肉群，而后才是小骨骼和小肌肉群。在用手拿东西方面，4 个月至 5 个月的婴儿是用整个手张开去抓，以后逐渐会用拇指和食指以捏的方式拿取小的物品。在运动功能发展方面，儿童则按“从头到脚”的顺序发育，先会抬头，其次挺胸、独自坐，然后会站，最后才会行走。在儿童各大系统的成熟方面，最先发育的是神经系统，然后是运动系统，最后才是生殖系统。同样，在心理方面，人的发展总是从无意注意到有意注意，由机械记忆到有意义记忆，由具体形象思维到抽象逻辑思维，由喜、怒、哀、乐等一

般情绪到道德感、理智感、美感等高级情感。①

2. 人的发展的顺序性对教育的制约

人的发展的顺序性是客观的、不以人的意志为转移的。这决定了，教育活动必须根据人的身心发展规律循序渐进地进行。无论是知识技能的学习，还是思想品德的发展，都应该由浅入深、由易到难、由简到繁、由具体到抽象地顺序进行，以求循序渐进地促进人的发展，不能“拔苗助长”或“凌节而施”。②

(二)人的发展的阶段性及其对教育的制约

1. 人的发展的阶段性的内涵

人的发展的阶段性是指个体在不同的年龄段其身心发展表现出不同的总体特征，有着不同的主要矛盾，面临不同的发展任务。换言之，人的发展的阶段性，是指人在一定的年龄阶段，其生理和心理两方面都会出现某些典型的、本质的特征，即年龄特征。根据年龄特征，现代心理学把人的发展的阶段概括为新生儿期(出生至1月)、乳儿期(1月至1岁)、婴儿期(1岁至3岁)、幼儿期(3岁至6～7岁)、童年期(6～7岁至11～12岁)、青少年期(11～12岁至17～18岁)、成年期(18岁以后)，成年期又分为成人前期、成人中期、成人晚期③。这是生命全程的划分，每一个阶段的上限和下限都只是大致的规定，并没有绝对准确的划分。当然，相邻两个阶段进行着有规律的更替着，每一个发展阶段都是前一阶段的积蓄，又是后一阶段的准备。每一个发展阶段都经历着一定的时间，发展也就主要表现为量的变化，经过一段时间的发展，就由量变到质变，也使发展进入一个新的阶段。每两个阶段都有很大的差异，如儿童期学生的思维特点具有形象性和具体性，抽象性还很差；少年期的学生，抽象思维有很大的发展。

2. 人的发展的阶段性对教育的制约

鉴于人身心发展的阶段性特点，教育需要分阶段进行。教育工作必须从学生的实际出发，针对不同年龄阶段的学生，提出不同的具体任务，采取不同的教育内容和方法，对不同阶段的学生要区别对待，不能搞“一刀切”。同时，还应看到，人的发展的阶段性所确定的各阶段中，前后相邻的阶段是相互衔接的，在教育工作中，也要考虑这种衔接性。如对初入学的儿童要考虑到他们还

---

① 张梓荆．现代育儿新书(第三版)[M]．北京：人民军医出版社，2005.04：17.

② 张军，王茂，关一航．教育理论[M]．北京：中央民族大学出版社，2005.10：29.

③ 赵传江．教育学教程[M]．开封：河南大学出版社，2005.08：32.

具有学前期的特征，而对儿童后期的学生要考虑他们已具有少年期的某些特征①。

(三)人的发展的不均衡性及其对教育的制约

1. 人的发展的不均衡性的内涵

人的发展存在的不均衡性，也称不平衡性，是指人在发展过程中，各个部位各种功能的发展不是匀速的和直线的。人的发展的不均衡性表现在三方面：(1)人的发展的同一方面，在不同年龄阶段的发展不是匀速的。在不同的年龄阶段，人的身心发展速度和水平有着明显的差异。譬如，幼儿期(0至1岁)和青春期(13～14岁至15～16岁)是儿童身体发展的两个高速时期。(2)人的发展的不同方面在同一发展时期的发展是不平衡的。即身心的各系统、各领域发展的起止时间不同，有的发展领域在较早的年龄阶段已经达到较高的发展水平(如消化系统)，有的发展领域则要到较晚的年龄阶段才能达到较为成熟的发展水平(如生殖系统)。(3)人的身心发展并不完全协调和统一。就整体而言，生理成熟优于心理成熟，尤其是近年来，随着社会条件的变化，儿童的生理年龄往往大于心理年龄。但就某个方面而言，也有可能出现心理能力不受生理成熟条件控制的情况。例如，3岁至5岁幼儿的语言掌握能力和机械记忆能力，往往优于成年人。

2. 人的发展的不均衡性对教育的制约

人的发展的不均衡性，使得人的身体或心理某一方面的机能和能力，最适宜于某一时期形成，这一适宜时期称为关键期。如，1岁至3岁，是儿童语言发展的关键期；4岁至5岁时，儿童视觉、听觉发展达到较高水平，是进行绘画、音乐素养发展的关键期。在关键期内，施加教育影响，可以起到事半功倍的效果；错过了关键期的教育，往往事倍功半。因此，教育必须适应人的发展的不均衡性，在人的素质发展的关键期内，施以相应的教育，促进其更好的发展。

(四)人的发展的差异性及其对教育的制约

1. 人的发展的差异性的内涵

人的发展的差异性是指人在发展过程中，因遗传、环境、主观努力、教育等方面的不同，其身心发展实际情况必然会表现出一定的差异。人的发展的差异性具有多种层面。首先，从群体的角度看，表现为性别差异。这不仅是自然性别上的差异，还包括由性别带来的生理机能和社会地位、角色感知、交往能

---

① 钟祖荣，刘维良．教育理论[M]．北京：高等教育出版社，2005.01：18.

力方面的差异。这些差异在一定程度上造成人的发展的方面和水平上的不同。其次，从个体角度看，表现为不同儿童的发展不尽相同。一方面，不同儿童在同一方面的发水平和速度存在个别差异，如两个同为 6 岁的儿童，一个儿童可以利用概念进行运算，而另一个还不能脱离实物进行运算。另一方面，不同儿童在不同方面的发展速度与水平也不尽相同。如有的学生数学能力强，有的学生则语言能力强等。此外，不同儿童所具有的个性倾向也不同，如有的学生热情，有的则冷漠；有的学生合群，有的则孤僻；有的学生果断坚强，有的则优柔寡断。

2. 人的发展的差异性对教育的制约

根据人的发展的个别差异性，教育必须因材施教。针对每一个儿童的不同发展水平以及不同兴趣、爱好和特长进行因材施教，做到有的放矢地选择适宜、有效的教育途径、方法和手段，才能充分发挥每个学生的潜能和积极因素，促使每一个学生都得到尽可能的发展。

(五)人的发展的互补性及其对教育的制约

1. 人的发展的互补性的内涵

人的发展的互补性，又称整体性，是指人在发展过程中不同的机体能力可以相互补偿。具体表现为以下几个方面：(1)生理机能的互补。当身体机能的某一方面受损或者缺失时，可以通过其他机能的超常发而得到部分补偿。如失明者通过听觉、触觉和嗅觉等方面的超长发展得到补偿。(2)心理机能与生理机能的互补。人的精神力量、意志、情绪状态对整个机体起到调节作用，能帮助人战胜身体方面的残缺与不足，使身心得到发展。相反，如果一个人的心理承受能力极差，缺乏自我调节能力和坚强的意志，即使身体健康，也可能失去信心。

2. 人的发展的互补性对教育的制约

人的发展的互补性要求教育者在开展教育工作时，首先，要求教育者对全体学生起坚定的信心，相信后进生一样可以通过其他方面补偿性发展，达到一般正常人一样或相似的发展水平；其次，要求教育者掌握科学的教育方法，特别是要善于发现学生的优势，“长善救失”，激发后进生的自我发展信心和积极性，通过他们的精神力量来达到身心的协调发展；再次，要求教育者要把学生看成复杂的整体，促进学生在德、智、体、美等方面全面而和谐地发展。

经典考题

(2011 年・下半年・中学段《教育知识与能力》)有的人观察能力强，有的人动手能力强，有的人善于口头演讲，有的人善于书面写作。这说明人的发展具有(　　)。

A. 能动性　　B. 阶段性　　C. 个别差异性　　D. 不平衡性

【答案】C

2.(2013年·上半年·中学段《教育知识与能力》)对童年期的学生，在教学内容上应多讲一些比较具体的知识和浅显的道理；在教学方法上，应多采用直观教具。这体现了教育要适应儿童身心发展的(　　)特点。

A. 稳定性　　B. 阶段性　　C. 不平衡性　　D. 个别差异性

【答案】B

3.(2014年·上半年·中学段《教育知识与能力》)当代教育家霍姆林斯基在他曾经担任校长的帕夫睿什中学创立了几十个兴趣小组作为选择，这反映了教育必须适应人身心发展的哪一个特点(　　)。

A. 顺序性　　B. 稳定性　　C. 可变性　　D. 个别差异性

【答案】D

4.(2014年·下半年·中学段《教育知识与能力》)高一(2)班班主任王老师在班级教学过程中，从来不采取"一刀切"的办法，因为他深刻地认识到人的身心发展具有(　　)。

A. 阶段性　　B. 连续性　　C. 差异性　　D. 顺序性

【答案】C

第二节　教育对人的发展的作用

教育能促进人的发展，这是一个不争的事实。然而，教育在人的发展过程中，其贡献究竟有多大呢？要弄清这个问题，首先得搞清楚影响人的发展的因素有哪些？关于影响人发展的因素，不同的学者有着不同观点。有人认为，人的发展是有先天因素和后天因素共同作用的结果；也有人认为，人的发展是内部因素和外部因素共同作用的产物。其实，无论是先天因素、后天因素，还是内部因素、外部因素。影响人发展的因素都可以归纳为遗传、环境、人的主观能动性以及学校教育四个方面。其中，学校教育虽然属于环境的一部分，但作为一种特殊的环境，对个体的发展有着特殊的意义，因此，本节把学校教育从环境中抽离出来，作为单独的影响人的发展的影响因素进行阐述。

一、关于影响人的发展的因素的观点回顾

古往今来，人们都在不断追问："人的发展究竟受到哪些因素的影响？是遗传决定人的发展还是环境决定人的发展？"关于这一问题的回答，可谓仁者见仁智者见智。当我们用"奥卡姆剃刀"①刮掉一些不太重要或相互重叠的部分时，不难发现，关于个体发展的影响因素的观点，不外乎是内发论、外铄论和内外因素交互论。

(一)内发论

内发论又称自然成熟论、预成论、生物遗传决定论、遗传决定论等。其基本主张是，强调人的身心发展的主要力量主要源于人自身的内在需要，人身心发展的顺序是由身心成熟机制决定的，人的身心发展过程是这种自然因素按其内在的目的或方向而展现的结果，外部条件只能影响其内在的固有发展节律，而不能改变节律。

孟子可以说是中国古代"内发论"的代表人物。孟子认为"人性本善""万物皆备于我心"，人的本性就是恻隐、羞恶、辞让、四端，并最终指向了人的仁、义、礼、智四种品性的根源。孟子认为，人只要善于修身养性，向内寻求，这些品质就能得到发展。美国现代生物学家威尔逊，则把"基因复制"看作是决定人一切行为的本质力量；而美国心理学研究者格赛尔，则通过"双生子爬楼实验"强调成熟机制对人的发展的决定作用。内发论的代表人物和他们的观点如表 2-1 所示。

表 2-1　内发论的主要代表人物及其主要观点

序号	代表人物	基本观点
1	孟子	性善论，人的本性是善的。
2	弗洛伊德	性本能是最基本的自然本能，它是推动人的发展的潜在的、无意识的、最根本的动因。
3	威尔逊	"基因复制"看作是决定人一切行为的本质力量。
4	格赛尔	成熟机制对人的发展的决定作用。
5	霍尔	一两的遗传胜过一吨的教育。
6	高尔顿	一个人的能力是由遗传的来的。

① 奥卡姆(William of Occam)，中世纪英国经院哲学家。宣称"若无必要，不应增加实在东西的数目"该观点后来被称为"奥卡姆剃刀"。

内发论认为心理发展与生理发展没有什么根本的实质性的区别，心理发展也是先天因素成熟的结果，完全否定后天学习、经验在其中的作用。内发论片面地以生理发展曲解了心理发展，这是内发论的根本错误所在，是庸俗进化论观点在心理发展问题上的一种表现。

(二)外铄论

外铄论又称环境决定论、外塑论或经验论等。该观点与内发论相反，认为个体发展的实质是环境影响的结果，环境影响决定个体身心发展的水平与形式。这种观点的典型代表是我国古代荀子、美国行为主义心理学派的创始人华生、英国教育家洛克、法国唯物主义教育家爱尔维修等。外铄论的代表人物及其观点如表 2-2 所示。

表 2-2　外铄论的主要代表人物及其主要观点

序号	代表人物	基本观点
1	荀子	性恶论，《荀子·性恶》：“故圣人化性而起伪，伪起而生礼义，礼义生而制法度。”
2	华生	“给我一打健康而又没有缺陷的婴儿，我能够把他们中间的任何一个人训练成我所选择的任何一类专家——医生、律师、艺术家、商界首领，甚至是乞丐或窃贼。”
3	洛克	“白板说”：儿童犹如一块白板，到他们长大成人以后，是好还是坏，有用还是无用，感到幸福还是痛苦，主要是他们所受的教育决定的。

外铄论把心理发展看作是外界环境影响的结果，否认心理发展的内因作用，因而是错误的。其根本错误在于否认心理对客观世界反映的能动性，是一种机械主义的发展观。

(三)内外因素交互论

顾名思义，内外因素交互论，是指人的身心发展不是单一因素决定的，而是内外因素共同作用的结果。内外因素交互论的种类很多，包括“两因素论”“三因素论”“四因素论”“五因素论”等。如巴拉诺夫认为人的发展是由遗传因素和社会两个因素共同作用的结果。“三因素论”观点以苏联凯洛夫主编的《教育学》为代表，该观点认为在人的发展中，遗传是人发展的物质基础，环境(特别是社会环境)是人发展的决定性因素，而学校教育在人的发展中则起着主导作用。“三因素论”曾一度成为我国教育理论界所公认的观点。“四因素论”是在

“三因素论”基础上，增加了一个人的主观心理因素。“五因素论”在“四因素论”基础上再加一个“反馈调节”因素。另一种“五因素论”则认为影响人的发展的因素为：生理因素、心理因素、自然因素、社会因素和实践活动因素。内外因素交互论的代表人物及其观点如表2-3所示。

表2-3　内外因素交互论的主要代表人物及其主要观点

序号	代表人物	基本观点
1	巴拉诺夫	人的发展影响分为两大类，一类是生物因素，包括遗传素质以及遗传素质以外的某些生理特点及健康状况等；另一类是社会因素，包括社会、家庭、学校和自然、文化以及人际关系等环境因素。
2	凯洛夫	人的发展中，遗传是人发展的物质基础，环境(特别是社会环境)是人发展的决定性因素，而学校教育在人的发展中则起着主导作用。

其实，事实证明，人的发展是内外因素共同作用的结果，是先天遗传因素、后天社会影响、教育以及个体在发展过程中的主观能动性相互作用的结果，没有也不可能有某一个因素单一地决定人的发展。

二、影响人的发展的因素及其作用

正如前文所述，人的发展是多因素共同作用的结果。那么，到底是哪些因素影响人的发展呢？概括起来，不外乎遗传、环境、教育和个体主观能动性四个方面。这四个因素相互联系，共同作用于人的发展。为更好地理解教育尤其是学校教育对人的发展的作用，现将这四个因素在人身心发展中的作用分别论述如下。

(一)遗传对人的发展的作用

1. 遗传的概念

遗传通常又称遗传素质，是指那些从上辈继承下来的、与生俱有的生理解剖特点。如形体构造、形态、感觉器官和神经系统的特征等。正因为遗传，人生来就具有作为人的“类”的生物特征。例如，人的身体形态和机能结构、人的肤色、头发、眼睛以及人的各种感觉器官的功能特性尤其是高级神经系统的特点等，都是与生俱来的。

生物学研究表明，在生物的细胞内存在一种，具有自身繁殖能力的遗传单位——基因。这些携带遗传信息的基因是由脱氧核糖核酸(DNA)构成的，它在细胞的染色体上有序地排列着。人们从自己祖先那里继承下来的各种身心特征，就是通过遗传基因这个载体实现的。

2. 遗传在个体发展中的作用——前提和基础

(1)遗传为人的发展提供可能性

没有遗传素质就不可能成为人。譬如，我们不可能把一条狗培养成一个人。同样地，即使具有遗传素质，但若遗传素质有缺陷，其的身心发展也会受到不可弥补的影响。譬如一个先天色盲的人，不可能成为一个优秀画家；一个先天听力障碍的人，很难培养成为一个优秀声乐家。这一切足以说明，人的遗传素质是人赖以生存和发展的物质基础和前提条件，它为人的发展提供可能性和前提。当然，遗传素质为人的发展提供的潜能是巨大的。仅以大脑神经系统为例，相关研究表明，人的大脑神经细胞有 140 亿到 150 多亿个，而人类所开发和利用的却只占总量的百分之十左右。

(2)遗传素质的成熟机制制约人的发展的进程

遗传素质的成熟程度，为一定年龄阶段的身心发展提供了限制和可能，制约着年轻一代身心发展的过程。如，人脑的发展，新生儿平均为 390 克，8 个月至 9 个月为 660 克，2 岁至 3 岁为 990 至 1010 克，6 岁至 7 岁为 1280 克 12 岁至 13 岁为 1400 克，已经达到成人的水平。同样，人的一些活动能力总是随着素质的成熟程度而表现出来的。例如，婴儿一般 3 个月会翻身，6 个月会坐，1 岁左右会走。著名的双生子爬梯实验，毫无疑问地说明了，遗传素质的成熟阶段是教育的重要条件。20 世纪初，美国心理学家格塞尔以同卵双生子为对象，研究动作发展与成熟的关系。在这个实验中，双生子 T 从出生后第 48 周起每天做 10 分钟爬梯训练，连续 6 周，到第 52 周，他能熟练地爬上 5 级楼梯。在此期间，双生子 C 不做爬梯训练，而是从出生后第 53 周才开始进行爬梯训练，两周以后，双生子 C 不用旁人帮助，就可以爬到楼梯顶端。由此，格塞尔得出的结论是："在儿童生理上未达到准备状态(即成熟)时就无从产生学习，学习只是对成熟起一种促进作用；一旦在生理上有了完成这种动作的准备，训练就能起到事半功倍的效果。学习依赖于成熟所提供的准备状态。"①

(3)遗传素质的差异性对人的发展有一定的影响作用

人的遗传素质是有差异的，这种差异不仅表现在体态的胖瘦、肤色的黑白上，也表现在神经活动的类型上。在医院婴儿室里，你可以看到，刚出生的婴

① 秦金亮．儿童发展概论[M]．北京：高等教育出版社，2008.01：60.

儿就有不同的表现，有的比较安静，容易入睡；有的则手脚乱动，大哭大闹。此外，遗传素质的差异还表现为先天智力的差异，这种差异对人的后天发展也同样具有较大影响。德国心理学家调查了 2675 名父母和他们 10071 个子女的智力的关系发现：父母智力组合的优劣与所子女智商高低之间存在着相关(如表 2-4 所示)，这足以反映遗传素质的差异性对人的发展有影响作用。

表 2-4　亲子智力关系表(父母智力组合与子女智力等级之间的概率)

生育子女智力 / 父母智力组合	子女智力优秀的概率	子女智力一般的概率	子女智力低下的概率
“优”与“优”	71.5%	25.4%	3.0%
“优”与“劣”	33.4%	42.8%	23.7%
“一般”与“一般”	18.6%	66.9%	14.5%
“劣”与“劣”	5.4%	34.4%	60.1%

遗传素质是人发展的物质前提，但是对人的发展不起决定作用，这是因为两方面的原因：一方面，遗传素质为人的发展提供的是可能性，而不是现实性，遗传为人提供的可能性，必须在一定的环境和教育的影响下才能变为现实；另一方面，遗传素质随着环境和人类实践活动的改变而改变。即使是有好的遗传素质，如果没有得到较好的环境与教育，或者个人主观不努力，也难以有较好的发展。可见，遗传素质是人的发展的生理前提，但是对人的发展不起决定作用。因此，认为人的发展是由遗传素质决定的，是不正确，就会陷入“遗传决定论”的泥沼之中。

经典考题

1.(2012 年·下半年·中学段《教育知识与能力》)在外部条件大致相同的课堂教学中，每个学生学习的需要和动机不同，对教学的态度和行为也各式各样，这反映了(　　)因素对学生身心发展的影响。

A. 遗传素质　　B. 家庭背景　　C. 社会环境　　D. 个体能动性

【答案】A

2.(2015 年·上半年·中学段《教育知识与能力》)“唯上知与下愚不移”“中而知之”等反映了影响人的发展因素的哪一理论(　　)。

A. 环境决定论　　B. 遗传决定论　　C. 教育万能论　　D. 儿童学理论

【答案】B

3.(2016 年·上半年·中学段《教育知识与能力》)如果让六个月婴儿走路，不但徒劳而且无益。同理，让四岁的儿童学高等数学，也难以成功。这说明(　　)。

A. 遗传素质的成熟程度制约着人的发展过程及其阶段

B. 遗传素质的差异性对人的发展有一定影响

C. 遗传素质具有可塑性

D. 遗传素质决定人发展的最终结果

【答案】A

4.(2013 年·上半年·中学段《教育知识与能力》)(辨析题)遗传素质决定能力发展的水平。

【答案要点】这种说法是不正确的。

遗传素质是智力发展的基础和自然条件。有研究发现：遗传关系越密切，个体之间的智力越相似。但遗传只是为智力发展提供了可能性，要使智力发展的可能性变成现实性，还需要社会、家庭和学校教育多方面的共同作用。

(二)环境对人的发展的作用

1. 环境的概念

遗传素质为人的发展前提可能性。而要将这种可能性变为现实性，必须依赖于环境。环境是围绕在个体周围的并对个体自发地发生影响的外部世界。人的生存与发展环境是十分复杂的。根据对人发展的直接影响程度不同，环境可以分为小环境、中环境和大环境(见图 2-1)；根据环境的性质，可将环境分为自然环境和社会环境。其中，自然环境是环绕在人周围的各种自然因素的总和，如大气、水、其他物种、土壤、岩石矿物、太阳辐射等。这些是人们赖以生存的物质基础。社会环境是指人们所生活的一定社会的物质生活和精神生活条件，包括宏观环境和微观环境两种。其中，宏观社会环境包括社会生产和生活方式、社会关系、社会精神文化等；微观社会环境则包括家庭、邻里、亲友、娱乐场所、工作单位等。一个人的身心能否得到发展，以及能够发展到什么程度，都与他所处的社会环境分不开，社会环境是人发展的现实条件和实现源泉，对人的发展起着不可替代的作用。

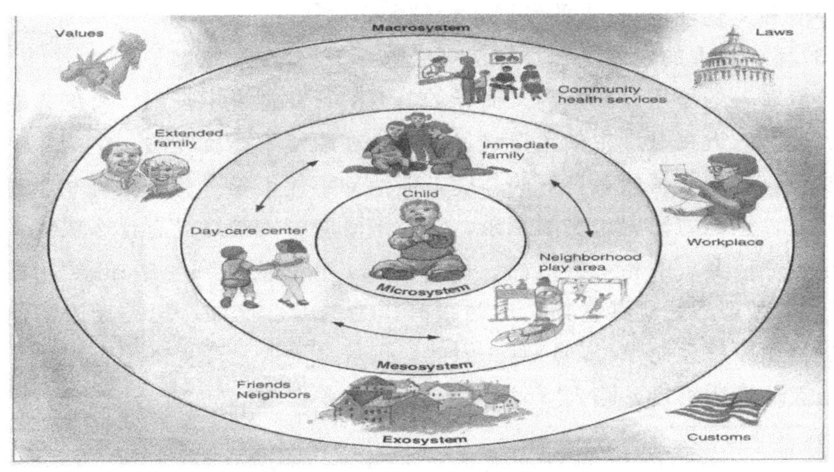

图 2-1　影响人发展的小环境、中环境和大环境

2. 环境在人的发展中的作用——重要作用

(1)环境是人的发展的现实条件

遗传素质仅仅为人的发展提供了可能性，没有一定的环境，这种可能性不会转变为现实。“近朱者赤，近墨者黑”，“蓬生麻中，不扶自直；白沙在涅，与之俱黑”，“孟母三迁”等充分说明环境在人的发展过程中的重要作用。战国时期荀况在《荀子・劝学》中明确指出“居必择乡，游必就士”。汉代王充在《论衡・率性篇》中同样指出“譬犹练丝，染之蓝则青，染之丹则赤”。可见，环境对人的发展的作用很大，是人的发展的现实基础。

(2)环境为人的发展提供内容、手段、资源与机遇

环境对人的发展作用很大，人能从他所处的环境中寻求发展的内容、手段、资源和机遇。事实证明，不同时代背景、不同家庭经济条件的孩子，其发展的差异性较大。香港科技大学李中清教授(James Lee)、南京大学历史学院梁晨副教授及其团队的合作研究发现：在过去的 150 年中，中国的教育精英，即受过良好教育、最具优势的职业群体有四个阶段的转化。1865 年至 1905 年，即清政府废除科举之前，超过 70%的教育精英是官员子弟，来自全国各地的“绅士”阶层；1906 年至 1952 年，超过 60%的教育精英是地方专业人士和商人子弟，尤其是江南一带和“珠三角”地区；1953 年至 1993 年，约超过 40%的教育精英是来自全国的无产阶级工人子弟；1994 年至 2014 年，超过 50%的教育精英来自各地区的有产家庭与特定的重点高中。可见，环境(尤其是家庭

经济环境和文化环境)对人的发展影响较大。

(3)环境对人的发展有积极和消极之分

环境对人的作用效果是因人而异的。有的人在逆境中奋起，有的人在逆境中消沉；有的人在顺境中如鱼得水，有的人在顺境中虚度光阴。生活中，我们不难发现，有的人虽然有良好的环境，但他却不能正确对待这些有利条件，个人不努力，意志力薄弱，贪图享乐，结果平平庸庸，最终没有什么成就，甚至走向与环境所要求的相反的道路。而有的人，在恶劣的环境中却能“出淤泥而不染”，刻苦努力，顽强拼搏，成为很有作为的人。比如，司马迁遭宫刑而作《史记》，屈原放逐而赋《离骚》等。因此，仅仅认为人是环境的消极产物，人的发展是被环境所决定，陷入“环境决定论”，就是错误的。

经典考题

(2011年·下半年·中学段《教育知识与能力》)我们常用“孟母三迁”的故事来说明哪种因素的教育意义？(　　)

A. 遗传　　B. 环境　　C. 教育　　D. 主观能动性

【答案】B

(三)教育对人的发展的作用

1. 教育的概念

正如前文所述，教育是一种传递经验培养人的活动，与人的发展有着密切的联系。其中，学校教育是指由专门的学校教育机构和专门的教育人员有目的、有计划、系统地传递经验培养人的活动。

2. 教育对人的发展的作用——主导作用

教育对个体发展的作用，不仅已被历史所证实的，而且也得到众多教育家和思想家充分肯定。《学记》中说：“玉不琢，不成器；人不学，不知道。”①卢梭坦言“植物的形成由于栽培，人的形成由于教育。”②在洛克看来，“人类之所以千差万别，便是由于教育之故。”③康德更加直白：“人只有通过教育才能成

① 《礼记·学记》。

② 张焕庭．西方资产阶级教育论著选[M]．北京：人民教育出版社，1979.09：95.

③ [英]约翰·洛克．教育漫话[M]．傅任敢译，北京：人民教育出版社，1985.11：24.

为一个人，人是教育的产物”①。可见，教育在人的发展过程中扮演一个重要角色。尤其是学校教育这种有目的、有组织的培养人的活动，能加速人的发展，在人的发展过程中起到主导作用。（详细内容请参见本节第三点“教育对人的发展的主导作用”）。

(四)主观能动性对人的发展的作用

1. 主观能动性的概念

人的主观能动性亦称“自觉能动性”，是指人的主观意识和实践活动对于客观世界的反作用或能动作用。主观能动性包括两方面的含义：一是指人们能能动地认识客观世界；二是指人是在认识的指导下能动地改造客观世界。主观能动性是人类所特有的意识特性。动物也有生命活动，但动物只是消极地、本能地适应自然界；而人的活动，却是有目的地、有意识地自由自觉活动，人以自己的活动为中介与环境交互作用，接受着环境的影响，同时也改造着环境，并在改造环境的过程中改造自己。

美国著名哲学家赫舍尔(A. J. Heschel)说：“对动物而言，世界就是它现在的样子；对人来说，这是一个正在被创造的世界，做人就意味着处在旅途中。”人的主观能动性由内外两方面的要素构成：从内部看，它体现为人的需要、动机和目的等主观方面的特性；从外部实现来看，则主要表现为作用于客观事物的自觉活动。人的主观能动性的大小、性质和方向都是在各种实际活动中体现出来的。

2. 主观能动性对人的发展的作用——内在动力

人不仅是社会历史活动的主体，而且还是自身发展的主体。当人的发展水平达到具有较清晰的自我意识和自我控制的水平时，就能够有目的地、自觉地影响自己的发展。这不仅意味着人能把握自己与外部世界的关系，而且还意味着，人能把自身的发展当作自己认识的对象和自觉实践的对象，进而建构自己的内部世界。人对自身发展的设计和控制表现在两个方面：一方面，人在认识自己与周围环境现实关系的前提下，不断地为自己的发展创造条件，而不是消极地期待客观条件的成熟。另一方面，人能勾勒自己未来的前景，选择自己的发展目标，策划实现该目标的行动，不断克服困难和干扰，以实现自我发展目标。这种自觉的追求，是人的主观能动性影响人的发展的重要体现。

因此，人不仅是先天因素与环境相互作用的产物，也是自我选择的结果。

---

① [苏]阿尔森·古留加．康德传[M]．贾泽林译，北京：商务印书馆，1981.07：86.

现实中，同样的外在环境在不同人身上所发生的影响作用是不同的，这完全是由于人的主观能动性在起作用。例如，生活在一个家庭里的子女，他们的遗传素质和社会环境相差不大，但由于他们自身的主观能动性不同，他们的思想、行为、个性心理都可能存在差异。可见，主观能动性的人发展的内在动力。

三、教育对人的发展的主导作用

正如前文所述，人的发展是由遗传、环境、教育、主观能动性四个因素共同作用的结果，没有哪一个因素能决定人的发展。学校教育作为一种特殊的教育形式，是通过专门的教育机构对受教育者所进行的一种有目的、有计划、有组织、有系统地传授知识、技能，培养思想品德，发展智力和体力的教育活动。它在人的身心发展过程中起着主导作用。

(一)学校教育在人的发展中的作用——主导作用

学校教育，是一种特殊的社会环境，在一定的前提和条件下，它对个体的身心发展起主导作用。所谓学校教育的主导作用，是指教育主导着人的发展向某一方向或某些方向发生变化。在一般情况下，相对于影响人的发展的其他外在因素而言，良好而有效的学校教育对人的身心发展，特别是对年轻一代的发展起着主导作用，具体表现为如下。

1. 学校教育对人的发展的方向与方面做出社会性规范

人作为一种社会存在，其发展方向需要与社会要求相一致。社会对个体的要求或期望，包括体质、思想道德、知识能力等诸多方面，并围绕这些方面提出了一系列规范要求。学校根据这些要求，针对不同年龄、不同专门人才培养的要求而做出相应的调整，并有意识地以教育目的和目标的形式去规范学校的其他工作，通过各种教育活动促使学生达到规范的目标。同时，学校教育还促使学生认识社会规范的意义和内容，即认识到自己该干什么，不该干什么，从而规范自身的行为，防止偏离社会轨道。

2. 学校教育是一种专门育人的活动，能加速人的发展

学校教育，是目标明确，时间相对集中、有专人指导并进行专门组织的专门性教育活动。学校教育作为专门性的培养人的活动，其主要特点表现为以下四个方面：一是学校的根本职能就是培养人。学校自其诞生之日起，就是以培养人为其主要活动的，各级各类的学校教育，概莫能外。二是学校中的教育体系和课程设置是较为系统和完整的。三是学校中的施教人员——教师，经过专门化的训练造的，他们所从事的是一种专门性的职业。四是学校教育还可以发展集体教育的作用，促使个体在一定的学习群体中相互学习。综上，教育能加

速人的发展。

3. 学校教育对人的发展的影响具有即时和延时的价值

学校教育对个体发展的影响，不仅具有即时的价值，而且具有延时的价值。一方面，学校教育所传递的知识、培养的技能、培育的情感，都凝结在学生身上，学生可以及时受用和享受。这就反映了学校教育的即时性价值。另一方面，学校教育的内容大部分具有普遍性和基础性。即使是专门学校的教育内容，也属于该领域普遍和基础的部分，这些内容能培养出学生的自我学习能力，使学生在今后远离学校教育时，也能具有很强的自学能力。这对于今后无论是工作学习等方面都具有长远的意义。因此，教育对人今后的进一步发展具有长远的价值。

4. 学校教育具有开发个体特殊才能和发展个体个性的功能

人的发展应该是全面而有个性的发展。因此，学生个性发展构成了学生发展的一项重要内容。而要发展学生的个性，则需要根据学生先天禀赋和后天兴趣，有针对性地开发学生的特殊才能。在开发特殊才能方面，由于普通学校教育内容的多面性，且同一学生集体中学生间表现出的差异性，都有助于学生个体的特殊才能表现与被发现。学校的领导和教师，大都具有一定的教育科学理论知识素养，这不仅有助于他们理解学生，更有助于他们发现学生的个性，并尊重和注意学生个性的健康发展。

（二）学校教育在人的发展中起主导作用的原因

1. 学校教育具有明确的目的性和计划性，规范着人的发展方向

学校教育是一种有目的地传递经验、培养人的活动。它是以培养人为主要目的，并遵照一定社会要求和人的身心发展规律，按照既定目的对受教育者施加影响。我们知道，社会环境和社会实践也会影响人的发展。然而，社会环境与社会实践的直接目的，是改造自然和改造社会，它们不以影响人的发展为主要目的。并且，社会环境和社会实践对人的影响既有积极的，也有消极的；既有正面作用，也有负面作用。而学校教育则不同，学校教育不但是以培养人为直接目的，还对社会环境和社会实践进行筛选、净化和调控，以保证教育目的和方向。为了保证人才培养目标的实现，学校教育把人的发展所需要的一切时间与空间全部纳入到可控的计划程序之内，排除和控制各种不良因素的影响，并按照各种规章制度，有计划地进行教育教学工作，从而保证个体的发展朝着社会需求的方向前进。

2. 学校教育由专业教师组织实施，可以确保人的发展不走或少走弯路

学校教育是由经过专业培训的专职教师，以对学生开展教育教学工作来实现的。这些教师受社会委托来教育学生的，他们了解学生身心发展的规律与特点，明确教育目的与教学任务，熟悉教育内容，掌握教育方法与手段。因此，在学校教育中，学生在教师的指导下，可以不走或少走弯路，从而确保教育工作的效果与效率。相比之下，环境中缺少这样的专业人员，所有环境对人的影响不如学校教育效率高。当然，教育对人的发展所起的主导作用，在未成年人的成长中表现更为明显。未成年人正是长身体和长知识的时期，他们知识的获得以及品德的提升都依赖于成年人的教育。而且，未成年人的身心发展还不够稳定，多变性和可塑性都比较大，因而需要专业的教育工作者加以指导。而在这方面，学校教育具有绝对的优势，学校教育可以利用自身的专业优势，促进受教育者实现直接而高效的发展。

3. 学校教育影响较为系统和全面，对人的发展的影响效能较高

学校教育不仅能够排除和控制一些不良因素对人的影响，给人以更多正面的教育，还可以利用其教育的全面性促进学生全面发展。学校教育的全面性主要表现为以下四个方面：首先，学校教育制定清晰、明确、全面的教育目的；其次，学校教育设置有比较全面的课程体系和提供较为丰富的教育内容其三，学校教育能够为学生提供，有比较多样化的教育途径和教育的方式与方法；其四，学校教育能够提供一支结构比较完整与合理的教师队伍。当然，不同类型和不同级别的学校教育，其全面性是不尽相同的。如普通教育与专门化的教育在全面性的表现上，存在一定的区别。然而，无论什么类型的学校教育，其全面性永远大于其他形式的教育影响。正是因为学校教育的这种系统性和全面性，大大增强了学校教育对个体发展的影响程度。

(三)学校教育在人的发展中起主导作用的条件

然而，学校教育对人的发展的主导作用并不等于决定作用，它是有条件的、有限的。学校教育对人的发展的主导作用的有限性，体现在三个方面：第一，只有遵循人的发展规律，学校教育才能促进人的发展；第二，只有正确处理好内因和外因的关系，充分激发学生的主观能动性，学校教育才能产生积极的成效；第三，要正确处理教育与遗传素质、环境因素的关系，要积极发挥各种因素对人的发展的促进作用。总之，学校教育既不能超越它所依存的社会条件，凌驾于社会之上，去发挥它的主导作用；又不能违背儿童身心发展的客观规律，任意决定人的发展。就像是，学校教育不可能对人的所有方面的发展起到主导作用。学校教育主导人的发展，但并不意味着单凭学校教育就能决定人的发展水平。

因此，我们要实事求是地看待学校教育在人的身心发展中所发挥的作用。既不能夸大教育的作用，陷入“教育万能论”；也不能因为影响个体的因素过多，就夸大遗传、环境和个体主观能动性的作用，从而陷入“教育无用论”的观点之中。而要结合教育教学一线实际，批判“教育万能论”和“教育无用论”的观点。

经典考题

1.（2013 年·上半年·中学段《教育知识与能力》）在影响人的身心发展的诸因素中，教育，尤其是学校教育在人的身心发展中起（　　）。

A. 决定作用　　B. 动力作用　　C. 主导作用　　D. 基础作用

【答案】C

2.（2016 年·上半年·中学段《教育知识与能力》）（简答题）为什么教育对人的发展起主导作用？

【答案要点】学校教育对人的发展起主导作用的原因有三方面：

（1）学校教育具有明确的目的性、计划性、组织性和系统性；

（2）学校教育由专业教师来施教；

（3）学教育能够排除和控制一些不良因素的影响。

3.（2014 年·上半年·中学段《教育知识与能力》）（分析题）尼克·胡哲天生没有四肢，从小很自卑和孤独，随着他的成长在老师和父母的指导下，有了很大的成就。

问：请结合材料分析影响人身心发展的主要因素及其作用。

【答案要点】影响人身心发展的因素很多，但概括起来，影响人身心发展的因素有遗传、环境、教育和个体的主观能动性等四个方面。

遗传素质是人发展的生理前提，为人的发展提供了可能性，但人的发展不能在真空中进行，他要依靠他周围的环境来进行发展；环境在人的发展过程中起决定性作用，社会环境对人的发展的影响，主要是通过教育来实现的；教育在人的身心发展过程中具有重要的作用，但它们要想在人的发展过程中发挥作用，还离不开人的主观能动性的发挥。认识和把握这一规律对于搞好教育教学工作具有重要的现实意义。

本章知识结构

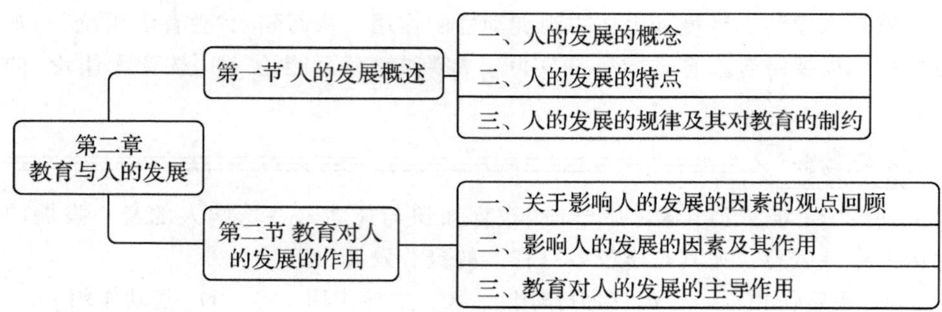
第二章
教育与人的发展
第一节 人的发展概述
一、人的发展的概念
二、人的发展的特点
三、人的发展的规律及其对教育的制约
第二节 教育对人的发展的作用
一、关于影响人的发展的因素的观点回顾
二、影响人的发展的因素及其作用
三、教育对人的发展的主导作用

第三章 教育与社会发展

本章要点

通过本章学习，我们将：

1. 理解社会的概念及其构成要素；
2. 理解社会各要素对教育的制约以及教育对社会的作用；
3. 运用教育与社会发展关系这一理论，分析未来中国教育发展的趋势。

核心概念：社会　人口　经济　政治　文化

[导学]考生放弃高考，“读书无用论”又抬头

高考，对绝大多数学生来说可能是放飞梦想的开始。但对于一些农村考生，却意味着要做出人生中最重大的一次“放弃”。今年参加普通高考的考生有900多万人，而放弃高考的考生有数十万人。寒窗苦读十余年的他们，为什么放弃高考？

曾几何时，网上流传着这么一句话：“如果把大学比作一列火车，清华北大是软卧，其他名校是硬卧，一本二本是硬座，三本专科是站票，成教是挤厕所的。到了目的地，没人在乎你是怎么来的，只在乎你能干什么。”如今，对于那些刚“下车”的大学毕业生而言，更郁闷的是，那些没搭上大学这列火车的农民工兄弟似乎在就业市场更吃香。于是，“大学”这列火车不再那么富有吸引力。

根据中国教育部公布的数据，高考人数已连续5年下降。2009年至2012年，全国共有300万高中生放弃高考，占毕业生总数的10%。对农村弃考生来说，城市日益激烈的应届生就业竞争和高昂的学费、生活费，使他们不得不重新权衡读大学的利弊。今年中国有699万名大学毕业生，人数比去年增长3%，而就业岗位却减少了15%。许多城市学生弃考后选择出国留学，但他们中的六成是“海归”，有的甚至成了“海带”(海外留学回国待业)。据悉，2012年中国出国留学人员总数近40万人，返流已达23.03万人次，2006年至2012年中国留学生累计回国人数达104.87万人次。“海归”不只互相竞争，还要和

“土鳖”(国内高校毕业生)进行一番厮杀，“僧多粥少”的就业市场注定十分惨烈。如今，大学生“就业难”和农民工“用工荒”形成鲜明对比。人们不禁要问：读大学究竟还值不值？大学生就业难不仅让高考失色，也让“读书无用论”卷土重来。

资料来源：《人民代表报》 2013-06-18

第一节　社会及其构成要素

教育作为一种培养人的社会活动，在促进个体发展的同时，也影响和保障社会的延续与发展，具备一定的社会功能。那么，教育具有哪些社会功能呢？在分析这一问题之前，我们首先得弄清楚社会是什么，社会由哪些要素构成。

一、社会的概念

社会是共同生活的人们通过各种各样社会关系联合起来的集合。社会关系包括个体之间的关系、个体与集体的关系、个体与国家的关系；也包括群体与群体之间的关系、群体与国家之间的关系。社会作为群体范畴，小到民间组织，大到国家政党。国家实质上是指一方领土之社会，即个人与国家之间的关系就是个人与社会之间的关系，而个人与世界的关系就是个人与全社会之间的关系。①

在我国，现代意义上的“社会”一词来自于日本。对于英文“society”一词，近代学者严复曾译为“群”，日本人则译为“社会”。值洋务运动，时兴师夷，大量学者通过转译日文翻译的著作来学习西方，而双音节词又比单音节词更适合当时的汉语口语，故并不太严谨的“社会”一词反而击败了更为准确的“群”，牢牢地扎根于汉语中，流传至今。

社会是人类的群体存在形式。人类有两种存在形式：一为个体，一为群体。其中，个体亦即个人，它是人类存在的一种基本形式，只要有人类存在，就会有个人存在，没有个人，没有人的独立性，便没有人类及其群体社会。然而，人作为一种社会动物，更多是一种群体存在形式。人类群体的存在形式，是相对于人类个体存在形式而言的。社会作为人类的群体存在形式，对个体发展极为重要，是个人存在和发展的不可缺少的客观环境。

① 本书编写组．马克思主义基本原理理论[M]．北京：高等教育出版社，2010.08：241.

二、社会的构成要素

社会作为人类共同生活的群体，是由许多要素构成的①。社会构成要素是指对社会的存在和发展具有重要影响的构成元素。那么，这个构成元素具体包括哪些内容呢?

首先，作为一个人口集合，社会的首要元素当然是人口。其次，人要生存，不仅需要从自然中获得立锥之地，还需要从自然中直接获取如空气、水等人类不可或缺的自然资源以及人造物的原材料。因此，自然(或称自然环境)构成了社会的又一基本要素。再次，人们除了直接从自然环境中获取生存资料以外，还必须不断创造新的生产或生活资料，因而必须进行生产劳动。并且，生产出来的产品需要进行分配和交换，以最终进行消费。生产、分配、交换和消费四个环节统称经济。因此，经济成了社会的又一基本要素。然而，人们在生产、分配、交换和消费等经济生活中，不可避免地存在矛盾，而要解决经济生活中的各种矛盾，需要足够强大的社会组织加以协调，于是出现了政治。因此，政治又成了社会的一个构成要素。最后，人们在共同的生产生活中，经时间积累而形成独具特色的各种风俗和习惯，形成文化。因此，文化也是社会的一个重要元素。

综上，任何一个社会都是由一定的人口、自然环境、经济、政治、文化等要素构成。

根据这些要素在社会构成中的地位不同，可将其归为两大类：基本构成要素和非基本构成要素。前者简单说就是能决定社会能否产生或能否存在的社会构成成分。它们当中只要缺了任何一个，就没有社会，例如，人口和自然环境。后者虽然对社会能否产生或能否存在不起决定作用，但它们对社会的存在状况和发展状况有重要作用。例如，社会发展到一定阶段才会出现的社会非基本构成要素——经济、政治、文化等就是如此。对于社会构成要素，特别是社会基本构成要素，社会学界的提法不一。我们认为，自然环境和人口是最重要的社会基本构成要素；经济、政治、文化虽然具有社会基本构成要素的成分，但从总体上说，它不是社会基本构成要素，而是重要构成要素②。

三、社会对教育发展的制约

教育作为人类的一种特有的社会现象与社会活动，其功能表现为对其他社

① 陈玥，唐靖．社会学概论[M]．成都：西南交通大学出版社，2014.02：43.

② 吴方桐．社会学教程[M]．武汉：华中师范大学出版社，2007.01：145.

会系统的作用，包括对人口、自然环境、经济、政治、文化等方面的作用。然而，教育的社会功能并非“万能”的，教育功能的发挥以及教育自身的发展无不受到社会发展的制约。(如图 3-1 所示)。因此，我们在分析教育的社会功能之前，首先要分析社会对教育的制约作用，即分析教育的社会制约性。

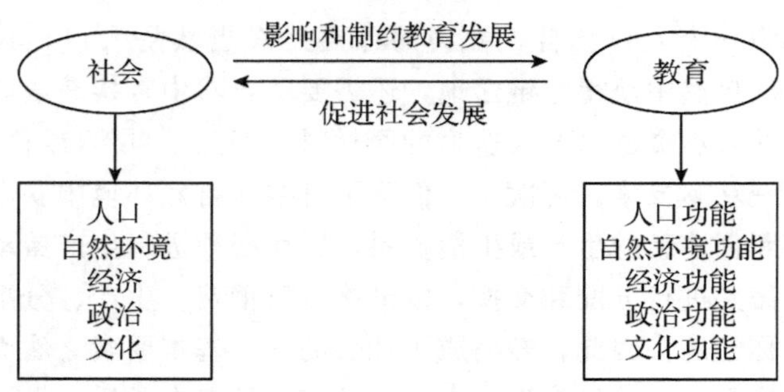

图 3-1　教育与社会构成要素之间的关系

(一)人口对教育的制约

人口是构成社会的基本要素之一，是指生活在一定社会和一定地域的、具有一定数量、质量和结构的人的总体。社会人口数量的多少、质量的高低、结构的类型无不对教育产生重要影响。具体表现如下：

1. 人口数量影响教育的规模和教育投入

教育规模的大小与人口数量的多寡极其相关。通常情况下，教育规模的扩大与缩减，取决于两个因素，一是教育资源的投入，二是教育需求的变化。人口数量的增减直接影响教育需求，进而影响教育的规模。在一定经济条件下，人口数量越多，所需求的教育规模就越大。因此，人口的高增长势必要求扩大教育规模。反之，人口减少也会影响教育发展规模。此外，人口数量还影响人均教育资源投入。在国家财政既定的情况下，人口越多，国家各项开支所需经费就越高，能用于发展教育事业钱物就越少；加之学龄人口的增加，不仅使人均教育经费投入减少，同时给学校基建带来了困难，而且也给教师队伍建设带了一定难度。

2. 人口质量影响教育质量

人口质量主要包括人口的身体素质、文化素养和道德素质等方面的素质情况。人口质量对教育的影响，可分为直接影响和间接影响两个方面。其中，直接影响是指学生已有水平对教育质量的影响。学生作为教育的对象，在一定程度上可以视为教育的原材料，其质量高低直接制约了教育质量的高低。而间接影响，则表现为年长一代的人口质量，影响新生一代的人口质量，从而影响以新生一代为教育对象的学校教育质量。比如，父母素质对子女的早期教育、期望值和教育熏陶产生较大影响，从而影响学校教育质量。总之，学校教育质量取决于教育者一方，即在很大程度上受制于人口质量。

3. 人口结构影响教育结构

人口结构，是指人口在年龄、性别、文化、技术、职业、阶层、地域、民族等方面的构成状况。人口结构的每个方面的变化都要直接或间接地影响教育。① 人口结构变化对教育的影响主要表现在：(1)年龄结构的变化影响着各级各类教育的结构。譬如，在人口年龄结构中，未成年人口的基数多、比重大，那么中小学教育在整个教育体系中的比重就必然会提高；相反，如果成年人口比重大，那么，教育的重心就会转移到成人教育领域。(2)人口分布状况影响着教育布局。通常情况下，人口密度越大，教育资源利用率越高，教育事业越发达；而人口越稀疏，教育资源利用率越小，越影响该地区的教育事业发展。(3)人口流动对教育结构和质量也有一定影响。譬如，目前我国农村劳动力大量流入城市，其子女也随之转移，不仅加重了城市教育压力，还导致农村学校“空巢化”、城乡教育结构失调。

(二)自然环境对教育的制约

自然环境是人类社会发展的必要条件之一。自然环境不仅为人类提供生息场所和人类生命所需要的物理成分，还为人类造物提供各种物质材料。人类的存在离不开自然环境，人类的教育活动同样也要受到自然环境的制约。具体表现为以下几个方面。

1. 自然环境制约教育目的

教育的根本目的在于培育适应和超越环境的社会个体。在千变万化的自然环境中，人类之所以能够生息繁衍绵延不绝并且不断发展壮大，关键在于人类能继承和发展前人文化以不断地适应和超越自然。可以说，“适应”是人类应对自然挑战的一大法宝，是千百万年来积累起来的，并屡经验证的生活经验。因此，人类在经验传递中，学会了适应自然而不是违背自然，这也成为人类教育的主要目的。教育目的的设定不得不考虑自然环境的影响。

2. 自然环境制约教育机构的设置

教育机构的设置包括机构设置的和人员配备两个部分。其中，机构设置主

① 董泽芳．论我国人口问题与教育的关系[J]．华中师范大学学报(人文社会科学版)，2009(03)：116－120.

要是校舍的建设；而人员配备主要是指教师配备的和学生的配备。在校舍设置方面，那些交通闭塞、人烟稀少的高山大川或海岛，学校的设立和发展存在较大困难。而在人员配备方面，自然环境不仅影响教育者的人数和质量，还影响受教育者的人数和入学年龄。通常情况下，那些交通越闭塞、人烟稀少或寒冷的地方，愿意从教的人就越少，尤其是优质师资更少。于是，即使开办了学校，也因教师的欠缺而不能正常运行。同样，那些离学校较远或偏僻寒冷的地区，受教育者的入学年龄往往会被推迟，直接影响学校运作质量。

3. 自然环境制约教育内容

适应自然是教育的主要目的之一。因此，处于不同自然条件制约之下的人们，在教育内容上所做出的选择也就产生了一定的差别。学校教育中，乡土地理课程的设置，最能体现自然环境的制约作用。当然，随着交通工具的发展和社会流动性的增大，人们所受到的地域限制越来越少，源于自然条件限定的教育内容总体上也不是非常明显。但无论怎样，教育内容受自然环境的制约这一点是不会改变的。

4. 自然环境制约教育途径

自然环境能够影响人们的思维方式和思想观念，而这些思维方式和思想观念又会决定人们看待和处理教育问题的方式方法。一般来说，地处内陆山区的国家和民族，对外交通饱受阻隔，很容易形成思想文化上的闭塞，而思想文化上的闭塞又会造成思想观念、思维方式的僵化，这就可能使其在教育问题上缺乏灵活多变的态度。相反，地处大河流域、沿海一带以及平原地区的国家和民族，则易于彼此间进行交往和沟通，思维方式和思想观念会更为开放、灵活，在教育问题上更有可能开放、灵活。

(三)经济对教育的制约

经济是一个极为宽泛的概念，包括生产、分配、交换和消费等四个环节。其中，生产方式是生产环节的一个重要因素，而生产力又是生产方式的一个重要组成部分。生产力无论是对经济发展而言，还是对社会发展而言，都是极为活跃和最具革命性的要素。因此，我们在论述经济对教育的制约时，重点阐述生产力对教育的制约。

1. 生产力发展水平制约教育目的确立

教育目的的确立，既受制于一定的政治文化制度，也受制于经济发展水平。因为，经济发展的水平不同，对人的知识储备和发展水准提出的要求不同。所以，在确定人才培养的规格时，要考虑到当时经济发展的状况①。譬如，在农业社会，从事农业生产就不需要专业的知识，因而教育目的不在于培养劳动者，而主要是培养统治者。到了工业工业社会，简单的手工业劳动被机器生产所替代，劳动者至少需有初等教育文化水平方能从事生产活动，因而教育目的除了“化民成俗”，还致力于培养劳动者。到了知识经济社会，人类迈入利用核技术、信息技术等高科技技术进行生产的时代，因此，生产者必须具有高中或高等专科以上的文化水平，才能胜任相关生产实践工作。这充分说明经济发展的不同水平，对教育所培养的人才质量规格提出了不同的要求，生产力发展水平制约了教育目的的确立。

2. 生产力制约教育发展的规模和速度

教育事业必须建立在一定的物质基础之上。众所周知，办教育需要具有一定的人力、物力、财力，而社会能为教育提供多少人力、物力和财力，归根结底取决于生产力的发展水平。在一定的社会生产力水平条件下，教育发展的规模和速度，取决于社会剩余劳动产品和自由劳动时间的多少。而剩余劳动产品和自由劳动时间的多少，直接关系到社会财富的积累和允许脱离物质生产过程的人数的多寡。

如图 3-2 所示，生产力发展水平越高，办教育所需要的人力、物力、财力等物质条件供给就越丰富，越能提供更多的教育机会；此外，生产力发展水平提高，生产剩余就会增加，脱离具体物质生产的人就会增加，受教育者增多，教育需求上升，客观上拓展了教育规模。

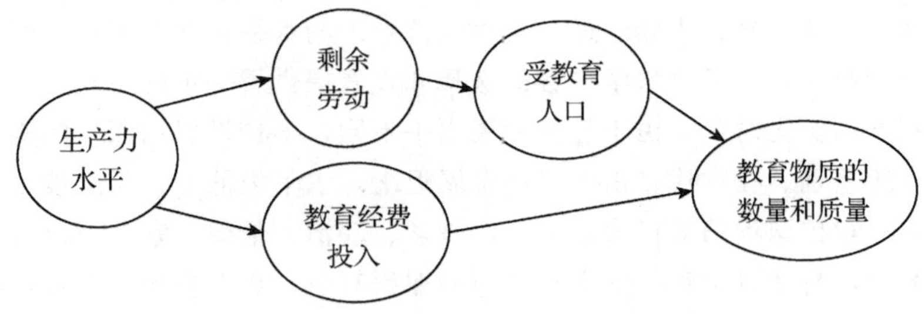

图 3-2　生产力对教育规模和速度制约机制

3. 生产力发展制约教育发展的结构

教育结构指各级各类教育数量极其比例。生产力的发展必然引起教育结构

① 许高厚等．普通教育学[M]．北京：北京师范大学出版社，1995.08：18.

的变化。通常情况下，设置什么学校，开设什么专业，各级各类学校与各种专业之间的比例如何，都受到一定历史时期的生产力水平和产业结构所制约。具体表现为：

(1)产业结构制约着教育的专业结构。教育的社会功能就是要满足社会经济发展的需要，所以教育的专业结构调整总是以产业结构现状作为依据。衡量一国教育结构及其专业结构是否科学、合理，就是看教育培养出来的人才是否适应社会产业结构和就业结构的需要。因此，教育结构及其专业结构的调整必须准确地预测社会产业结构和就业结构未来发展变化的趋势，依此调整教育的结构①。

(2)技术结构制约着教育的层次结构。不同的技术结构部门对劳动者文化技术要求不同，这就给教育带来了结构调整的动力和压力，教育必须对初等教育、中等教育、高等教育的比例作相应的调整，或者对普通教育和职业技术教育的比例作相应的调整，以形成与技术等级合理匹配的人才结构②。

(3)所有制结构和管理体制结构决定了教育的办学体制与管理体制结构。目前，我国正在进行的经济体制改革，其重心就是所有制和管理体制的改革，直接催生多元化的办学体制、多渠道的投资体制和集权与分权相结合的管理体制。

4. 生产力发展水平制约教育内容

经济的发展必然引起科学知识的不断更新和发展。这就为学校教学内容的丰富和更新以及为课程设置的调整提供了可能的客观条件；同时，经济的发展又要求教育培养出来的人能够适应当时经济发展的水平，即能够具有经济上所需的知识和技术，这又为教学内容的选择和设置提供了一定的主观要求。

在不同的历史时代，由于经济发展水平不同，学校设置的课程门类、课程内容也有所差别。在古代，由于经济发展迟缓，水平极低下，科学技术也极为落后，因而学校课程门类极为贫乏，以哲学、政治、伦理、宗教、语言等方面的课程为主，自然科学和技术学科方面的课程甚少。在近现代，随着经济和科学技术的迅猛发展，学校设置的课程门类逐渐增加，各种自然科学和技术学科在学校课程中占了很大的比重。特别在二战后，随着科学技术的不断发展，更多新科技和先进知识，如生物工程、光电纤维、电子计算机等，也已被充实到

① 张英彦．教育学[M]．合肥：合肥工业大学出版社，2008.08：78.

② 孙俊三．教育原理[M]．长沙：中南大学出版社，2001.08：185－186.

教材中去。

5. 生产力发展水平制约教学方法、教学手段和教学形式

学校的教学方法、教学手段和教学形式，都是随着生产力和科学技术的发展而更新的。古代社会，生产力水平低下，决定了当时的学校只能采用个别教学的形式，教学方法基本采用师生口耳相传，单向接受的教学方法，粉笔加黑板的教学手段，学生只用“呆读死记”的方法学习。进入工业革命后，由于生产力和科学技术的发展，社会要求普及义务教育，教育规模必须扩大，个别教学已经无法满足这种需要。于是，适合于大面积教学的班级授课制应运而生，取代了师傅带徒弟式的个别教学形式；同时出现了直观教学、实验教学、演示教学、参观教学等教育方法，逐步提高了教学效率。后来，随着工业革命的进一步发展，电影电视、录音录像、幻灯机等先进的教学手段相继出现，从而改善了以往粉笔加黑板的简单的、枯燥的教学手段，大大增强了教学效果，提高了学生的学习积极性。当代，多媒体教育技术的整合和远程教育在教学中的运用，讨论式、互动式、参与式教学方法和手段的改革，把教学活动推到了一个新的阶段①。

(四)政治制度对教育的制约

政治制度，指的是在特定社会中，统治阶级通过组织政权以实现其政治统治的原则和方式的总和。它包括一个国家的阶级本质，国家政权的组织形式和管理形式，国家结构形式和公民在国家生活中的地位。狭义的政治制度主要指政体，即政权的组织形式。② 总体来说，政治制度决定教育的性质，规定了教育为谁服务的问题。具体而言，政治制度对教育的制约主要表现在以下四个方面。

1. 社会政治制度决定教育目的

教育目的是教育工作的出发点和归属。它反映了特定社会对人的身心素质、政治观点和政治态度的要求。因而，占统治地位的阶级总是要控制教育目的，使教育目的体现出统治阶级的要求，为统治阶级培养人才。可以说，在一定社会，培养具有什么政治方向、思想观念的人，是由一定社会的政治经济制度决定的。

社会政治经济制度不同，教育目的也就不同。例如，原始社会的教育目的

---

① 石佩臣．教育学基础理论[M]．长春：东北师范大学出版社，1996.04：59－60.

② 俞可平．政治学通论[M]．北京：当代世界出版社，2002.10：128.

就是培养从事生产劳动及平等相处的社会成员。奴隶社会的教育目的，主要是培养镇压奴隶的新一代奴隶主和统治者。封建社会的教育目的，主要是把地主阶级的子弟培养成为国家政权服务的士大夫。资本主义社会的教育目的，就是培养管理资本主义国家与生产的“英才”，以及培养为资本家生产超额利润的工人①。而在社会主义社会，教育的目的则主要是培养全面发展的社会主义事业的建设者和接班人。

2. 社会政治制约着教育内容

有什么样的教育目的，就有什么样的教育内容与之相适应。教育内容是教育目的实现的载体。不同社会关系条件下的教育，有着不同的教育内容，尤其是社会科学方面的教育内容，直接受到了政治制度的影响。在古希腊，斯巴达教育服务于对奴隶的残酷镇压和对外战争的需要，教育内容以军事训练为主；雅典教育服务于政治家和商人的培养，学校教育以读、写、算、音乐为主要内容。中国古代封建社会鄙视劳动者生产劳动，主张“劳心者治人、劳力者治于人”，因而学校的教育内容重在四书、五经，轻视生产知识经验的传递。总之，教育内容直接受制于社会关系的需要。即使是传递自然科学方面的教学内容，也不能自然而然地进入教育领域，而要得到社会关系的承认和接纳后，才能成为正式的学校教学内容。

3. 政治制度决定着教育的领导权

教育的领导权由谁掌握，取决于政治制度。在阶级社会中，占统治地位的阶级，为了使教育完全按照自己的要求进行，就一定要把教育的领导权牢牢控制在自己手中。这集中体现为教育者的任免权受社会政治制度制约。通常情况下，教育者的培训、选择、任免等都必须符合统治阶级利益。统治阶级对教育的领导权一般是通过三种手段实现的：其一，利用手中的国家机器控制教育的领导权。在阶级社会中，统治者总是利用他们的政权力量来颁布教育方针、路线和政策，以强制手段监督执行，并选派和任免承担教育工作者，确保教育的领导权落在统治者手中。其二，利用经济力量掌握教育的领导权。统治者通过控制教育经费，左右教育的发展方向，巩固教育领导权。其三，利用政治思想控制和影响受教育者，包括大众传播媒介的舆论导向，各种读物的发行，各种活动的举办等等，作用于教育工作的发展方向，保证的教育权处于自己手中。

4. 政治制度制约了教育的受教育权

教育发展的历史表明，个人有没有受教育权，受什么样的教育，是社会的

① 宋秋前，陈宏祖．教育学[M]．杭州：浙江大学出版社，2010.09：58.

政治经济制度决定的。在原始社会，以生产资料原始公有制为基础，没有阶级，社会成员人人平等，因而受教育权也是平等的，除因性别不同而接受不同教育之外，人人都享有平等的受教育机会。在阶级社会，统治阶级在政治上、经济上占有统治地位，从而在受教育权上占统治地位。此时，一般只有统治阶级的子弟能够享受到受教育的权利。到了资本主义社会，虽然在法律上废除了受教育者在阶级、社会等级地位的限制，受教育权利在形式上似乎是平等的。但实际上，由于经济上和其他条件上的不平等，受教育权仍是不平等的①。社会主义社会教育则通过政治经济制度的保障，使全体公民都能受到应有的教育。

(五)文化对教育的制约

文化是一种社会现象。文化是一个很宽泛的概念，从广义上讲，文化是指人类在历史社会发展进程中创造出来的一切物质和精神财富的总和；从狭义上讲，文化仅指精神的或观念的文化，即以社会意识形态为主要内容的观念体系，包括哲学、科学、艺术、宗教、道德、法律、信仰和习俗等。我们这里阐释的文化和教育的关系使用的是狭义的文化概念。

1. 文化影响教育目的的确定

社会文化类型不同，教育目的也不同。教育目的的确立，受文化类型所影响。中国古代社会的主流文化是以儒学为核心的“伦理文化”，反映在人才培养上，则中国古代教育强调教育的目的是“在明明德，在亲民，在止于至善”，通过修己正人，达到“明人伦”的目的。正是这种“伦理型”的文化观，才使我国教育历来就有重视德育的传统。英国看重的是“涵儒文化”，其教育目的旨在“陶融品性”，以培养绅士为目标；法国文化注重普遍教养和理智训练，其教育目的在于造就才智出众的“英才”。可见，文化对教育目的的确立有着重大影响。与经济、政治相比，文化对教育目的的影响较为广泛、深刻和持久。

2. 文化影响教育制度的制定

文化传统，是一个国家或民族在长期的历史发展过程中形成的相对稳定的精神气质、价值观念、思维方式、风俗习惯等的总和。文化传统对一个国家的教育制度具有重要影响，尤其体现在对学制的影响上。例如，在我国，小学生汉字学习需要较长时间，在确定学制时，对此就需要加以考虑。社会生产力水平相近、政治经济制度相同的国家，其学制之所以出现了差别，主要是因为它

---

①　汪潮．基础教育学[M]．杭州：浙江大学出版社，2012.09：212.

们的文化传统不同造成的。例如，美国是一个移民国家，在殖民地时代就缺乏贵族文化和等级制度，因而在较短的时间内就发展起群众性小学和群众性中学，进而逐渐形成了美国的单轨制；而欧洲大陆因为在相当长时期内等级森严，所以在教育制度上一种保持双轨制①。

3. 文化影响教育内容的设置

社会文化影响教育内容的构成。教育离开了文化，就没有了传授的内容，也就失去了赖以存在的基础。教育内容源于社会文化，但又不等同于社会文化。社会文化是精华与糟粕并存，科学与非科学混杂，美丽与丑陋交织。因此，并非所有的文化都能成为教育内容。即使有一部分文化可以直接构成教育内容，但这部分文化也还必须根据教育目的的要求和受教育者身心发展特点及教育规律进行教育学加工，完成文化内容向教育内容的转换。比如，无论是古代西方的“七艺”，还是古代中国的“六艺”，都是从那个时代及相应地域的文化中提炼出来的。17 世纪以后，自然科学迅速发展，自然科学在社会生产和社会生活中的应用日益广泛，随着自然科学知识应用价值的提高，教育内容中的自然科学也逐渐增多，并占越来越重要的地位②。可见，不同时期的文化和不同国家与民族的文化均影响教育内容的选择。

4. 文化影响教育手段和组织形式的变革

教育手段的选择和组织形式与人类认识世界的手段，尤其是传递文化的手段密切相关。文化影响着人们对知识及其来源的认识，也影响着人们对人与人之间关系的认识，从而影响教育手段的更新和组织方式的变革。具体而言，文化影响着人们对师生关系的认识，由此影响人们对教育教学方法的不同选择。西方文化突出个人本位，因而在教育中倡导个性张扬，在教育教学上强调自主探究；东方文化强调社会本位，因而在教育中倡导谦虚谨慎，在教学方法上强调“读书百遍，其义自现”“听君一席话，胜读十年书”，并把读书看成获取知识的根本途径，甚至唯一途径，故而倡导“多教多得，少教少得，不教不得”。

经典考题

1.（2014 年 · 上半年 · 中学段《教育知识与能力》）决定着教育领导权和受教育权的主要因素（　　）。

A. 社会生产力和科技发展水平　　　B. 社会人口数量和结构

① 石忠仁．教育原理[M]．北京：人民教育出版社，2002.12：230—231.

② 陈平．教育学基础[M]．贵阳：贵州人民出版社，2006.08：47.

C. 社会文化传统　　D. 社会政治经济制度

【答案】D

2.(2012年·上半年·中学段《教育知识与能力》)决定教育性质的根本因素是(　　)。

A. 生产力　　B. 文化　　C. 政治经济制度　　D. 科学技术

【答案】C

第二节　教育的社会功能

教育的社会功能，是指教育活动或教育系统对社会发展所产生的各种影响和作用。它往往是指教育活动已经产生或将会产生的结果，尤其是指教育活动所引起的变化与产生的作用。教育功能不仅具有客观性和必然性，而且还具有方向性和多方面性。中国古代非常重视发挥教育的社会政治功能。《学记》指出："建国君民，教学为先"，"君子欲化民成俗，其必由学乎。"在整个古代社会，教育的功能几乎集中于政治功能。然而，随着生产力的发展，社会的进步，教育的功能不再局限于政治功能，其人口功能、生态功能、经济功能以及文化功能也正不断凸显。下面，本书将系统阐述教育的各项社会功能。

一、教育的人口功能

(一)教育可以控制人口数量

教育是控制人口增长的重要手段之一。首先，通过教育可以改变人们的生育观念和生育选择，尤其是受教育水平较高的女性，因为就业机会多，容易接受计划生育观念而更愿意节制生育。其次，教育可以推迟生育年龄。尤其在我国，接受高等教育的女性普遍生育年龄在25岁以上，而没有接受高等教育的女性，其生育年龄普遍在20以下。以100年为限，若25岁生育，则大致可以生育4代人，若20岁生育，则大致可以生育5代。因此，倘若通过提高教育，让所有女性都接受高等教育，则100年左右中国将减少一代人。最后，随着平均受教育年限的增加，孩子的教育成本增加，间接地控制人口增长。

(二)教育可以提高人口质量

人口质量包括人口的身体素质、科学文化素质和思想品德素质。人口质量的各项指标，都与教育息息相关。一般来说，教育可以从以下三方面提高人口质量。首先，教育可以提高人的身体素质。通常情况下，受过较高层次教育的人，容易掌握优生优育的知识，能有意识地注意孕期的保健卫生，从而减少先天愚型和先天残疾儿童出生；同时，受过较高教育的人更容易关注孩子身体发育。其次，教育能有效提高人口的科学文化水平。教育作为一种有目的、有意识的传递知识培养人的活动，在很大程度上决定了人口的科学文化水平。最后，教育可以有效促进人口思想品德的提升。可以说，有什么样的教育环境，就会培养出什么品质的人。概言之，教育(尤其是学校教育)是专门以提高人口质量为己任的，可以快速地提高人口质量。

(三)教育可以优化人口结构

人口结构又称人口构成，是指将人口以不同的标准划分而得到的一种结果。其反映一定地区、一定时点人口总体内部各种不同质的规定性的数量比例关系。人口结构主要包括自然结构和社会结构。其中，自然结构是指人口的年龄、性别等方面的比例；社会结构是指认人口的阶级、文化、职业、地域、民族等方面的比例。人口结构优化的标准是人口结构有利于人口自身的自然平衡以及社会生产发展的过程。

教育优化人口结构，主要通过以下三种方式实现。首先，通过教育转变生育观念，改变“重男轻女”思想，降低孕期妇女对女胎进行流产的概率，从而调整人口性别比例结构；其次，通过教育改变人口的文化结构和职业结构，促使人口地域分布向合理方向流动；最后，教育可以提升底层人口的人力资本储备，推动底层人口向上层流动，也会促使上层社会的孩子因忽视教育而流向下层社会，而实现社会阶级自由流动。

二、教育的环境功能

(一)提高环保意识，促进可持续发展

人类生活在地球的自然怀抱之中，是自然的产儿，也是自然生命的一分子，理当爱护自然，与自然万物保持一定的生态平衡，进而实现人与自然的可持续发展。然而，一部分人为了个人或群体的私欲和生活改善，却一味毫无止境地向自然索取，过度开发自然。人类对大自然的过度开发已使其伤痕累累。20 世纪后半叶，人类提出了重回大自然，将当代人的发展与后代人的发展融为一体的可持续发展观，追求人与自然的和谐发展。

教育作为一种培养人的活动，具有改变人的观念的优势，因而成了完成这一任务的重要手段。学校设置的物理、化学、地理、生物等科学类课程，使学生掌握了自然环境的发展原理和基本规律；加上人文类课程，培养学生从小爱护自然、爱护生命、节约资源，保护生态环境的思想感情，从而逐步在全社会

牢固树立可持续发展理念。2003年教育部颁发了《中小学生环境教育专题教育大纲》。继后，多数中小学都开设了环境教育课程，强化了学生的环境意识，从意识深处促进了可持续发展的实现。

(二)提高环保能力，优化生态环境

环境保护是实现可持续发展的前提。环境意识只是对问题的认识，行动才能证明这项活动的存在。教育可以根据人的生活需要和社会发展需要有目的、有计划、有组织地开展相关活动，以使人的思想行为符合社会的要求。由此，学校可以有目的地开展环保教育活动，培养有环保素质的公民。在学校教育过程中，一方面可以有计划地组织学生美化校园，使学生在优美的校园自然环境中陶冶情操，体验安逸感、活力感和舒适感，从而逐步养成对优美环境的喜爱和依赖、自发地去改善居家环境和自然环境的习惯；另一方面，学校可以组织美化居家和社区环境的活动，给社区作环保示范的同时，也培养学生环境保护的知识和能力。

三、教育的经济功能

教育的经济功能，是指教育系统对一定社会经济发展所起的作用。亚当·斯密曾经指出，“学习是一种才能，学习的时候，固然要花一笔费用，但这种费用可以得到偿还，赚取利润”。① 20世纪60年代，美国经济学家舒尔茨和贝克尔创立人力资本理论，主张教育是一种人力资本投资。这些学者的观点，不约而同地都指出了教育所具有的经济功能。目前，随着知识经济的到来，教育的经济功能更加凸显。当然，教育的经济功能并不是在教育过程中，以直接创造经济财富的方式实现的，而是由教育所造就的合格劳动者，并通过劳动者的服务的形式进入经济活动过程后，才能得以实现的。教育的经济功能主要表现在以下几方面：

(一)教育是实现劳动力再生产的重要手段

劳动者是生产力诸因素中最活跃、最主要的因素。这里所说的劳动者，是指掌握一定生产知识和劳动技能，具有一定劳动能力的人。当人未受过任何教育，不具备任何科学知识、生产经验和劳动技能时，他只是一个生物的人，仅是一个潜在的劳动力。要把这种潜在的、可能的劳动力转化为现实的劳动力，在现代社会主要，主要是依靠学校教育来实现。通过教育，可以使人掌握一定

① [英]亚当·斯密．国民财富的性质和原因的研究[M]．郭大力，王亚南译，北京：商务印书馆，1972.12：257—258.

的科学知识、生产经验和劳动技术，成为现实的劳动力，从而形成新的生产能力，促进社会生产的发展。众所周知，人的劳动力包括体力和脑力。其中，人的体质的增强与体能的发展，强除自然生长以外，还需要靠良好培养和训练。其次，教育可以提升人的脑力，可以改善劳动力的形态，把一个简单劳动力，培养成为一个复杂劳动力，把体力劳动者培养成脑力劳动者，从而更有效地促进生产力的发展。总之，通过教育，不仅可以使可能的劳动力转化为现实的劳动力，而且还可以提高劳动者的教育水平和素质，使他们获得一定劳动部门的技能和技巧，成为发达的和专门的劳动力，从而提高生产效率。

(二)教育是科学知识再生产的手段

科学知识的继承和发展，必须凭借教育来完成。因此，教育是科学知识再生产的重要手段。如果没有教育所实现的科学知识的再生产，每一代新人都从零开始，在自己的实践活动中认识世界，那就很难想象世界上的科学知识会达到今天这样的高度。当然，教育也是科学知识扩大再生产的手段。通过教育，使原来为少数人所掌握的科学知识，在较短的时间内为更多的人所掌握，并不断扩大传播的范围。这种科学知识的扩大再生产，提高了全社会的科学文化水平，为新产品的推广使用，为先进科学技术知识的普及和提高准备了条件。同时，教育也为今后技术力量的成长提供广阔的基础，为源源不断地向社会供给高质量的科研人员、工程技术人员、管理人员和熟练工人提供了保证①。

(三)教育是生产新的科学技术知识的重要手段

教育的主要职能是传递已有的科学文化知识，通过培养不同类型的人才，实现科学知识的再生产。同时，教育也担负着发展科学，生产新的科学知识技术的任务。这在高等院校表现得比较明显。高校由于学科门类比较齐全，许多学者专家集中在一起，科研力量比较集中，学术思想活跃，信息来源丰富，学术梯队生生不息，有利于发展综合性课题和边沿科学的研究。高校实际上已经成为科学研究中一股重要的力量。高校参与科学技术创新的路径主要两条：一条是高校通过科学研究，产出新的“产学研”联合体，直接参与技术革新和物质生产过程；另一条是高校通过承担课题，不仅创造和发展新的生产工具、生产工艺，而且还可以发现新的科学规律，建立新的科学理论。

① 王家云，张启树．现代教育学基础[M]．合肥：安徽大学出版社，2004.08：63—64.

经典考题

1.(2013 年・下半年・中学段《教育知识与能力》)教育能够把潜在的劳动力转化为现实的劳动力，这体现了教育的什么功能？(　　)

A. 经济功能　　B. 育人功能　　C. 政治功能　　D. 文化功能

【答案】A

2.(2015 年・上半年・中学段《教育知识与能力》)在当代，教育被人们视为一种投资，一种人力资本，这是因为教育具有(　　)。

A. 政治功能　　B. 经济功能　　C. 文化功能　　D. 人口功能

【答案】B

3.(2015 年・下半年・中学段《教育知识与能力》)马克思认为，“复杂劳动等于加倍的简单劳动”，这主要说明教育具有哪种功能(　　)。

A. 经济功能　　B. 政治功能　　C. 文化功能　　D. 人口功能

【答案】A

四、教育的政治功能

为社会政治服务曾是传统教育的核心功能。到了现代社会，尽管教育的功能大为扩展，政治功能只是教育诸多功能中的一种，而且内容和形式也都发生了诸多变化，但教育的政治功能仍然是教育社会功能的重要方面。通常情况下，教育的政治功能主要表现在以下四个方面。

(一)教育培养和造就政治人才

任何一种政治制度的建立、巩固和完善都需要一定的政治管理人才。可以说，拥有大批政治素质较高的人才，是管理好国家，保障社会安定和谐、政治清明的重要条件。因此，古往今来，任何一种政治制度，要想得到维持、巩固和发展，都需要不断有新的接班人，而这些人才的培养，主要是通过学校教育来实现的。墨子曾经指出“国有贤良之士众，则国家之治厚；贤良之士众寡，则国家之治薄”。① 同样，清初儒学大家颜元也高度重视教育在培养政治人才方面的作用。正如颜元所言：“人才为政事之本，而学校尤为人才之本也。”到了现代社会，社会生活日益复杂，科学技术高度发达，势必要求国家的政治人才具有较高的文化素养和科学文化水平，这就必然依靠专门化的学校教育。通

① 出自《墨子・尚贤上》。

过学校教育，培养政治人才的管理能力以及其他方面的素养，从而保证政治的持续、稳定发展。

(二)教育通过传播意识形态，促进个体政治社会化

任何一个社会成员，都是生活在一定的政治环境中，因而不可避免地需要政治社会化。所谓政治社会化，就是社会成员在政治实践活动中逐步获取政治知识和能力，形成政治意识和政治立场的过程。政治社会化的过程实际上是两个运动过程的辩证统一。一方面，对于政治体系中的个体成员来说，政治社会化是社会成员通过教育和其他途径，获得政治态度、政治信仰、政治知识和政治情感，从而形成政治人格，成为政治人的过程。另一方面，对于政治体系而言，政治社会化，又是政治体系塑造其成员的政治心理和政治意识的过程。然而，无论从哪一个方面看，个体政治社会化都需要借助教育传播社会意识形态，促使社会成员具备国家、政府或执政党所需求的政治理想与政治信念，从而理解、接纳和支持政治主张。正如《学记》开篇所言“君子欲化民成俗，其必由学乎①”。

(三)教育通过宣传思想、形成舆论作用于一定的政治

教育通过宣传思想，使人们形成新的见解，进而形成舆论，作用于一定的政治。通过教育，宣传一定的政治的主张，并通过知识的解释、说明、论证其政治主张的正确性，让人们有所了解达成共识，形成正确的观念，从而作用于一定的政治制度。教育宣传对政治的作用主要表现在影响面最广和作用力度最大两个方面。众所周知，学校是知识分子和青少年集中的地方，他们有知识、有见解、思想敏锐、勇于发表意见，有强烈的爱国主义精神和政治责任感是其特有的优势。利用这种优势来为政治经济的需要制造舆论，是教育给予政治经济制度以极大影响和作用的一个方面。另一方面，教育通过制造舆论影响政治制度的力度较大，例如，1960 年日本学生团体积极参与反对“日美安全条约”运动，导致美国总统取消访日，时任日本首相被迫下台。

(四)教育可以提供民族文化，促进政治民主化

一个国家民主化的程度，一方面取决于该国的政体，另一方面也与这个国家人民的文化水平、教育事业发展的程度有密切的联系。一个国家普及教育的程度越高，人们的知识越丰富，就越能增强公民的权利意识，认识民主的价值，推崇民主的措施，在政治生活和社会生活中推行民主的权利，推动政治的

① 《礼记·学记》。

改革和进步。在一个文盲充斥的国度里，人们的生存意识和政治能力比较弱，政治独裁和官僚主义是非常容易推行的。正如列宁所言："文盲是站在政治之外的，必须先教他们识字，不识字就不能有政治，不识字只能有流言蜚语、传闻偏见，而没有政治。"①因此，重视教育事业的发展，提高全民的文化素养，对推动社会的政治民主化发展甚为关键。

五、教育的文化功能

文化的传递依赖于教育。然而，教育在传递文化的同时，还对已有文化进行选择和创新。因此，教育的文化功能包括文化传递、文化选择以及文化创新三个方面。

(一)教育具有保存和传递文化的功能

文化保存，是指将创造出的文化积累起来以利于后人继承和延续的过程。众所周知，人类文化是后天习得的，不可能通过遗传的方式获得，而只能通过传递的方式发展下去。文化保存是文化积累和延续的条件。一个民族或一个国家所创造的文化，之所以能够延续下来并不断丰富扩大，一个很重要的原因就是教育。教育既是文化得以保存的工具，也是文化传递的工具。教育总是用最重要的、最基本的内容去武装年轻一代，通过设置课程、编写教材、讲评内容、指导运用来筛选、整理、评价文化，以便把人类文化的精华用最容易被人们理解和接受的方式组织起来，指导和帮助年轻一代获取更多更有效的知识，从而实现文化的保存和延续。

当然，教育对文化的传递不仅表现为纵向的代际传递，还表现为横向的文化互补。随着社会的发展，特别是日新月异的科学技术的影响，文化的时代性、地域性已被打破，文化的开放性成为大势所趋，文化交流成为必然。促进各个民族、各个国家文化交流的手段和途径是多种多样的，如教育、战争、移民、旅游等。但教育在诸多手段和途径中起着不可替代的重要作用。教育的文化交流通常采取国际间的书籍、著作、教材、课本交流，互派教师讲学、考察和学术研究，互派留学生等方式进行。教育在本民族文化与其他文化的交流中，既继承和发扬本民族文化的优秀遗产，保持本土文化的独特性，同时又从世界文化中吸取营养，融合其他文化中合理的内容，传递人类文化的共同要素，实现民族文化的革新与发展②。教育的文化交流是将文化从一个区域向另

① 上海师范大学教育系．列宁论教育[M]．北京：人民教育出版社，1979.03：293.

② 孙俊三．教育原理[M]．长沙：中南大学出版社，2001.08：86.

一个区域扩散，是文化空间上的流动。

(二)教育具有选择和整理文化的功能

文化选择，指为了适应时代发展的要求，把社会文化中不适应社会发展的“糟粕”予以摒弃，使文化精华得以留存，并不断发扬光大的过程。教育对文化选择，从本质上讲是教育通过对“文化”的筛选，把经过“过滤”的文化传递给下一代，并不断提升文化的内涵，促进文化的进步和发展的过程①。教育对文化的选择，意味着价值的取舍与认知意识的转变。教育对文化选择的过程取决于文化的实用价值、难易程度，文明声望、时代适应性等多种因素。在多种文化观念相冲突的历史时期，教育对文化的选择表现得尤为明显和重要。如，在我们目前的社会文化中，除了占主导地位的现代文化观念外，还存在着部分封建文化观念，因而需要教育活动加以选择。

学校教育对文化的选择，主要通过三条途径实现。首先，通过从文化中选择教育内容的形式实现。任何学校教育所传递的文化都是经过筛选的。在阶级社会中，教育传递的文化总是一种优势文化，即统治阶级的文化。其次，教育对文化的选择过程中，教师扮演一个重要角色。教师接受社会委托教育学生，并在教育过程中再一次重组和过滤文化，实现文化的再一次选择。最后，校园文化作为一种“净化”的文化环境，是教育对文化选择的结果，同时又强化着这一选择。

(三)教育具有文化创新与更新的功能

教育在进行文化传递和交流的过程中，必然发生着对文化的创新与更新。一方面，教育必然要根据社会的要求和受教者的身心发展特点进行，因此，教育必然要对所传播的文化进行选择、整理、诠释、重组和整合，绝不会使传播过程成为文化的简单复制过程。另一方面，教育的这种积极的传播活动，还要受到教育者所持的价值观、信仰和学习者自身的意义建构情况的影响。因此，教育在其文化传播过程中，往往会衍生出一些新的文化要素，促进文化的增值，进而使文化传统的结构和功能发生某些变易或赋予文化传统以新的意义。通常情况下，一个人受到的教育越好，占有的人类精神文化就越多，创造和发展文化的能力就越强。同样，一个民族，教育越普及，教育的质量越高，文化发展的速度就越快，文化水准也就越高。可见，教育是文化系统中的一个能动要素，是文化发展循环加速度机制中的一个内在环节。

---

① 武启云．新编教育学[M]．沈阳：东北大学出版社，2014.01.

尤其是高等教育，在文化创新过程中扮演一个重要角色。2011 年 4 月 24 日，时任国家主席的胡锦涛同志，在庆祝清华大学 100 周年大会上的讲话中，将文化传承创新纳入大学的功能之中。于是，“文化创新”构成了我国高等教育除“人才培养”“科学研究”“社会服务”之外的第四个功能。毫无疑问，高等学校既是优秀人才汇集的地方，又是培养各种高素质文化生产者的场所，在促进社会文化发展过程中始终处于优势地位。随着社会与教育的日益开放，高校在加强国际文化交流中的地位也日益明显。高等教育通过广泛的文化交流，不断吸取其他民族的文化精华，补充、更新和发展本民族文化，成了文化发展的又一重要方式。

经典考题

1.（2014 年·下半年·中学段《教育知识与能力》）教育可以“简化”文化，吸取其基本内容；教育可以“净化”文化，清楚其不良因素。这体现教育文化具有（　　）。

A. 选择功能　　B. 发展功能　　C. 传递功能　　D. 保护功能

【答案】A

2.（2015 年·下半年·中学段《教育知识与能力》）（简答题）简述教学的文化功能。

【答案要点】①教育具有保存、传递文化的功能；②教育具有文化交流和选择、整理的功能；③教育具有文化创新、更新的功能。

第三节　教育的相对独立性

教育是因社会的生存而产生的人类活动，教育会随社会发展而发展。因此，教育具有社会的依赖性。但与此同时，教育又是一种主体性的实践活动，在能动作用于社会发展的同时，具有主体自身的价值取向和行为选择，由此实现了教育的社会功能，并表现出自身的相对独立性。

一、教育相对独立性的概念

教育的相对独立性是指教育具有自身的规律，对社会的经济、政治、文化等各方面具有能动作用。教育作为一种社会现象，与其他社会子系统之间存在着十分紧密的联系。但作为一种独立的社会活动，教育又具有自身的特点，表现出相对独立性。首先，教育与社会其他子系统都隶属不同的范畴，与其他各子系统的联系也不在同一层面上，这些联系是多种层次、多个方面、多条渠道和多维性质的。正是在这种多样性的联系中，教育显示出自己独特性，并在时代的变迁中，和其他社会的子系统不断发生着新的交互。其次，社会各子系统对教育的要求只有在被人们认识到，并恰当地内化为教育本身的要求时，才能得以实现。最后，教育系统内部是一个相对稳定的系统，有自己特殊的运行方式和规律，只有当尊重和创造性地运用有关教育规律时，才能卓有成效地培养人才。

二、教育相对独立性的表现

(一)教育具有自身的发展规律

教育是传递经验、培养人的一种社会活动。它所要解决的主要问题是如何把人类积累的生产经验和社会生活经验转化为受教育者个体的精神财富，如何通过教育促进受教育者个性的发展。传递经验、培养人是教育有别于其他人类社会活动的重要特点，也是教育所独有的特点。可以说，教育过程就是一种转化活动的过程。在这个转化过程中，教育有许多自身的规律。这些规律不同于政治经济制度和生产力发展中的规律，也不因政治经济制度和生产力的变化而被否定，它具有相对的独立性。如学生掌握知识的过程，是遵循着人类认识从"感性认识到理性认识，再回归实践"这一规律进行的，因此，教学的基本过程也就理所应当包括，"感知教材""理解教材""巩固知识""运用知识"等几个环节。再如，教学中的一些原则：启发性原则、因材施教原则、循序渐进原则、理论联系实际原则等，它们都是人类在长期的教育实践活动中总结出来的，用以指导教学活动开展的"金科玉律"。如果教育者在教学过程中，不了解教育自身的特点，没有遵循着教学过程中的基本规律和基本原则，那么，就不能有效地开展教育教学活动。

(二)教育具有自身的历史继承性

一种社会形态下的教育，就其思想、制度、内容、方法等方面来说，都是与以往各个时代的教育有着继承的关系。任何一种教育都不是天生的，而是在整个教育历史发展过程中产生和发展的。它都必然要从多方面吸收和利用以往历史阶段教育的成果，这就是教育的历史继承性。正因为如此，在同样的政治经济制度和生产力发展水平的国度里，有着不同特色的教育。如，同样是奴隶社会下的教育，古希腊和古罗马的教育较为重视知识教育，我国古代则较为重视道德教育；西方培养哲人，东方培养贤人。同样封建社会下的教育，在我国主要是以孔孟之道教育人，灌输儒家的伦理哲学观念。在西方，则以宗教教育影响人的思想。因此，仅仅根据一个时代的政治经济关系、生产力发展情况去说明具有特定形态的教育是远远不够的。

(三)教育与经济、政治发展不完全平衡

从社会历史发展的总过程看，教育是随着经济、政治的变化而变化的。但在具体的发展进程中，教育与政治、经济制度和生产力的发展，并非完全同步。这将出现两种情况：一种情况是，教育往往落后于政治、经济制度和生产力的发展。当新的政治、经济制度和生产力已经产生，反映旧的政治、经济制度和生产力的旧教育的某些教育思想和内容、方法，并没有消失，在新的条件下，还能存在一个相当长的时间，对新教育的发展和社会的进步起一定的阻碍作用。如，在社会主义初级阶段的社会里，还残存有剥削阶级的教育思想，一些教育者有时用旧的教育内容和方法来教育儿童。另一种情况是，在旧的政治、经济制度和生产力的条件下，也可能产生某些新的思想。如在资本主义社会里产生了马克思主义教育思想。此外，一定的教育必然要服从于一定社会的现实需要，但是由于培养人的长期性，教育效果总是面向未来的，具有预期性的方面。也就是说，教育不仅要服从于现实的社会需要，更应该从社会发展的需要出发。现在，人们越来越认识到“经济要发展，教育须先行”。我们只有认识了教育与政治、经济制度和生产力发展的不平衡性，才能自觉地根据社会发展的趋势，去改革教育中那些不适宜的东西，促进政治、经济和生产力的发展。

总之，教育对政治、经济制度和生产力具有相对的独立性，不能把政治、经济制度和生产力发展水平作为考察教育的全部依据。同时，我们也应该看到，教育的这种独立性只能是相对的。归根结底，教育是由政治、经济制度和生产力所共同决定的。比如，教育具有历史继承性，但一个时代的教育从以往时代的教育中继承什么舍弃什么，归根结底还要由当代的政治、经济制度和生产力的发展来决定；教育与政治经济制度和生产力发展存在不平衡性，但是在新的政治、经济制度条件下，反映旧的政治、经济制度的教育思想和内容，绝不会长期存在下去，迟早需要改变；同样，新的教育思想，也只能在新的政治经济制度下，才能真正得到普遍的实施和发展。如果把教育的相对独立性看作是绝对的独立性，就会背离辩证唯物主义关于事物间相互联系的观点。

经典考题

1.(2016 年 · 上半年 · 中学段《教育知识与能力》)否定教育自身的发展规

律，割裂教育的历史传承，把教育完全作为政治、经济的附庸。这样的观念违背了教育的哪一特性？（　　）

A. 生产性　　B. 永恒性　　C. 相对独立性　　D. 工具性

【答案】C

2.（2012 年·下半年·中学段《教育知识与能力》）（辨析题）教育可以改变政治经济制度发展的方向。

【答案要点】这种说法是不正确的。教育对政治经济制度不起决定作用。教育对社会政治经济制度起着巨大的影响作用，但它不能起决定作用。因为教育不能决定社会政治经济发展的方向，更不能成为政治经济发展的动力，它只能在政治经济制度允许的范围内发挥作用。

3.（2013 年·下半年·中学段《教育知识与能力》）（辨析题）政治经济制度决定着教育的性质，因此教育没有自己的相对独立性。

【答案要点】这种说法是不正确的。教育要收一定社会的政治经济的制约但教育作为培养人的社会活动，又具有自己的相对独立性。这种相对独立性具体表现在以下三方面：一是教育具有继承性；二是教育要收其他社会意识形态的影响；三是教育与社会政治经济发展不平衡。

本章知识结构

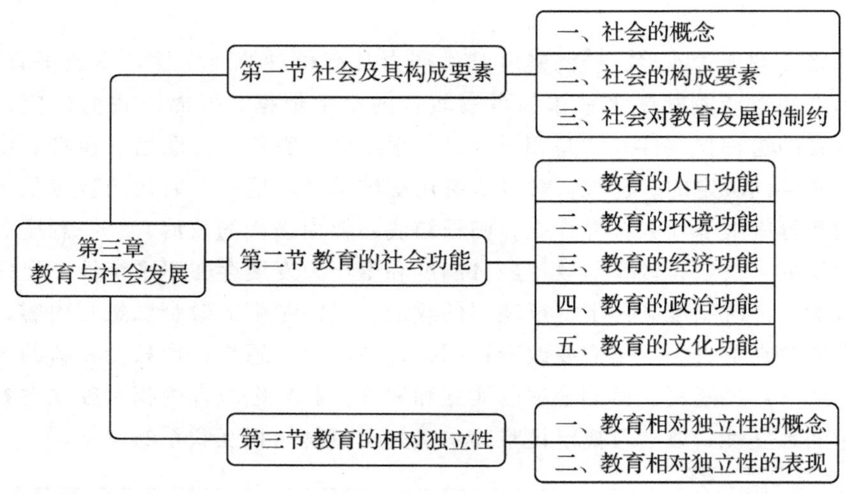

第三编
怎么办教育——教育的运作

【本编按语】

教育之于个体和社会有价值，证明教育存在具有合理性。然而，紧接着的另一命题是如何办教育，即教育如何有效运作。关于教育的运作，其一，应明确教育目的，确保教育方向；其二，构建教育制度，保障教育有序运行；其三，确定教育者和受教育者，构建教育主体；其四，选择教育内容，建立课程体系；其五，确立教育手段，设计教学过程。为此，本编分为五章：即第四章(教育目的)；第五章(教育制度)；第六章(教师与学生)；第七章(课程)；第八章(教学)。这五章构成了教育的运作系统。

第四章　教育目的

本章要点

通过本章学习，我们将：

1. 掌握教育目的概念、功能与确立；
2. 了解新中国成立以来的教育目的；
3. 了解我国当前的教育目的。

核心概念：教育目的　教育方针　人的全面发展

[导学]教育的目的在于人

龚　克

教育是以育人为本的，因此教育要着眼于人，以人为目的而不是其他。今年的政府工作报告中有一个数字特别醒目，就是“城镇新增就业1310万人，创历史新高”。尤为难能可贵的是，去年的经济增长率是近年来最低的，而新增就业却达到了最高水平，这“一低一高”显示出经济结构调整的成效。

就业是民生之首，在全社会广受关注。由于高校毕业生是重要的就业群体，就业问题亦极受大学生及其家庭的关注。那么，就业与高等教育是什么关系呢？有人认为，就业应是大学教育的目的，毕业生就业情况是对大学教育质量的最重要的评价指标，大学的学科专业设置与内容形式都要以就业为导向。有人则大不以为然，强调不能以就业作为大学教育的目的，大学应培养博雅之人，切不可功利化、工具化。

笔者则认为，教育是以育人为本的，因此教育要着眼于人，以人为目的而不是以别的什么为目的。我国法律规定，“高等教育的任务是培养具有创新精神和实践能力的高级专门人才，发展科学技术文化，促进社会主义现代化建设”。这里所说的高级专门人才，决不能狭隘地理解为“具有高级专门知识的人”，大学要培养的人应该有健全人格、高尚情操、丰富知识、强健体魄，是有社会责任感、实践能力和创新精神的人，是有全球视野和家国情怀的人，是爱国敬业诚信友善的人。对于大学来说，这样的人应有所专长，是高素质的专业人才。因而这样的人当然应是具备就业能力和创业精神的人。

资料来源：《中华教育报》 2014-03-14

第一节　教育目的概述

教育是一种有目的的传递经验、培养人的活动。因此，“要把受教育者培养成什么样的人”成了人们在进行教育活动之前必须思考的一个重要问题。对这一问题的解答，就构成了教育目的。因此，教育目的是教育活动的出发点，又是教育运作的最终归宿。那么，教育目的是什么？教育目的有何价值？如何制定教育目的？本节将系统探讨以上三个问题。

一、教育目的的概念

(一)教育目的的内涵

任何一项社会实践活动都必定围绕着某一目的或由某一目的指导着。教育活动亦如此，教育目的不仅为教育活动指明方向，还构成教育活动的出发点与最终归宿。目前，关于教育目的的表述，主流观点认为，教育目的是一定社会培养人的总要求，是根据不同社会的政治、经济、文化、科学、技术发展的要求和受教育者身心发展的状况确定的，它反映一定社会对受教育者的要求，是教育工作的出发点和最终目标，也是制定教育目标、确定教育内容、选择教育方法、评价教育效果的根本依据。例如，朴雪涛等认为，“教育目的是把受教育者培养成为一定社会所需要人的总要求。……它规定把受教育者培养成什么样的人，是培养人的质量规格标准，是对受教育者的一个总的要求”①。

本书认为，所谓教育目的，就是人们在进行教育活动之前，在头脑中预先存在着的教育活动所要取得的结果，规定了教育要达到的标准和要求。通常情况下，教育目的一般由两部分组成(如图 4-1 所示)。一是对教育要培养出的人的身心素质做出规定，即指明受教育者在品德、智力、知识、审美、体质等方面达到什么程度的发展；二是对教育要培养出的人的社会价值进行规定，即指明这种人符合什么社会的需要或为什么阶级的利益服务。比如，“劳动者”“建设者”“接班人”“公民”等。

---

① 朴雪涛，李楠．教育理论[M]．沈阳：白山出版社，2005.02：59.

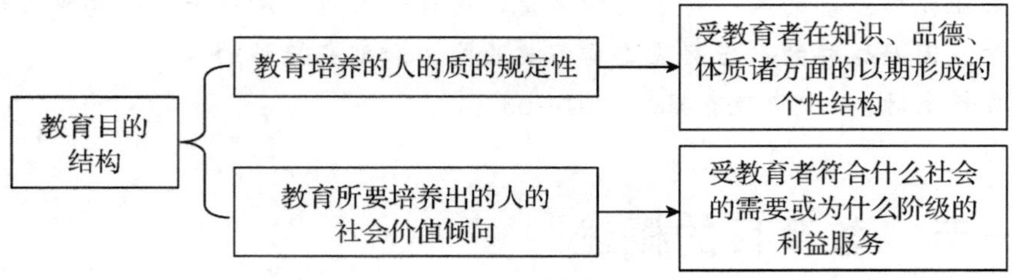

图 4-1　教育目的结构图

(二)教育目的与相关概念辨析

1. 教育目的与教育方针

“教育目的”与“教育方针”既存在着必然的联系，又有着明显的区别。教育目是教育所要造就的人的规格要求，包括国家层面的教育目的、各级各类学校的培养目标、课程目标和教学目标。而教育方针则是国家根据政治、经济的要求，为实现教育目的所规定的有关教育工作的总体要求。其内容包括教育指导思想、培养人才的总体规格，以及实现教育目的的基本途径等。另外，教育目的着重回答“培养什么样的人”的问题；而教育方针除了回答“培养什么样的人”的问题，还要回答“怎样培养人”的问题。此外，“教育目的”是理论术语，是学术性概念，属于教育基本理论范畴，通常由社会团体或个体提出，对教育实践不具约束力；“教育方针”是工作术语，是政治性概念，属于教育政策学范畴，通常是由政府或政党提出，对教育实践具有强制性。

2. 教育目的与教育目标

教育目标也称“培养目标”，它是各级各类学校的人才培养规格要求。与“教育目的”既存在着区别，也有着内在联系。其中，教育目标(培养目标)是教育目的的下位概念，是教育目的在各级各类教育系统和各科教学活动中的具体化、操作化和系统化。当然，人们经常也把一些涵盖范围比较广的教育目标称为“××教育目的”，如“基础教育目的”“大学教育目的”“语文教学的目的”等。实际上，教育目的与教育目标之间存在着明显的层次性和过渡性。教育目的制约和支配着教育目标，同时，又通过教育目标得以具体规定和实现①。

3. 教育目的与教学目的

教学目的也称“教学目标”，它是教育目的体系中的最低层次。教学目标是

① 齐梅，马林．教育学原理[M]．北京：清华大学出版社，2012.06：11.

教育者在教育教学过程中，在完成某一阶段(如一节课、一个单元或一个学期)工作时，希望受教育者达到的规格或产生的变化结果①。可以说，教学目的是教师在教一门学科或组织一些活动时，对学生的认知、情感、行为和身体诸方面达到的具体规格的预设。正如汪刘生在其主编的《教育学原理》中所言，“教学目的一般是指具体的教学或学科教学活动所追求的预期结果，并不适用于像学生工作、学校管理、环境设计等教育活动的环节。”②

(三)教育目的的层次

教育目的是分层的，通常情况下，我们可以将教育目的分为国家层面的教育目的、各级各类学校培养目标、课程目标、教学目标四部分(如图 4-2 所示)。

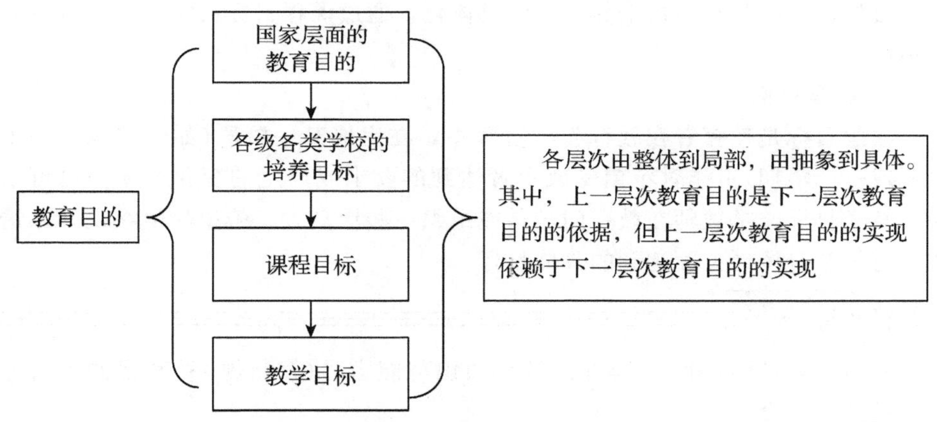

图 4-2　教育目的的层次

1. 国家层面的教育目的

国家层面的教育目的，是指国家对教育所要培养的人的质量和规格的总设想和总规定，体现了国家对教育培养人的系列要求。国家层面的总的教育目的，是关于整个国家教育体系，指导和牵动着各级各类教育机构的运行方式和工作内容，是在教育实践和社会发展中对“人的全面发展”理念的追求，直接指导着学校的培养目标。通常情况下，国家层面的教育目的是从哲学的高度提出的，因而在实践中很难客观准确地以量化形式测量它。它只有进一步具体化才

① 杨秀治．教育学[M]．济南：山东大学出版社，2007.03：53.

② 汪刘．教育学原理[M]．杭州：浙江大学出版社，2007.09：54.

对教育实际工作具有指导意义。

2. 各级各类学校培养目标

培养目标根据各级各类学校的不同任务而确立的对所培养的人的特殊要求。它是由特定的社会领域(如教育工作领域、医疗卫生工作领域、工业生产领域、农业生产领域等)和特定的社会层次(如工程师、专家、科学家、小学教师、中学教师、大学教师)的需要决定的，也因受教育对象所处的学校层次(如初等、中等、高等学校)而变化。

3. 课程目标

课程目标是指课程方案设置的各个教学科目，如语文、数学、外语、历史、政治、地理、物理、化学、生物等课程所力求达到的要求或标准。这个层次的目标是各级各类学校培养目标的具体化。通过课程目标的实现，促进培养目标的实现。

4. 教学目标

教学目标是教育者在教育教学过程中，在完成某一阶段(如一节课、一个单元或一个学期)工作时希望受教育者达到的要求或产生的变化结果。也可以说，教学目标，是教师在教一门学科或组织一些活动时，希望学生在认知、情感、行为和身体诸方面达到的具体目标。

经典考题

(2015 年・上半年・中学段《教育知识与能力》)(辨析题)教育目的和培养目标是统一概念。

【答案要点】这种说法是不正确的。

教育目的是一个国家对其各级各类学校总体要求，即不论初等、中等、高等教育，还是理、工、农、医、师等，都要按照这个总的要求培养人。而培养目标是根据教育目的制定的某一级或某一类学校或某一个专业人才培养的具体要求，是国家总体教育目的在不同教育阶段或不同类型学校，不同专业的具体化，二者是一般与个别的关系。

二、教育目的的功能

(一)导向功能

教育目的的导向功能，是指教育目的一经确立就成为人们行动的方向，它不仅为受教育者指明了方向，预定了发展结果，也为教育工作者指明了工作方向和奋斗目标①。换言之，教育目的无论对教育者还是受教育者都具有导向功能。首先，教育目的具有引导受教育者的发展方向，制约着受教育者的发展进程的作用。教育目的既为受教育者指明了一个发展的美好前景(方向)又提出了发展的要求(内容)②。其次，教育目的规范和引导教育者的教育行为。在教育过程中，教育者要以社会总的教育目的为出发点和最终归宿来统摄、整合自己的教育目的、教育理念以及教育方法等。最后，教育目的调节教育实践方向。主要表现为教育目的制约各个学校的教育方向以及教育内容、途径和策略的选择等。

(二)激励功能

目的能够反映人的需要和动机，是人们在一起共同活动的基础。因此，共同目的一旦被人们认识和接受，不仅能指导整个实践活动过程，而且能够激励人们，为实现共同目标而努力。教育目的是对教育活动主体的预期追求，立足于实现，指向未来，具有一定的理想性。教育目的一旦实现将会给国家、社会和个人较大的利益或好处。这样，教育目的中的期望值就成了一种吸引力。这种吸引力促使教育者和受教育者为达到理想的教育目的而努力工作与学习，直至将其变为现实。当然，教育目的的观念价值与期望价值要统合，才能形成较大的合力。否则，教育目的的激励功能就会大打折扣。通常情况下，只有那些被认为是可以实现的且具有价值的教育目的，才能成为推动教育者和受教育者努力工作和努力学习的动力。

(三)评价作用

教育目的不仅是引导和规范教育活动的基本依据，还是衡量和评价教育实施效果的根本标准。教育目的的评价功能主要表现为：评价学校的办学方向、办学水平和办学效益，检查学校教育教学工作的质量，评价教师的教学质量和工作效果，检查学生的学习质量和发展程度等工作等，都必须以教育目的为根本标准和依据进行。换句话说，教育目的是评价教育质量的标准。通过这个标准，一方面，可以说明教育实践是否与教育目的相吻合，弄清教育实践与教育目的的差距；另一方面，可以判断教育目的是否切合实际，为修订或指定新的教育目的提供依据。

---

① 邹群，王琦．教育学[M]．大连：辽宁师范大学出版社，2005.06：125.

② 孙俊三．教育原理[M]．长沙：中南大学出版社，2001.08：158.

三、教育目的的价值取向

教育目的的价值取向，是指教育目的的提出者或从事教育活动的主体，依据自身的需要对教育价值做出选择时所持的一种倾向①。教育目的的价值取向与人的世界观有密切联系，由于人们的世界观不同，教育目的的价值取向也不同②。教育发展历史上先后出现的诸多有关教育目的价值取向主张，其中，最具代表性的观点主要有个人本位论、社会本位论和教育无目的论。

(一)个人本位论

个人本位论主张，教育目的应根据人的本性和需要确定，应旨在使人的本性得到自然的发展。持这种理论的教育家和哲学家为数不少。这种教育目的论，最早可追溯到古希腊的智者派，而18世纪和19世纪上半叶是其全盛时期，卢梭、裴斯泰洛齐、福禄贝尔、爱伦·凯等都属于这一理论流派的代表。时至今日，个人本位论在西方国家的教育理论中还占有十分重要的地位。个人本位论流派的观点主要有以下三点。

1. 个人价值高于社会价值

个人本位论主张，个人价值高于社会价值。他们还认为，有利于个人发展的事物，就一定有利于社会发展，但有利于社会发展的事物，却不一定有利于个人发展。因此，应当由个人来决定社会，而不是由社会来决定个人。这一理论强调人的本性在于其“自然性”，即人性具有内在的、自我实现的趋向，这种趋向在道德或价值上是“善的”或“向善的”。这一理论认为，只有每个人的本性都得到充分实现的社会，才是理想的社会；只有确保每个人的本性都得到充分实现的国家，才是善的和正义的国家。在评价教育的价值时，个人本位论认为，应从教育对个人发展所起的作用上来衡量教育的价值。

2. 教育的职能就在于促使人的本能不受影响地发展

个人本位论主张，个人价值高于社会价值，强调人生来就有健全的本能以及真善美的原型，而教育的职能就是使这种本能不受到社会现实的影响而得到自由的发展。所以，教育目的应该根据个人自身完善和发展的天然需要来制定，从而使人的本性得到完善和最理想的发展。譬如，卢梭认为“出自创造主之手的东西，都是好的，而一到了人的手里，就全变坏了，人是被腐败的社会

① 王道俊，王汉澜．教育学[M]．北京：人民教育出版社，1999.05：101.

② 傅岩，吴义昌．教育学基础[M]．南京：南京大学出版社，2014.02：29.

弄堕落的，因此，教育儿童要让他们脱离社会影响、在自然中成长。"①爱伦·凯等人则认为在教育过程中不能对儿童进行压制，而应促进他们自由自主地发展。

3. 教育目的应根据个人自身完善和发展的天然需要来定

个人本位论主张，如果按照一定的社会要求来培养人、来规定教育目的的话，就会使教育成为一个强迫的过程、一个外在于儿童的过程，抹杀儿童作为人的本性。因此，教育目的确定的应是个人自身完善和发展的天然需要。卢梭曾在他的著作《爱弥儿》中提出，教育目的"不是别的，它就是自然的目标②"，如果要在"造人"和"造公民"之间做出选择的话，他会选择"造人"的目标。这也就是说，教育目的不是根据社会需要来制定的。教育目的的个人本位论，反对现实社会对人的发展的干扰，强调只有当把人的自身的需要作为制定教育目的的依据时，教育才是有意义。个人本位论的主张，在一定历史条件下是具有进步意义的。时至今日，这一理论在西方国家的教育理论中还占据着十分重要的地位。

(二)社会本位论

社会本位论主张教育目的应当根据社会的要求来确定，教育的根本目的在于使人掌握社会的各种知识和规范。这种理论的渊源可上溯到古希腊时期的柏拉图和我国春秋战国时期的荀况，到19世纪下半叶，该理论进入鼎盛时期，代表人物有孔德、涂尔干、凯兴斯泰纳等人。社会本位论流派的观点主要有以下三点。

1. 个人的发展依赖于社会，受制于社会

社会本位论认为，个人的一切发展都依赖于社会，真正的个人是不存在的，只有人类才是真正的存在。人之所以为人，只因他生活于人群中并参与社会生活。同时，人的身心发展的各个方面都依靠社会提供营养。因此，人的一切都是从社会得来的。譬如，孔德曾指出："真正的个人是不存在的，只有人类才存在，因为不管从哪方面看，我们个人的一切发展，都有赖于社会。"③涂尔干也认为："正如我们的身体凭借外来的食物而营养，我们的心理，也凭从社会来的观念、情感和动作而营养，我们本身最重要的部分，都是从社会得来

① [法]卢梭．爱弥儿 论教育(上卷)[M]．李平沤译，北京：商务印书馆，1978.06：5.
② [法]卢梭．爱弥儿 论教育(上卷)[M]．李平沤译，北京：商务印书馆，1978.06：8.
③ 傅岩，吴义昌．教育学基础[M]．南京：南京大学出版社，2014.02：31.

的。”①在他们看来，人的身心各方面所需营养都来自于社会，其发展都依赖于社会，都受到社会的制约。

2. 教育的价值只能以其实现的社会功能来加以衡量

社会本位论认为，教育是否具有价值，只能以它是否维持人类的生存和社会的繁荣为标准加以衡量。离开了社会，就失去对教育的价值做出衡量的依据。它指出，如果教育是为达到除为了社会发展之外的某种结果而提出的，那么，这种教育目的必然成为一种没有意义的东西。如通常所说的“个人一切能力和谐发展”是教育目的，但如果离开他对社会所发生的作用，也就不知道所培养的这种“能力”是什么，“和谐”又是指什么。能力之所以成为能力，就是因为它对社会发生作用；和谐之所以为和谐，就是因为它满足社会各方面的需要。因此，教育目的应该根据社会需要来制定，促进人的社会化，使人成为符合社会准则的公民，保障社会的稳定与延续。由于社会的价值高于个人的价值，个人的存在与发展依赖并从属社会，所以评价教育的价值只能以其对社会的效益来衡量。

3. 教育目的就是把人培养成符合社会准则的公民

社会本位论认为，教育目的应以社会价值为中心，造就符合社会准则的公民。譬如，诺笃尔普认为，“在教育目的的决定方面，个人不具有任何价值，个人不过是教育的原料，个人不可能成为教育的目的”②。白尔格门也认为“教育除了造就每个人使其乐于为社会而生活，并乐于贡献其最优力量于人类生活的保存和改善以外，不能有别的目的”③。凯兴斯泰纳则认为，“国家的教育制度只有一个目标，就是造就公民”。涂尔干说，“教育在于使青年社会化，——在我们每个人之中，造成一个社会的我，这便是教育的目的”④。

(三)教育无目的论

“教育无目的论”是由杜威提出来的。其社会基础来源于在“行动”中不断开拓新边疆的美国社会生活和建立在这种生活方式基础上的实用主义哲学文化。教育无目的论主张的其实并不是主张教育不要目的，而是主张“教育的过程在它自身以外没有目的”。杜威在《民主主义与教育》一书中明确指出：“教育的过

① 张忠华．教育学原理[M]．北京：世界图书北京出版公司，2012.09：159.

② 吴俊升．教育哲学大纲[M]．北京：商务印书馆，1943.06：149.

③ 赵鹤龄．教育学 问题与实践的新视角(上卷)[M]．哈尔滨：黑龙江教育出版社，2012.02：113.

④ 罗儒国．教学生活的反思与重建[M]．济南：山东人民出版社，2009.09：120.

程，在它自身以外没有目的，它就是它自己的目的”。[①] 可见，杜威并非主张教育无目的，而是所否定教育之外所设立的教育目的。正如杜威所强调，教育过程内本身蕴含的目的，即每一次教育活动的具体目的。

杜威认为，人是一个经验系统，人的发展即是个体经验能力的提高，学习的目的和报酬是个体经验继续不断生长的能力。简而言之，“教育即生长”，“教育即经验持续不断地改造或改组”。教育目的只存在“教育过程之内”，不存在“教育过程以外”的教育目的。他主张儿童的本能、冲动、兴趣所决定的具体教育过程就是教育的目的。并指责社会、政治所决定的教育目的，他认为，这些目的是“教育过程以外”的目的，是一种外在的、虚构的目的表现。

其实，教育无目的论所要反对的，是从教育过程外部强加而来的多重教育目的，所要提倡的是教育目的就在教育过程之中。这种教育目的论认为，教育所要培养的人是能够不断适应和改造民主社会的公民和建设者。然而，这种观点过分重视教育的内在目的，而忽略了教育的外在目的，过分强调个体对于环境的适应能力，而忽略环境对个体的约束和限制因素。这种教育目的理论，仅看到个体与环境一致的一面，却忽略个体与环境相冲突的一面。

经典考题

1.(2012 年 · 下半年 · 中学段《教育知识与能力》)在教育目的价值取向问题上，主张教育是为了使人增长智慧、发展才干、生活更加充实幸福的观点属于(　　)。

A. 个人本位论　　B. 社会本位论　C. 知识本位论　　D. 能力本位论

【答案】A

2.(2014 年 · 上半年 · 中学段《教育知识与能力》)德国教育家凯兴斯坦纳曾提出过：“造就合格公民”的教育目的，这种教育目的论属于(　　)。

A. 个人本位论　　B. 社会本位论　C. 集体本位论　　D. 个别差异性

【答案】B

3.(2014 年 · 下半年 · 中学段《教育知识与能力》)在教育目的的价值取向上，存在的两种典型对立的理论主张是(　　)。

A. 个人本位论与社会本位论　　　　B. 国家本文论与社会本位论

C. 全面发展论与个性发展论　　　　D. 国家本位论与个人本位论

---

① 刘黎明．西方自然主义教育思想史[M]．武汉：华中科技大学出版社，2014.04：238.

【答案】A

4.(2011年·下半年·中学段《教育知识与能力》)(辨析题)社会本位论的主要观点。(1)教育目的是根据个人的发展的需要制定的，而不是根据社会的需要而制定的。(2)个人价值高于社会价值。(3)人生来就有健全的本能，教育的基本职能就在于使这种本能不受影响地得到发展。个人本位论者认为，如果按照社会要求去要求个人，这些社会要求就会阻碍个人本能的健全发展。

【答案要点】这种说法是不正确的。这是个人本位论的主要观点。个人本位论认为：(1)教育目的是根据个人的发展的需要制定的，而不是根据社会的需要而制定的。(2)个人价值高于社会价值。(3)人生来就有健全的本能，教育的基本职能就在于使这种本能不受影响地得到发展。个人本位论者认为，如果按照社会要求去要求个人，这些社会要求就会阻碍个人本能的健全发展。

四、教育目的的确立

教育目的是教育活动中人们的价值选择，具有强烈的主观性。所以，确立教育目的一定要反映一定的价值取向和教育理想①。然而，教育目的的价值追求必须以现实条件为前提，考虑社会发展的现实和要求，并依据受教育者身心发展规律行事。因此，恰当的教育目的的确立，必须要考虑社会发展的现实状况，依据受教育者自身的发展规律，并借鉴科学的理论依据。

(一)教育目的确立的“现实依据”

1. 社会生产力发展水平

生产力是人类征服改造自然获取物质资料的能力。生产力包括劳动者、劳动对象和劳动工具三个基本要素。其中，劳动者不仅是生产力的必要因素，而且是诸因素中最重要、最活跃的能动因素。一定的生产力总是要根据自己的发展水平，对劳动者的培养提出自己的要求。在古代社会，生产力水平较低，劳动者不需要接受学校教育也能从事生产劳动，因而这一时期的教育目的只培养统治人才，而不培养劳动者。大工业生产兴起以后，劳动者需要具备一定的文化知识方能从事生产劳动，因而，这一时期的教育目的不仅要培养统治人才，还要求培养具有一定文化知识的生产工人。而到了现代社会，劳动者不具备一定的科学技术和文化素养，就无法适应现代化的社会生产，所以现代社会的教育目的，必须包含培养具有一定科学文化素养的劳动者。可见，生产力的发展

① 张国庆，马嘉友．教育学[M]．北京：现代教育出版社，2009.09：63.

水平能体现人类已有的发展程度，并对人的进一步发展提供可能和提出要求，是确立教育目的的现实基础。

2. 社会政治经济制度

教育目的的确立，不仅取决于生产力的发展水平，还受社会经济和政治制度的影响。在阶级社会，统治阶级绝对不允许与自身价值主张相悖的教育目的出现。因此，统治阶级一方面会利用其经济和政治上的统治权力，制定符合本阶段的教育目的，为巩固自身的统治服务；另一方面还会利用自己在经济和政治上的统治权力，维护本阶级在教育资源占有上的特权，保证其教育目的得以实现。譬如，古希腊时期，斯巴达教育目的在于培养“军人和武士”；而雅典则是培养和谐发展的奴隶主贵族。两城邦的教育目的不同，与其社会经济制度的差异是有紧密联系的。可见，在阶级社会里，教育目的总是取决于统治阶级的经济利益和政治利益，具有鲜明的阶级性，是阶级意志的集中表现，所谓超阶级的教育目的是不存在的①。总之，教育目的的性质和方向，直接决定于社会的政治经济制度。

3. 社会文化传统

文化传统是一个民族、一个国家或一个地区世代沿袭下来的文化性格或文化模式。教育目的的确立，不可避免地要受到一定社会文化传统的影响。譬如，我国传统文化是以儒家思想为主导的伦理文化，强调“以和为贵”“中庸”“学而优则仕”等。于是，教育的最高理想和根本目的在于培养“君子”和“圣人”。而英国传统文化崇尚“绅士”，因而，其教育目的注重培养有教养的人。德国是一个外冷内热、集傲慢、严肃、苛刻、勤奋、反思于一身的神秘国度，其教育目的在于培养各种创新思想和开拓精神的人才。可见，确立教育目的，还需要以社会文化传统为依据。

(二)教育目的确立的“人的依据”

教育目的从根本上讲，是教育活动主体对教育对象质量和规格的设计。因此，教育目的在确立时，不得不考虑到受教育者的身心发展规律。虽然，教育对象的身心发展规律不对教育目的的社会性质和方向起决定作用，但它仍对教育目的的制定产生重要影响。正如前文所言，人的身心发展规律包括顺序性、阶段性、不均衡性、差异性和互补性。教育目的的确立要符合教育对象的身心发展规律。具体表现为：首先，教育目的确立要符合教育对象的身心发展程

① 陶仁．教育学[M]. 成都：电子科技大学出版社，2010.04：57.

度，适合教育对象的最近发展区，不能过高也不能过低。其次，教育目的的确立要符合教育对象的身心发展变化。根据学生身心发展的不平衡性和差异性，制定灵活而科学的教育目的。再次，教育目的的确立还要符合教育对象不同发展阶段的身心需要。由于人的身心发展在不同时期所面临的发展任务不同，教育目的的制定需要考虑人的身心发展的阶段性，根据不同年龄阶段设定不同的教育目的。譬如，小学生、初中生、高中生、大学生等，他们的身心发展处于不同阶段，因此教育目的便应有不同。最后，教育目的的确立还要考虑人身心发展的互补性。将受教育者看成一个完整的整体，确立"德、智、体、美、劳"等多方面的发展的教育目的。

(三)教育目的确立的"理论依据"

教育目的是一种与社会理想相联系的教育理想，它自然要受社会理想的制约。一个国家在确定教育目的时，除了要考虑生产力和科技发展水平、现有政治经济的需要及年轻一代的身心发展规律外，还必须以其政治观点、政治理想为指导。不同的社会制度有不同的教育目的；而不同的教育目的又有不同的理论基础。我国教育目的的理论基础是马克思主义关于人的全面发展学说。马克思"关于人的全面发展学说"包括以下几个方面的内容。

1. 人的发展是全面、充分而自由的发展

根据马克思主义的观点，人的发展是人的精神和身体、个体性和社会性都得到普遍、充分而自由的发展。正如马克思、恩格斯所说，"每个人都无可争辩地有权全面发展自己的才能"①。同时，马克思和恩格斯还强调，"任何人的职责、使命、任务就是全面地发展自己的才能"②。

2. 社会分工是造成人的片面发展的根源

人的发展状况与人的活动的性质、内容、范围、方式是大体相一致的。即人从事什么样的活动，人的发展大致就是什么样的。旧式分工长期乃至终身把个人强制性地固定在一个孤立的活动范围内，造成人的片面、畸形发展。

3. 社会化大生产为人的发展提出了客观要求和可能性

社会化大生产与技术基础几乎不变的工厂手工业生产是根本对立的，它的技术基础是革命的，为人的全面发展提供了可能性。首先，现代生产是以科学

---

① [德]马克思，[德]恩格斯．马克思恩格斯全集：第二卷[M]．中共中央马克思恩格斯列宁斯大林著作编译局译，北京：人民出版社，1972.09：614.

② [德]马克思，[德]恩格斯．马克思恩格斯全集：第二卷[M]．中共中央马克思恩格斯列宁斯大林著作编译局译，北京：人民出版社，1972.09：330.

技术为基础的，只要劳动者基本掌握了生产和工艺的一般原理，就能够比较顺利地从一个生产部门流动到另一个生产部门，而在手工技巧极其复杂且封闭以及直接经验作为个人劳动能力的主要成分的手工业时代，劳动者的工作变换和职能变动是十分困难的事情。其次，以现代科学技术为基础的生产大大提高了劳动的智力含量，有助于缩小体力劳动和脑力劳动的差别。最后，现代生产为社会提供了大量的物质财富，而这是人全面发展的基础。

4. 社会主义社会是人的全面发展得以实现的现实条件

社会生产力的高度发展是人全面发展的必要物质前提。社会主义生产关系给人的全面发展创造了条件，共产主义条件下将使人的全面发展成为现实。到了共产主义社会，旧式分工被完全取消，劳动成为人的生活的第一需要。同时，社会财富充分，人们得以充分享受发展的闲暇时间和教育等条件，到那时人的全面发展将得以完全实现。

5. 教育与生产劳动相结合是造就人全面发展的唯一途径

教育与生产劳动相结合可以促进体力和智力的统一、体力劳动与脑力劳动的结合。马克思在《资本论》中指出："未来教育对所有已满一定年龄的儿童来说，就是生产劳动同智育和体育相结合，它不仅是提高社会生产的一种方法，而且是造就全面发展的人的唯一方法。"①教育与生产劳动相结合，其核心环节就在于借助当代文化教学技术去全面开发人的智能，同时也把自身造就成一类只能普遍发展的新人。

经典考题

1.(2014 年・下半年・中学段《教育知识与能力》)马克思主义认为，实现人的全面发展的根本途径是(　　)。

A. 教育与生产劳动相结合　　B. 知识分子与工人农民相结合

C. 普通教育与职业教育相结合　　D. 学校教育与社会教育相结合

【答案】A

2.(2016 年・上半年・中学段《教育知识与能力》)确立我国教育目的的理论基础是(　　)。

A. 素质教育理论　　B. 马克思关于人的全面发展理论

C. 创新教育理论　　D. 生活教育理论

---

① [德]马克思，[德]恩格斯．马克思恩格斯全集(第 23 卷)[M]．中共中央马克思恩格斯列宁斯大林著作编译局译，北京：人民出版社，1972.09：530.

【答案】B

第二节　我国教育目的的历史演变

教育目的不是固定不变的。在不同社会形态、不同时代，都有着不同的教育目的。新中国成立以来，我国教育事业的发展出现了历史性的转变。新中国的教育事业，被赋予鲜明的社会主义性质和要求。这些要求对我国人才培养和教育事业发展起着引领和指导作用。

一、我国教育目的的历史

1949 年 9 月 21 日至 30 日，中国人民政治协商会议第一次全体会议在北京举行。会议一致通过了《中国人民政治协商会议共同纲领》。《共同纲领》第五章“文化教育政策”第一条中明确规定：“中华人民共和国的文化教育为新民主主义的，即民族的、科学的、大众的文化教育。人民政府的文化教育工作，应以提高人民文化水平、培养国家建设人才、肃清封建的、买办的法西斯主义的思想，发展为人民服务的思想为主要任务。”同年 12 月，教育部在北京召开第一次全国教育工作会议，提出“中华人民共和国的教育是新民主主义的教育，主要任务是提高人民文化水平，培养国家建设人才……”①

1957 年，随着“三大改造”的结束，我国社会由新民主主义社会过渡到社会主义社会，急需确立社会主义社会的教育目的。于是，毛泽东在最高国务会议上提出，“我们的教育方针，应该使受教育者在德育、智育、体育几方面都得到发展，成为有社会主义觉悟的有文化的劳动者。”②

1958 年，中共中央、国务院在《关于教育工作的指示》中，一方面正式肯定了 1957 年确定的教育目的，指出“培养有社会主义觉悟的有文化的劳动者”，正确地解释了全面发展的含义。这是新中国成立后对教育目的的第一次明确表述；另一方面，还提出“党的教育方针是教育为无产阶级政治服务，教育与生产劳动相结合”③。

---

① 中央教育科学研究所．中华人民共和国教育大事记(1949—1982)[M]．北京：教育科学出版社，1988.01：8.

② 黄济，王策三．现代教育论[M]．北京：人民教育出版社，2004.08：189.

③ 蔡宝来．现代教育学[M] 理论和实践．上海：上海教育出版社，2011.08：158.

1978年，邓小平《在全国教育工作会议上的讲话》中，再次确认1957年提出的教育目的。同年，全国人民代表大会对宪法进行修改。修改后的宪法对教育目的表述为，“我国的教育方针是教育必须为无产阶级服务，教育必须同生产劳动相结合，使受教育者在德育、智育、体育几个方面都得到发展，成为有社会主义觉悟的、有文化的劳动者。”

1981年，党的十一届六中全会通过了《关于建国以来党的若干历史问题的决议》。《决议》指出：“坚持德智体全面发展、又红又专、知识分子与工人农民相结合、脑力劳动与体力劳动相结合的教育方针。”同年11月，国务院在第五届全国人大会议中所做的政府报告进一步提出：“使受教育者在德育、智育、体育几方面都得到发展，成为社会主义觉悟的有文化的劳动者和又红又专的人才，坚持脑力劳动和体力劳动相结合，知识分子与工人农民相结合。①”

在1982年的新宪法中，关于我国教育目的的规定发生进一步变化。新《宪法》指出，“中华人民共和国公民有受教育的权利和义务。国家培养青年、少年、儿童在品德、智力、体质等方面全面发展。”这是中国当代历史上第一个从权利的角度、以法律的面貌出现的教育目的。

1985年，《中共中央关于教育体制改革的决定》指出，教育必须“面向现代化、面向世界、面向未来，为90年代至21世纪初叶我国经济和社会的发展，大规模地准备新的能够坚持社会主义方向的各级各类合格人才”，并指出，“所有这些人才，都应该有理想、有道德、有文化、有纪律、热爱社会主义祖国和社会主义事业，具有为国家富强和人民富裕而艰苦奋斗的献身精神，都应该不断追求新知，具有实事求是，独立思考、勇于创造的科学精神。”②

1986年，第六届全国人大第四次会议通过《中华人民共和国义务教育法》规定我国义务教育目的为：“义务教育必须贯彻国家的教育方针，努力提高教育质量，使儿童、少年在品德、智力、体质等方面全面发展，为提高全民族的素质，培养有理想、有道德、有文化、有纪律的社会主义建设人才奠定基础。”这一表述不仅指出了我国义务教育的性质和目的，也涉及我国整体教育目的的性质。③

1993年2月13日，中共中央、国务院正式印发的《中国教育改革和发展纲要》中指出，各级各类学校要认真贯彻“教育必须为社会主义现代化建设服

---

① 蒲蕊．教育学原理[M]．武汉：武汉大学出版社，2010.10：131.

② 柳海民．现代教育学原理[M]．长春：东北师范大学出版社，2002.07：210.

③ 成正方．教育理论[M]．天津：南开大学出版社，2005.05：22.

务，必须与生产劳动相结合培养德、智、体全面发展的建设者和接班人”的方针①。

1995年3月18日，第八届全国人民代表大会第三次会议通过了《中华人民共和国教育法》。该法第五条明确规定：“教育必须为社会主义现代化建设服务，必须与生产劳动相结合，培养德、智、体等方面全面发展的社会主义事业的建设者和和接班人。”这是我国20世纪90年代适应市场经济发展、深化教育改革全面推进素质教育和实施科教兴国战略的新的历史背景下教育目的新表述。

1999年3月5日，第九届全国人民代表大会第二次会议通过了《中共中央关于深化教育改革全面推进素质教育的决定》。《决定》对我国的教育方针做了新的表述：“实施素质教育，就是全面贯彻党的教育方针，以提高国民素质为根本宗旨，以培养学生创新精神和实践能力为重点，造就‘有理想、有道德、有文化、有纪律’的，德、智、体、美全面发展的社会主义事业的建设者和接班人。”②

2002年，中国共产党第十六次全国代表大会的报告中指出，“全面贯彻党的教育方针，坚持教育为社会主义现代化建设服务，与生产劳动和社会实践相结合，培养德、智、体、美全面发展的社会主要事业建设者和接班人”。

2010年，《国家中长期教育改革和发展规划纲要(2010—2020年)》提出我国现阶段的教育目的是“全面贯彻党的教育方针，坚持教育为社会主义现代化建设服务，与生产劳动和社会实践相结合，培养德、智、体、美全面发展的社会主要事业建设者和接班人”。

经典考题

(2011年·下半年·中学段《教育知识与能力》)1958年我国曾提出过“两个必须”的教育方针。“两个必须”是指(　　)。

A. 教育必须为当前建设服务，必须与生产劳动相结合

B. 教育必须为阶级斗争服务，必须与社会活动相结合

C. 教育必须为无产阶级政治服务，必须与生产劳动相结合

D. 教育必须为社会主义建设服务，必须与工农相结合

【答案】C

① 王鸿江．现代教育学[M]．上海：上海教育出版社，2001.12：62.

② 成正方．教育理论[M]．天津：南开大学出版社，2005.05：22.

二、我国当前的教育目的

新中国成立以来，我国的教育目的在不同历史时期的表述虽有所不同，但其基本精神是一致的，大体上包含了促进受教育者的身心发展和实现受教育者的社会价值等两个方面。

2010年7月颁布的《国家中长期教育改革和发展规划纲要(2010—2020年)》指出："全面贯彻党的教育方针，坚持教育为社会主义现代化建设服务，为人民服务，与生产劳动和社会实践相结合，培养德智体美全面发展的社会主义建设者和接班人。"培养"德智体美全面发展的社会主义建设者和接班人"成了目前我国的教育目的。当前我国的教育目主要体现了以下三个方面的基本精神。

(一)坚持社会主义方向，是我国教育目的的根本特征

教育目的的方向性是教育性质的根本体现。我国的教育目的是维护社会主义利益，是为巩固和发展社会主义服务的。因此，我国的教育目的明确要求要培养"社会主义事业的建设者和接班人"。是坚持政治思想素质、道德品质素质和文化知识能力的统一，是在我国教育目的社会价值取向(或称社会功能取向)要求下的规定。我国的教育目的，指出了我国教育培养出来的人的社会地位和社会的价值与功能。这是由当前我国的社会主义性质所决定的。教育目的中规定了要把青少年培养成什么样社会功能的人。对青少年培养方向的质的规定，关系到教育目的所指导和控制的教育实践。必须确保，我国所要培养出的人才，是利于我国社会主义现代化建设的宏伟目标的实现的建设者，是利于确保我国永远沿着社会主义、共产主义的方向前进的社会主义事业接班人。所以，我国教育目的所规定的社会价值取向就是培养社会主义性质的人。①

(二)培养全面发展的人，是我国教育目的的质量标准

我国的教育目的是培养全面发展的新型劳动者。马克思主义认为，人的全面发展是智力和体力广泛、自由、充分的发展。因此，人的全面发展要求引导培养对象在道德、才智、体质、审美等方面有全面的发展，要求通过教育，促进受教育者的脑力与体力两方面的协调发展。此外，马克思主义中全面发展的观点，还要求这种全面发展，是包含受教育者有自我发展能力的发展。全面发展，是我国当前教育目的中关于人的素质的规定。如果教育目的的社会价值取

① 付俊贤，秦文孝．现代学校教育学[M]．西安：陕西师范大学出版社，2007.12：52.

向确定了受教育者的发展方向和社会性质，指明了各级各类学校的培养目标和方向，那么，教育目的中关于人的素质结构的规定就确定了受教育者发展的内容①。目前，我国教育目的所规定的人的素质结构包含“德、智、体、美、劳”等方面，是教育所要培养的人的素质构成要素，下面就这五方面要素简要叙述如下。

1. 德育

德育，是教育者按照一定社会或阶级的要求，有目的、有计划、有组织地对受教育者施加系统的影响，把一定的社会思想转化为个体的思想意识和道德品质的教育，即教育者把社会意识与道德，转化为个体的思想品德的过程②。通过德育，使受教育者形成正确的人生观、世界观和价值观，使学生对自身的意义与价值有一个明确的定位；通过德育，使学生具有良好的道德品质，获得一种道德判断能力、评价能力和控制能力，成为一个高尚的人、有德行的人；通过德育，使学生形成正确的政治观念，并有参与政治的意识与能力，真正投入到现代文明生活中去。

2. 智育

智育，是向受教育者传授系统的科学文化知识，形成技能技巧，发展受教育者的智力和与学习有关的非认知因素的教育。通过智育，学生掌握系统的科学文化方面的基础知识（含生产过程中的基础大原理）和基本技能（含生产技能）；通过智育，学生对自己的认知特征与元认知策略有所了解，使学生明白自己的学习风格，从而使学生学会学习，更有效地进行知识更新；通过智育发展学生的智力和认识能力，使学生明白自己是如何思维的，从而发展他们的思维能力，尤其是创造能力；通过智育，为学生的继续发展和终身教育打下良好的基础。

3. 体育

体育是向受教育者传授有关健康的知识、技能，使其掌握增强体质的本领，培养其自觉锻炼身体的能力与习惯的教育。通过体育，使学生了解体育运动的知识，获得运动技能，增强他们的体质，促进生长发育和身体机能的发展；通过体育，使学生养成良好的卫生习惯，具有科学的运动卫生习惯及良好的心理卫生环境；通过体育，使学生养成一种运动的意识与习惯，从而为更有

---

① 成正方．教育理论[M]．天津：南开大学出版社，2005.05：175.

② 张忠华．德育本质研究与反思[J]．江苏大学学报（社会科学版），2010(05)：23—29.

效地工作积累“本钱”。

4. 美育

美育又称“美感教育”“美学教育”，是运用自然美、社会生活美和艺术美去培养学生感受美、鉴赏美、创造美的能力的教育活动。通过美育，传递审美知识，提高学生感受美的能力——不仅用心去感知，亦是用生命去体验；通过美育，培养学生鉴赏美的能力和情趣，使学生在面对对象本身时能领悟其所表达的意蕴和意境；通过美育，发展学生创造美的能力，使学生有一种无法言说的冲动与能力，能够在社会活动和日常生活中自觉地体现美，能通过艺术欣赏、艺术创作活动去发现美和追求美。美育不仅仅是艺术教育，也不仅仅限于运用各种美去进行教育，更是指把一种美学精神渗透于整个教育、教学中去，使教育、教学过程成为一种审美过程。

5. 劳动技术教育

劳动技术教育是传授基本的生产技术知识和生产技能，培养劳动观点和劳动习惯的教育。劳动技术教育的任务是通过科学技术知识的教学和劳动实践，使学生了解物质生产的基本技术知识，掌握一定的职业技术知识和技能，提高动脑和动手能力，养成良好的劳动态度和劳动习惯。在普通学校里进行劳动技术教育，这已经成为当前世界教育的潮流。人们已普遍意识到，劳动技术教育是全面发展教育的一个有机组成部分①。

德育、智育、体育、美育和劳动技术教育是互相关联、互相包含、互相渗透，而且相互影响、相互促进、相互制约的，它们之间渗透构成了一个关于“人的全面发展”的整体。他们彼此不可以互相替代，有各自特定的教育目的、内容、方法和规律。德育、智育、体育历来被当作教育的基本组成部分，其中德育是实施各育的思想基础，任何时候都制约人的发展方向，影响各育的效果和性质，为人的发展提供动力；智育为其他各育的目标实现提供必要的知识基础和智力基础，各育的实施都不能离开知识技能教育；体育是为其他各育的实施提供身体条件健康基础，是其他各育的顺利实施的前提保证；美育为其他各育的目标的实现提供精神基础，缺少美育的教育是不完整的教育；劳动技术教育可以促进脑力劳动与体力劳动结合，使学生手脑并用，促进理论与实践相结合。

---

① 冯文全，冷泽兵，卢清．教育学[M]．成都：电子科技大学出版社，1996.03：101.

(三)培养现代人的品质，是我国教育目的的内在要求

教育目的必须承认受教育者的主体地位，培养受教育者的独立个性和创新精神，即培养现代人的品质。我国教育目的培养“德、智、体、美等方面全面发展的社会主义事业建设者和接班人”，其主要精神在于实现受教育者的“理想发展”——以满足受教育者生命之需要。这体现了对受教育者个人生命的关怀。

当前我国的教育目的，承认受教育者在教育中的主体地位，维护受教育者的独立人格，尊重受教育者的个人价值，并把受教育者当作目的——使受教育者成为全面发展的理想的完人，从而满足个人自身完善的需要。教育目的必须在追求全面发展的同时兼顾个性化的发展，因为全面发展的基础是全面而自由的发展①。人的全面发展与培养学生的个性是统一的，也就是说人的全面发展的结果肯定了人的个性充分自由的发展，绝不是抹杀个性的“千人一面”的一律化、模式化、标准化。个人的独特个性与才能构成社会的丰富多彩。只有具有“自由个性”的独特的人，才可能是具有创新精神的人，才是一个具有现代品性的人。

全面发展与独立个性并不是矛盾的。所谓“全面发展”，说的是受教育者个体必须在“德、智、体、美、劳”诸方面都得到发展，不可欠缺，即个性的全面发展；所谓“独立个性”，是指“德、智、体、美、劳”诸因素在受教育者个体身上的特殊组合，不可一律化，即全面发展的个性，二者是辩证统一的。教育对象不同，其全面发展的组合形式与特点也必然不一样，绝不是“千人一面”。人是社会关系的产物，不同的社会境遇，不同的社会角色，不同的经历与经验，不同的智慧品质、兴趣爱好、价值观念乃至不同的人生追求②，决定了不同的教育态度和教育选择。因此，全面发展必然是个人的全面发展；全面发展的过程必然是个人的个性形成的过程。

在我国长期的教育实践过程中，曾经存在着把全面发展与独立个性对立起来的倾向，忽视或排斥了受教育者的独立个性，影响了受教育者的全面发展。教育过程中的统一要求无可厚非，因为促进受教育者的社会化是教育的最主要功能。教育目的反映了社会对其成员质量规格的要求，必须制定统一的标准。但统一性不等同于一律化、模式化，也不意味着要完全排除、摒弃个性的实现自由发展。其实，我们今天的教育改革所要解决的一个重要课题，就是统一性

① 徐佩华．社会主义与人的全面发展[J]．华东交通大学学报，2008(02)：78—80.

② 马凤芹，杨国欣．教育学[M]．北京：中国书籍出版社，2012.08：78.

排斥个性自由发展的问题。曾几何时，受教育者只是我们的工具，而不是我们的目的。受教育者没有主体地位，没有独立人格，没有个人价值，我们要把他们“驯服”，对他们进行“教化”，以使他们尽快地走向社会。我们站在“社会化”道义的制高点上，我们理直气壮，受教育者只能唯唯诺诺、墨守成规。他们不需要进取，只需平庸度日即可，因为他们的脑袋长在我们的肩上，他们为实现“我们大家的理想”活着。我们尽管赋予他们社会主义祖国的主人翁称号，但他们没有主人意识，我们赋予他们社会主义祖国的未来的名头，但他们看不到未来。他们对一切社会事物冷漠、厌倦甚至抵触。这是我们今天教育改革必须予以摒弃的。

同时，独立个性必然是全面发展的独立个性。也就是说，个性化是与社会同向的个性化，自由发展是与社会同向的自由发展。个性化并不意味着与社会利益、社会秩序的背道而驰。那些现存的与社会发展需要逆向的个性化是完全背离教育目的的，如损害社会利益、破坏公共秩序的行为，极端自私自利的倾向乃至无组织、无纪律的无政府主义思想等。但是，这些问题毕竟是少数人的问题，我们不能因少数人的问题而忽视、削弱甚至排斥对广大受教育者独立个性的培养。对这部分人，我们对其所谓的个性化或自由发展进行教育与约束，尽可能地使其回到教育目的所要求的轨道上来。

更重要的，独立个性既是一个人高层次的需要，也是创新的动力和源泉。一个具有独立个性的人，必然是一个具有事业心、使命感和创造性的人，也是一个全面发展的人。当下，创新已经成为我们中华民族的精神动力，也是时代的召唤。教育目的必然要能满足创新的需要，把创新能力培养作为一个重要的内容。因此，我们必须改造和更新传统的文化观念；改革传统的教育观念和教育方式，改革单一的教育教学目标，改革“繁、难、窄、旧”的课程结构和课程体系，建立民主、平等、交往、对话的师生关系，真正实现培养创新人才的目的。

经典考题

1.(2011年·下半年·中学段《教育知识与能力》)(辨析题)美育就是指艺术教育。

【答案要点】这种说法是不正确的。美育是运用自然美、社会生活美和艺术美去培养学生感受美、鉴赏美、创造美的能力，使学生形成一种正确的审美观，陶冶审美精神的教育活动。美育要通过各种艺术以及自然界和社会生活中美好的事物来进行。艺术教育知识美育的项内容或一种方式。

2.(2015年·下半年·中学段《教育知识与能力》)(辨析题)全面发展就是

指学生德智体诸方面平均发展。

【答案要点】这种说法是不正确的。全面发展是指人的精神和身体、个性和社会性都普遍、充分而自由的发展，即学生的德智体诸方面共同发展。在此过程中，由于学生存在个体差异，不可能要求每一个人的每一个方面都平均发展，而应该根据学生的个体差异有差异性的全面发展，因此这句话是错误的。

3.(2016年·上半年·中学段《教育知识与能力》)(简答题)简述美育对促进学生德智体全面发展的意义。

【答案要点】美育能促进教育目的实现，促进学生德智体的全面发展。具体表现为：

第一，美育对德育的促进作用——以美储善。美育能够陶冶个体的性情，抑制其功利化倾向，在潜移默化中修养超越生死、不计功利的道德情操，使人逐渐高尚起来，即起到以美储善的作用。

第二，美育对智育的促进作用——以美启真。从生理角度来看，美育可以开发大脑的潜能。审美教育可以促进大脑两半球的协调发展，可提高学习的兴趣，为学生了解客观世界提供了更广阔的空间。使其在对自然美、艺术美和社会美的体验中，激发强烈的求知欲，培养广泛的兴趣和创造的精神。

第三，美育对体育的促进作用——以美助健。健康的身体是探索知识、攀登科学高峰和从事劳动的基础。美育则可以从身心两方面来促进体育，起到以美健体的作用。一方面美育可以促进人的生理健康；另一方面美育可以促进人的形体美和体育技巧的提高。

本章知识结构

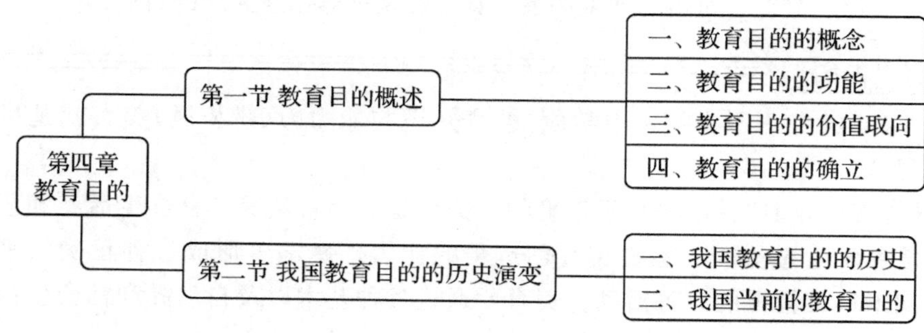

第五章　学校教育制度

本章要点

通过本章学习，我们将：

1. 掌握教育制度及学校教育制度；
2. 理解义务教育及其特点；
3. 掌握发达国家学制改革发展的主要趋势；
4. 理解我国现代学制的沿革以及我国当前的学制及其改革。

核心概念：教育制度　学制　义务教育

[导学]教育制度正在拖中国的后腿

官方经济学家知道，中国若想继续发展，就需要鼓励创新和创意，而决定终身的高考不考这些。中国的教育制度非但未能引导中国下一代年轻人的青春活力，相反似乎在阻碍他们。

通常嘈杂的北京街头在6月7日上午就会变得安静。警察骑着摩托车在主要街道巡逻，建筑工人放下锤子，关掉吊机，吵闹的出租车司机终于不再狂按喇叭。这是高考的第一天，它将决定大约900万考生能否上大学。

在两天的时间里，考生们要坐上9个小时，测试内容有中文和数学、地理和政治等，紧张激烈、强调死记硬背，而且考题奇难，美国的学术能力评估测试(SAT)跟它比起来就像拼字游戏。但高考成绩如何，不仅在很大程度上决定能上什么大学，还会在很大程度上决定他们今后从事何种职业。对于任何中国学生来说，高考都是至关重要的时刻，所以他们会专门花数月乃至数年迎考。

从很多方面讲，高考象征中国的崛起，数百万的中国人奋力拼搏，他们既提升了自己，也拔高了国家。但高考也代表问题的征兆，暴露出中国从出口型经济向内需型经济、从组装产品向设计产品转变的差距。中国的高考式教育制度擅于传授数理知识，培养学生严格的工作作风，这对中国如今的崛起不可或缺。但是，官方经济学家知道，中国若想继续发展，就需要鼓励创新和创意，而决定终身的高考不考这些。

资料来源：《青年参考》　2012-07-04

第一节 学校教育制度概述

教育目的为教育活动运行指明方向，但教育活动顺利运行还需要相应的制度保障。教育制度是一个国家教育政策的根本体现，是一个国家教育工作得以顺利开展的制度保证。它直接关系到国家教育目的的实现和各级各类学校培养目标的具体落实。在教育制度体系中，学校教育制度是一个国家各级各类教育制度的核心部分和主体。因此，本章主要聚焦学校教育制度。

一、教育制度及学校教育制度

学校教育制度属于教育制度的下位概念。因此，在分析学校教育制度的概念之前，首先需要弄清教育制度的概念。对教育制度的科学解读，不仅为理解学校教育制度内涵奠定基础，还为思考学校教育制度结构提供理论依据。

（一）教育制度的概念

教育制度通常是指一个国家各级各类教育机构与组织的系统及其管理规则。由此可见，教育制度包括各级各类教育机构与组织体系，以及教育机构与组织体系赖以存在和运行的一整套规则，分述如下。

1. 各级各类教育机构与组织的体系

各级各类教育机构与组织是教育制度的硬件要素。这里所谓的“各级各类教育机构与组织”，不仅包括实施教育的各种施教机构与组织，如学前教育机构与组织、学校教育机构与组织、少年儿童校外教育机构与组织和成人文化教育机构与组织等，而且还包括教育的各种管理机构与组织，如教育部、教育厅、教育局、教育管理中心等。

2. 各级各类教育机构与组织赖以存在和运行的规则

各级各类教育机构与组织赖以存在和运行的规则是教育制度的软件要素，是规范各级各类教育机构的相互关系的保障，比如，各教育法律、法规、条例等。当然，教育制度还包括办学体制、领导与管理体制、学校内部的各种具体的规章制度，比如，教学管理制度、考试制度、评价制度等。

（二）学校教育制度的概念

学校教育制度，简称学制，是指一个国家各级各类学校的系统及其管理规则。它规定了各级各类学校的性质、任务、入学条件、修业年限以及它们之间的纵横衔接关系①。学制是一个国家教育制度的核心部分，集中体现了整个教育制度的精神实质。

1. 各级各类学校体系

各级各类学校是学校教育制度的硬件要素。从纵向上看，包括幼儿教育机构、初等教育学校、中等教育学校、高等教育学校；从横向上看，有普通学校和专业学校(按教育类型划分)；有全日制、半日制、业余学校(按受教育的时间划分)；有面授、函授、巡回、广播电视等教育机构(按主要教育手段和场所划分)；有学龄期教育、成人教育机构(按教育对象的年龄划分)；有国家办、地方办、企事业办和私人办的教育机构(按举办者划分)。这些各级各类学校组成了一个纵横交叉的学校教育网②。

2. 各级各类学校体系的管理规则

学制不仅包括学校教育系统这一硬件要素，还包括各教育系统赖以生存的软件要素，即各级各类学校的管理规则。如各级各类学校的性质、任务、入学条件、修业年限以及它们之间的纵横衔接关系等。就各级各类学校的性质而言，幼儿园、小学、普通中学属于基础教育，大学属于专业教育。就教育任务而言，幼儿园的任务是实行保育和教育相结合的原则，对幼儿实施体、智、德、美全面发展的教育，促进身心和谐发展；中小学的任务是传递基础知识和培养基本能力，为学生接受高等教育奠定基础；大学的任务在于培养专业人才。就修业年限而言，目前我国幼儿园教育为三年；小学教育一般为五年或六年；中学(包括初级中学和高级中学)一般为六年；大学专科一般为三年，本科一般为四年至六年。

二、现代学校教育制度的类型

学制的类型是由学制的结构决定的。由于划分的标准不同，各国家和地区所表现出来的学制具有不同的形式。但概括起来，现代学校教育制度主要有双轨学制、单轨学制和分支学制等三种基本类型。如图 5-1 所示。

① 司晓宏，张立昌．教育学教程[M]．北京：高等教育出版社，2011.08：66.

② 冯文全．现代教育学[M]．北京：北京师范大学出版社，2011.09：8—9.

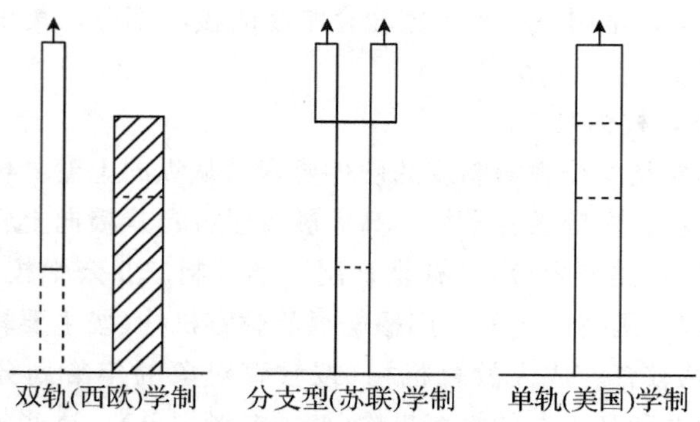

图 5-1　三种类型学制示意图①

(一)双轨学制

双轨学制以西欧学制为代表，是在 18 世纪至 19 世纪西欧特定历史文化条件下产生的学校系统为基础形成的。顾名思义，“双轨学制”包含“两轨”，即两条不相通的轨道。以英国为例(具体如图 5-2 所示)。其中一轨自上而下，其结构是大学(后来也包括其他高等学校)，往下是中学(包括中学预备班)。这一轨是专供上层人士、贵族阶层子女受教育的精英学校，它是由中世纪学校演变而来的，带有等级特权痕迹的学术性现代学校。而另一轨自下而上，其结构是以小学(后来是小学和初中)为基础，往上是职业学校。起初职业学校是直接与小学相连的，提供初等职业教育；后来，职业教育学校逐步与初中相连接，实施中等职业教育。这一轨是专门供劳动人民子女受教育的群众性现代学校体系(可以英国为例，具体如图 5-2 所示)。

这两轨间既不相通，也不相接，甚至最初都不是相互对应的。双轨学制中，一轨从中学开始，而另一轨最初只有小学，剥夺了在群众性学校上学的劳动人民子女深入中学和大学的权利。后来，群众性学校一轨从小学发展到中学，才有初中这一级相对应的部分。在中学层面一轨是文法中学(英国)、国立中学(法国)、文科中学(德国)；另一轨是现代中学(英国)、市立中学(法国)、初级中学(德国)。目前，随着教育水平的不断提高和民主制度的不断完善，双轨制正在进行革新和完善。

① 黄济，王策三．现代教育论[M]．北京：人民教育出版社，1996.03：269

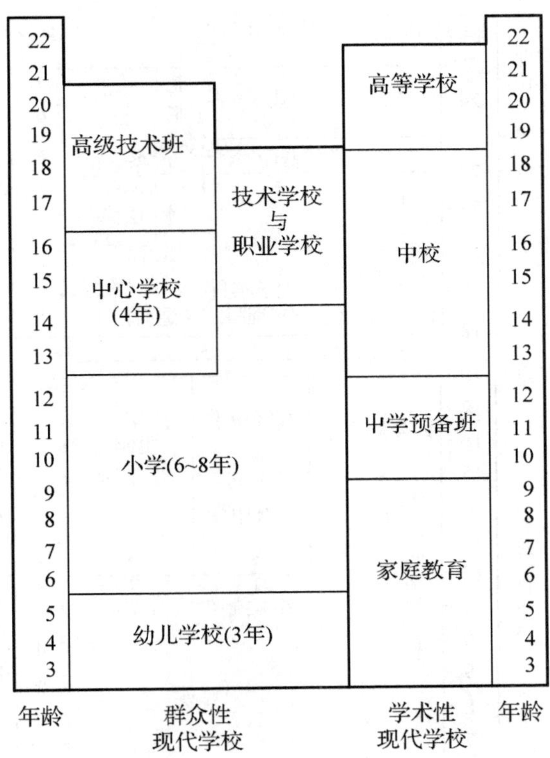

图 5-2　20 世纪初的英国学制图

(二)单轨学制

美国学制是典型的单轨学制。其自下而上的结构是：小学、中学、而后可以升入大学。(见图 5-3)。美国“单轨学制”特点是：“一个系列、多种分段”。即虽然只有一个结构系列，但却有多种修业年限分段制度，除常见的“六三三”制外，还有“五三四”制、“四四四”制、“八四”制、“六六”制等多种分段。

单轨制最早产生于美国，后被世界许多国家先后采纳①。单轨学制不但有利于过去初等教育的普及，而且也有利于后来初中教育的普及以及 20 世纪以来对高中教育的普及。实践证明，单轨学制对现代生产和现代科技的发展具有更大的适应能力。

①　王道俊，郭文安．教育学[M]．北京：人民教育出版社，2009.05：118.

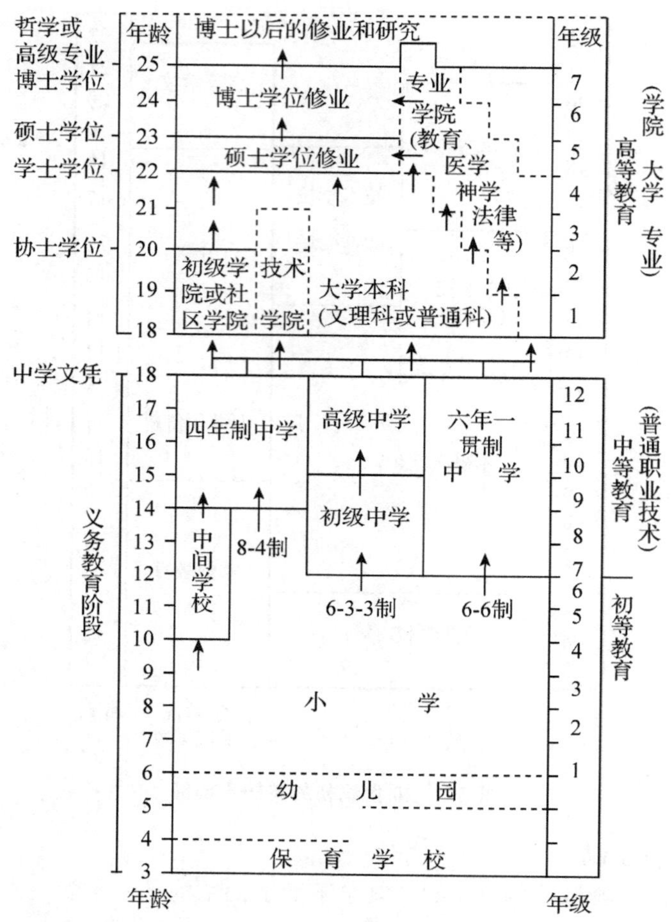

图 5-3　美国现行学制图

(三)分支学制

分支型学制是苏联形成的一种学制形式。在十月革命前帝俄时代实施的是传统的欧洲双轨学制。十月革命后，建立了单轨的社会主义统一学校系统，在其后的发展过程中，又部分恢复了帝俄时代文科中学的某些传统和职业学校单设的做法，由此就形成了既有单轨学制特点又有双轨学制某些因素的苏联型学制。苏联型学制不属于欧洲双轨学制①。因为它一开始并不分轨，而且职业学

① 牟艳杰．教育原理[M]．北京：化学工业出版社，2010.09：69.

校的毕业生也有权进入对口的高等学校学习。当然，它和美国的单轨学制也有区别。也就是说，苏联型学制前段(小学、初中阶段)是单轨，后段分叉，是介于双轨学制和单轨学制之间的分支型学制。苏联型学制的中学，上通(高等学校)下达(初等学校)，左(中等专业学校)右(中等职业技术学校)畅通，这是苏联型学制的优点和特点①，如图 5-4。

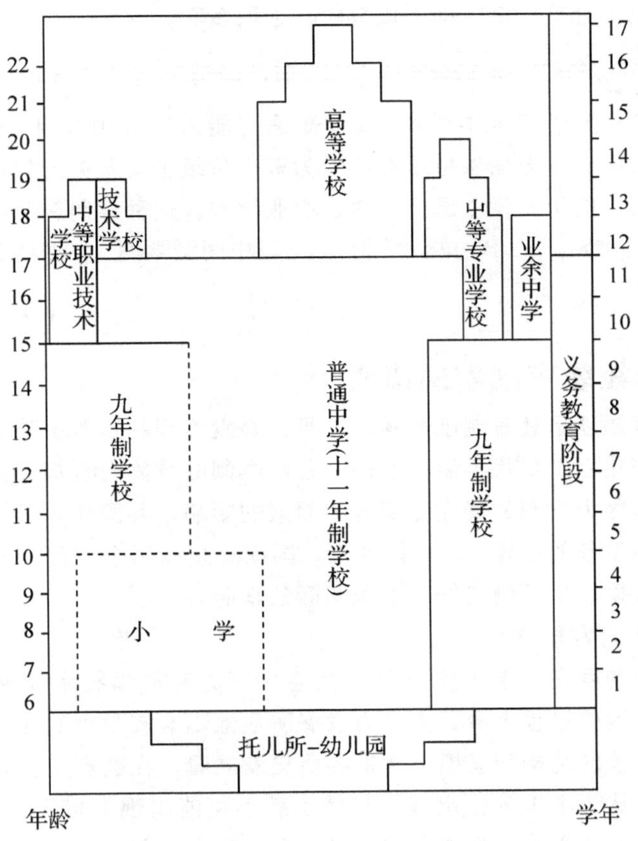

图 5-4　苏联 20 世纪八九十年代学制图

以上三种类型的学制，是在不同时间、地点的条件下形成起来的，他们的出现和发展，各有其深刻的历史原因。从人类社会历史发展的角度上看，三类学制的产生和发展是有一定的历史顺序的：从最初的双轨学制走向分支学制、

① 丁锦宏．教育学[M]．南京：南京大学出版社，2002.08：179.

再通过高中综合化向单轨学制的方向发展。美国最初曾采用过双轨制，但还没定型就被单轨学制取代，从而超越了分支型学制阶段。苏联在帝俄时期，采用的学制是双轨学制，十月革命后形成了分支学制，由于高中的普及和职业教育的后移趋势，苏联分支学制有又向单轨学制发展的倾向。西欧的双轨学制，则正在由低年级向高年级逐步并轨，小学和初中已基本并轨，这就西欧原先的双轨学制演变成了分支学制，即下段单轨，上段多轨。

经典考题

(2016年·上半年·中学段《教育知识与能力》)英国政府1870年颁布的《初等教育法》中，一方面保持原有的专为资产阶级子女服务的学校系统；另一方面为劳动人民的子女设立国民小学、职业学校。这种学制属于(　　)。

A. 双轨学制　　B. 单轨学制　　C. 中间型学制　　D. 分支型学制

【答案】A

三、学校教育制度的确立

学校教育制度是教育制度的核心，是社会发展到一定历史阶段的产物。当今世界各国都建立了现代学制。然而，各国学制的具体内容却存在着很大的差异。这主要是因为学制的确立受到各种因素的影响，各国现实国情不同决定了国家之间采用学制的差异①。具体说来，国家总是以四个方面的实际情况作为确立学制的依据，从而制定符合本国实际的学制②。

(一)生产力发展水平

学校教育制度在一定程度上是受社会生产力和科学技术发展水平所制约的。从历史发展的过程上看，生产力发展明显地影响着学生的修业年限、学生入学机会、学校的结构和规模。从世界历史发展看，在欧洲文艺复兴之前，自然学科还没有从哲学中分化出来，当然也就不可能出现如煤炭、电力、冶金、机械、航空等专业学校。到了资本主义社会，工人、劳动人民开始享有了一定的受教育权，他们的教育被纳入学校教育制度之中，这主要是由机器大生产的需要和它提供的可能性所决定的。生产力的发展还要求培养各种专门人才，在学校教育系统中就出现了各种专业学校。正如马克思所指出的那样，“工艺学

① 南京师范大学教育系．教育学[M]．北京：人民教育出版社，1984.08：510－513.

② 柳海民．现代教育原理[M]．北京：人民教育出版社，2006.04：385－387.

校和农业学校是这场变革过程在大工业基础上自然发展起来的一个要素。”①

此外，生产力发展水平对于学校的师资、设备和教材等因素具有重要的制约作用。通过这些因素，生产力发展水平又对学校教育制度的某些方面(如学习年限的长短等)产生一定的影响。一般说来，在具有较为优越的师资、设备和教材的条件下，学校学习的年限就可以相应地进行缩短。

(二)社会政治经济制度

现代学校教育与国家政权有着密切的联系，学校教育制度总是为一定的政治、经济制度所制约并为之服务的。不同的政治、经济制度决定了不同国家和不同历史时期学校教育制度的特色。

社会政治、经济制度划分了不同的社会阶级和等级，居于权力中心和具有经济优势的阶级和阶层能够消费到更多的教育，他们在入学、求学过程和进入社会的各个环节更比弱势群体更具有优势。因此，在奴隶社会和封建社会中，学校教育制度体现出明显的等级差别和阶级压迫。在古希腊所设立的各种文化学法、弦琴学校、体操或体育学校，都严格禁止奴隶入学。而在我国的汉代和唐代，由国家所设立的各级各类学校，在入学条件上也都做出了严格的等级上的规定。

与此同时，学校教育制度对各级各类学校进行规定的任务，也都体现了一定的政治需要。奴隶社会和封建社会的学校主要是为统治阶级培养各级从政的士大夫和一部分为他们服务的专门人才。在资本主义社会早期，资本主义国家实行的双轨制学制明显地歧视和限制了普通产业工人家庭子女的发展。我国作为社会主义国家，始终把“坚持社会主义的办学方向”作为学校教育明确的指导思想。

(三)教育对象的身心发展特点

不同的政治、经济制度和生产力发展水平决定着学制的变化，而教育对象本身的身心发展特点对于学制的决定作用则具有明显的恒定性。一个人从初生婴儿成长为成熟青年，经历了不同年龄的发展阶段。认知心理学的研究表明，人在5、6岁时，脑部的发育已经相当成熟，所以从这一年龄开始，儿童即可进行书本和文字等方面的学习。以后，随着脑组织结构的不断发展，脑的工作机能通过多种活动逐步地增强。6岁至16、17岁时，接受和储存知识的能力

① [德]马克思，[德]恩格斯．马克思恩格斯全集(第23卷)[M]．中共中央马克思恩格斯列宁斯大林著作编译局译，北京：人民出版社，1972.09：535.

非常强。16、17 岁以后，儿童开始全面成熟。另外，从人的生理发育和成长的自然规律来看，5、6 岁至16、17 岁，正是儿童接受和储存各种科学文化知识与全面接受教育的最佳时期。正是由于这一特点，很多国家的学制虽历经改革，体系繁杂，类型多样，但儿童的在学年龄大都固定在 5 岁至 18 岁之间，同时又都强调适应人的身心发展的阶段性，把学校教育划分为小学、中学、大学等阶段，中学大多又分为初中和高中两个阶段。这些事实都反映了学制必须适应受教育者身心发展规律的要求。

(四)历史经验的继承与发展

制度同一般的实践活动并不相同，它是在人们对实践活动的价值认识之后，对未来实践活动的走向所进行的建议或规定。因此，学制总是在不断地发展变化，总是在不断地完善，以适应社会社会发展变化的情况。但是，这种发展变化总是以一定的现实条件为基础，任何国家学制的发展和革新必须立足于本国的历史，不是对过去历史的全盘否定，而是在继承前人已取得的成果上取得新的发展。从中国历史看，中国近代基本上完全引进西方的现代学制，但是，新学制在很大程度上是建立在对旧学制的改造的基础之上的。在社会主义制度全面建立后，我们彻底抛弃了旧的政治和经济制度，但是，在学制方面，是在很大程度上继承、延续并发展了 1922 年所建立起来的“壬子癸丑学制”。

经典考题

(2015 年・上半年・中学段《教育知识与能力》)(简答题)一个国家学制建立的主要依据有哪些?

【答案要点】一个国家学制建立的主要依据有：(1)学校教育制度的建立，首先取决于社会生产力发展的水平和科学技术发展的状况；(2)学校教育制度的建立，受政治经济制度的制约，反映一个国家教育方针的要求；(3)学校教育制度的建立，还要考虑到人口状况；(4)要依据青少年儿童的年龄特征；(5)要吸取原有学制中的有用的部分，参照外国学制的经验。

第二节　我国现代学校教育制度沿革

学制是学校教育发展到一定历史阶段的产物，具有完整体系的学制是以现代学制出现为标志的。我国现代学制建立的时间比欧美现代学制建立更晚，直到清末才出现。清政府“废科举、兴学堂”的实施，标志着中国现代学制开启了不断改革的肇端。

一、旧中国的学制变革

第一次鸦片战争之后，中国开始沦为了半殖民地半封建社会。封建统治者感于旧的方法已经不足以维持其统治；加之，资本主义因素的生长又对教育事业提出了新的要求。于是，封建统治者为维护其统治，在教育方面进行了改革的探索。

(一)"壬寅学制"与"癸卯学制"

中国历史上，系统的现代学制始于1902年8月15日(光绪二十八年)，即壬寅年七月十二日。这一年，清政府公布了我国第一个学校系统文件《钦定学堂章程》，史称"壬寅学制"。它是中国制定的第一个近代学制，如图5-5所示。

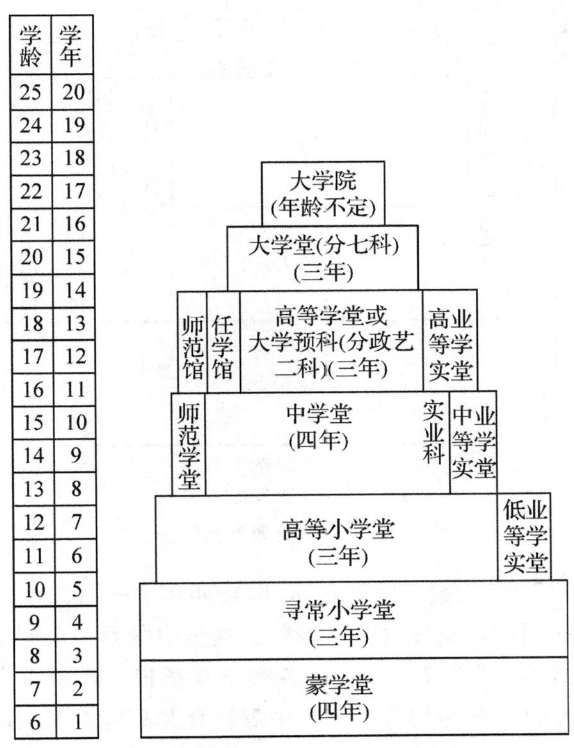

图5-5　"壬寅学制"

"壬寅学制"是清政府"变科举，兴学校"的"新政"重要内容之一。该学制系统，将学校教育分为七级，普通教育纵向结构是：蒙学堂(4年)，寻常小学堂

(3 年)，高等小学堂(3 年)，中学堂(4 年)，高等学堂或大学预科(3 年)，大学堂(3 年)，大学院无定期。儿童从蒙学堂到高等小学堂要用 10 年，到中学堂毕业要用 14 年，到大学毕业要用 20 年。这个学制由于各种原因，最终没有施行①。

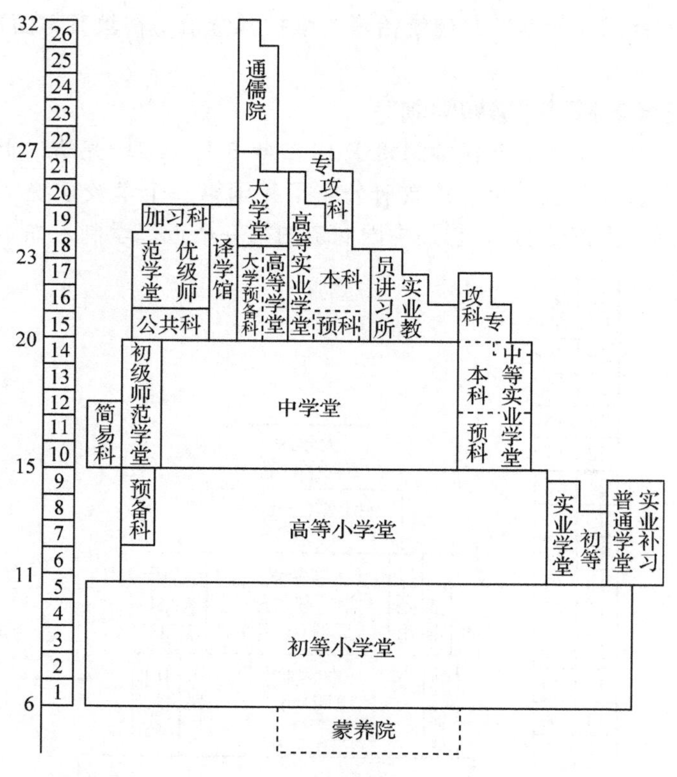

图 5-6 “癸卯学制”

1904 年 1 月 13 日(光绪二十九年)，即癸卯年十一月二十六日，清政府批准颁布《奏定学堂章程》，史称“癸卯学制”。这是中国第一个制定并实施的学制(见图 5-6)。“癸卯学制”不仅包括各级各类学堂章程，还附有学校管理法、教授法等。整个学制纵向分为初等教育、中等教育和高等教育三段七级。初等教育有蒙养院(4 年)、初等小学堂(5 年)、高等小学堂(4 年)；中等教育有中学

① 龚乃传．中国义务教育学制改革大思路[M]．北京：人民教育出版社，1995.09：37.

堂(5 年)；高等教育有高等学堂(3 年)、分科大学堂(3 年)、通儒院(5 年)。整个学制横向则分为三部分，包括普通学堂、师范教育、实业教育。此外，属于高等教育的还有译学馆、进士馆和仕学馆①。

(二)“壬子癸丑学制”

1912 年“中华民国”成立，孙中山任临时大总统并任蔡元培为教育总长。1912 年 7 月 10 日至 8 月 10 日(壬子年)，全国临时教育会议召开。会议邀请国内著名的教育专家开会讨论改革教育相关措施。同年 9 月，教育部向全国颁布了《学校系统令》，即为“壬子学制”。次年(癸丑年)，又陆续颁布各级各类学校令，补充《学校系统令》，补遗“壬子学制”，故合称“壬子癸丑学制”。壬子癸丑学制是中国近代第二部被正式实施的学制，这个学制自颁布起一直沿用到 1922 年新学制的产生②(如图 5-7 所示)。

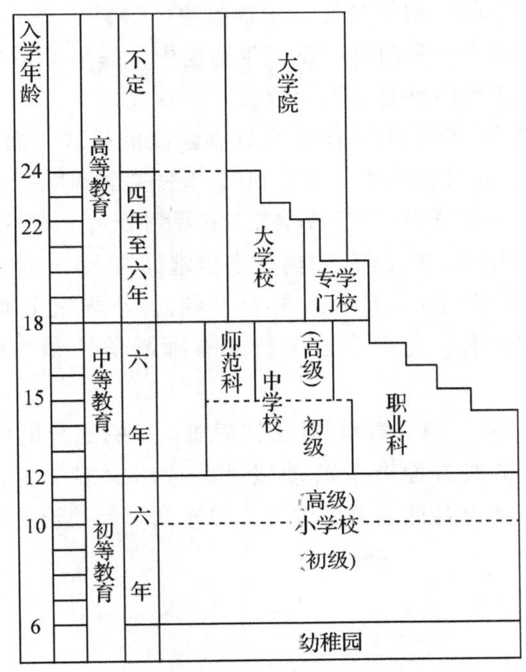

图 5-7　“壬子癸丑学制”

① 赵厚勰，陈竞蓉．中国教育史教程[M]．武汉：华中科技大学出版社，2012.07：138.

② 孙培青．中国教育史(第三版)[M]．上海：华东师范大学出版社，2009.06：364.

“壬子癸丑学制”主要划分为三段四级①。初等教育段，分初等小学校和高等小学校两级共7年。其中，初等小学校4年，为义务教育，法定入学年龄为6周岁；高等小学校为3年。中等教育段设中学校4年，不分级，但专为女子设立女子中学校。高等教育段不分级，设立大学。大学实际分为预科、本科、大学院三个层次。其中，预科3年，根据准备升入的本科科别分类入学；本科3年至4年，分文、理、法、商、医、农、工7科；本科之后设大学院，不定年限，招收各本科毕业生为大学院生。从进入初等小学校到大学本科毕业，总学制年限在17年至18年。这一学制带有资产阶级色彩，是我国历史上第一个具有资产阶级性质的现代学制。

(三)“壬戌学制”

1922年，是旧历壬戌年，故称为“壬戌学制”或1922年学制。壬戌学制将整个学制系统分为三段：初等教育、中等教育、高等教育。缩短了小学年限，设三年制初中，取消了大学预科，设三年制高中，提高了师范教育的水平，职业教育单列体系，课程的设置无男女校之别。

由于“壬戌学制”一反清末民初仿照日本学制的模式，而采用了美国的“六三三”的单轨形式，故又称“六三三学制”。“壬戌学制”一直沿用到1932年，1932年以后停止使用该学制。“壬戌学制”主要划分为3段5级②。从纵向看，小学(6年)，分初等小学堂(4年)和高等小学堂(2年)；中学(6年)，分初级中学(3年)和高级中学(3年)；大学(4年至6年)。小学之下有幼稚园，大学之上有大学院。从横向看，与中学校平行的有师范学校和职业学校，如图5-8所示。

与以往学制相比，“壬戌学制”既比较简明，又有充分的灵活性。因此，这个学制后来除了在某些方面有所改动以外，总体框架一直延续下来。所以，1922年“壬戌学制”的出台标志着中国近代以来的学制建设的基本完成③。

---

① 陈学恂．中国近代教育史教学参考资料(中册)[M]．北京：人民教育出版社，1987.03：178.

② 赵厚勰，陈竞蓉．中国教育史教程[M]．武汉：华中科技大学出版社，2012.07：143.

③ 赵厚勰，陈竞蓉．中国教育史教程[M]．武汉：华中科技大学出版社，2012.07：144.

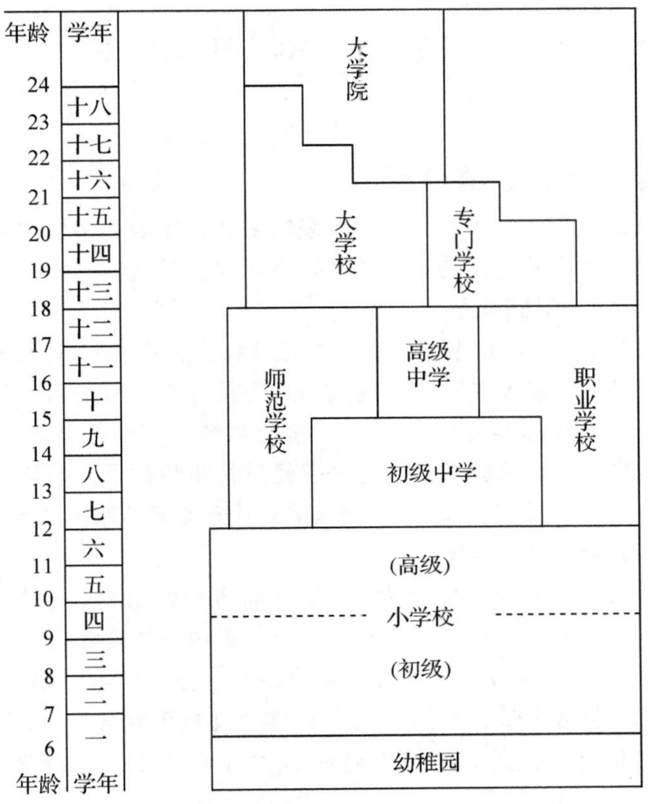

图 5-8　“壬戌学制”

经典考题

1.(2011 年・下半年・中学段《教育知识与能力》)1904 年，清政府颁布了由张之洞、张白熙、荣庆等人制定的《奏定学堂章程》。史称(　　)，这个学制体现的是张之洞“中学为体”“西学为用”的思想，吸收了日本明治维新时期的学制形式，也保留了一定的封建科举制度的残留。该学制的最大特点是修业年限长，从小学堂到大学堂需要 21 年，至通儒院要 26 年。这是我国正式实施的第一个学制。

A. 六三三制　　B. 五四学制　　C. 壬寅学制　　D. 癸卯学制

【答案】D

2.(2015 年・下半年・中学段《教育知识与能力》)在“中学为体，西学为用”的思想指导下，我国从清末开始试图建立现代学制，在颁布的诸多学制中，第一次正式实施的是(　　)。

A. 壬寅学制　　B. 癸卯学制　　C. 壬子癸丑学制　D. 壬戌学制

【答案】B

二、新中国的学制改革

新中国成立一直到今天，我国政府多次对教育体制和学校教育制度进行改革，取得了显著的成效，推动了我国教育事业向前发展。

(一)1951 年的学制改革

1949 年 10 月 1 日，新中国成立后，随着社会秩序的稳定和国民经济的恢复与发展，要求教育事业必须为我国政治、经济、文化发展服务①。学制改革势在必行，当时，我国实际上存在两个学校系统。一个是老解放区的学校系统；另一个是在新中国成立后接管过来并经过初步整顿了的旧学校系统。1951 年 10 月 1 日，中央人民政府政务院颁布了《关于改革学制的决定》，明确了中华人民共和国的新学制，如图 5-9 所示。

1951 年建立建立的新学制分为②：幼儿教育(幼儿园)；初等教育(包括实行五年一贯制的小学和工农速成初等学校、业余初等学校等)；中等教育(包括实行三三初高级分段制的中学、工农速成中学、业余中学、各类中等专业学校)；高等教育(包括大学、专门学院、专科学校和研究部)；以及各级政治学校和政治训练班等。此外，还设有各级各类补习学校、函授学校及聋、哑、盲、智障等特殊学校。

该学制具有以下特点③：

(1)学校教育面向工农，保证广大劳动人民及其子女有优先受教育的机会；

(2)体现了教育为生产年建设服务的方向，确定了各类技术学校和专门学校的地位，保证了各级各类人才的培养；

(3)重视在职干部的再教育工作，有利于广大在职干部文化教育水平的提高；

(4)体现了方针、任务的统一性与方法方式的灵活性相结合的精神，在全

① 陈凯丰．教育学教程[M]．北京：作家出版社，2003.08：126.

② [苏]巴拉诺夫等．教育学[M]．李子卓等译，北京：人民教育出版社，1983.05：522.

③ [苏]巴拉诺夫等．教育学[M]．李子卓等译，北京：人民教育出版社，1983.05：523.

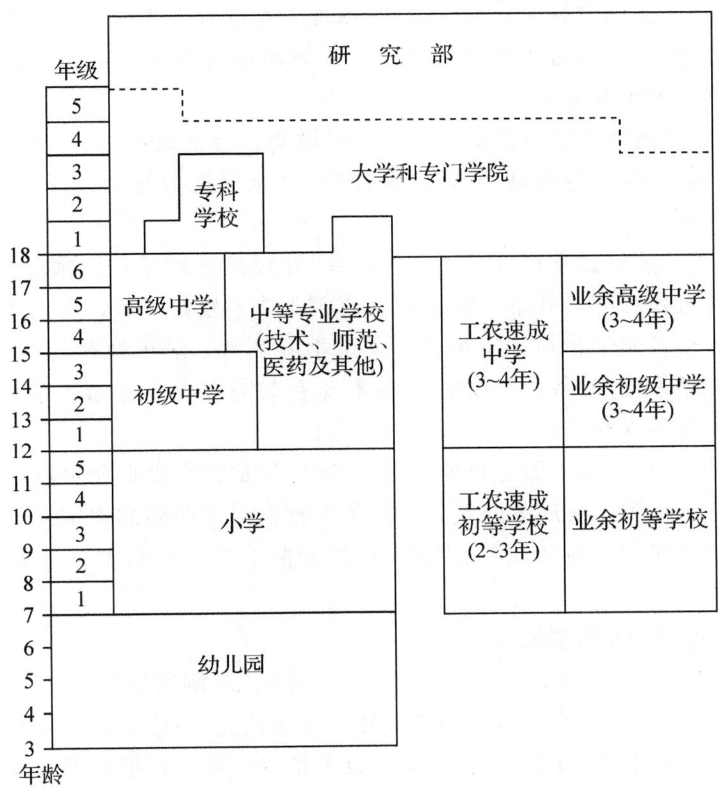

图 5-9 中华人民共和国 1951 年学制

国统一的学制体系下，允许地方根据不同特点制订各自的具体实施计划；

(5)充分体现了民族平等、男女平等的原则。

(二)1958 年的学制改革

1956 年年底，我国基本上完成了对国内农业、手工业和资本主义工商业的生产资料私有制的社会主义“三大改造”，开始进入社会主义建设的新时期。社会政治、经济制度发生深远变革的同时，要求教育制度进行与之相适应的变革。1958 年 9 月，中共中央、国务院发布了《关于教育工作的指示》(以下简称《指示》)。《指示》中指出：“现行的学制是需要积极地和妥当地加以改革的。”以此为根据，我国于 1958 年进行了学制改革。本次学制改革要点是①：

① 张忠华．教育学原理[M]．北京：世界图书北京出版公司，2012.09：225.

(1)提出了党的教育工作方针，即“教育为无产阶级政治服务，教育与生产劳动相结合”，使受教育者在德、智、体几方面都得到发展，成为有社会主义觉悟的有文化的劳动者；

(2)制定了发展教育事业的“三个结合”原则，分别是：“统一性与多样性相结合”的原则、“普及与提高相结合”的原则、“全面规划与地方分权相结合”的教育发展原则；

(3)提出了发展教育事业的“六个并举”方针，分别是：国家办学与厂矿、企业、农业合作社办学并举，普通教育与职业技术教育并举，成人教育与儿童教育并举，全日制学校与半工半读、业余学习并举，学校教育与自学(包括函授学校、广播学校)并举；免费教育与不免费教育并举，形成“两条腿走路”、多种形式办学并举格局；

(4)发展三类学校，即全日制学校、半工半读学校和业余学校，并对三类学校的任务、实施、发展方向及其相互关系都做出了明确的规定。

通过以上四个方面的改革，1958 年的学制改革，描绘了我国教育体系新的蓝图。

(三)1985 年的学制改革

1966 年 5 月，“文化大革命”开始，在“左倾”思潮的影响下，中央错误地提出“学制要缩短，教育要革命”的口号。中央决定，把初中、高中缩短成两年，还砍掉农业中学、职业技术学校、技工学校；同时，把高等教育年限缩短为 3 年，层次仅为本科 1 个。1978 年党的十一届三中全会胜利召开后，党和国家的各项工作开始走向正轨，但学制却未随之得到恢复和重构。直到 1985 年 5 月 27 日，中共中央做出了《关于教育体制改革的决定》，我国学制才得以进一步完善。此次学制改革措施有下述几个方面①：

(1)加强基础教育，有步骤地实施九年义务制教育；

(2)调整中等教育结构，大力发展职业技术教育；

(3)改革高等教育招生与分配制度，扩大高等学校办学的自主权；

(4)对学校教育实行分级管理。

三、我国现行学校教育系统

我国现行学制系统来源于 1995 年颁布的《中华人民共和国教育法》。该法第十七条规定：“国家实行学前教育、初等教育、中等教育、高等教育的学校

① 郭洋波，秦玉峰．教育学[M]. 北京：人民出版社，2013.07：103.

教育制度。”我国现行的学校教育系统从纵向上可划分为四个阶段：学前教育、初等教育、中等教育、高等教育。其中，初等教育阶段与初级中等教育阶段合称为义务教育阶段；学前教育、普通中小学教育合称基础教育，如图 5-10 所示。

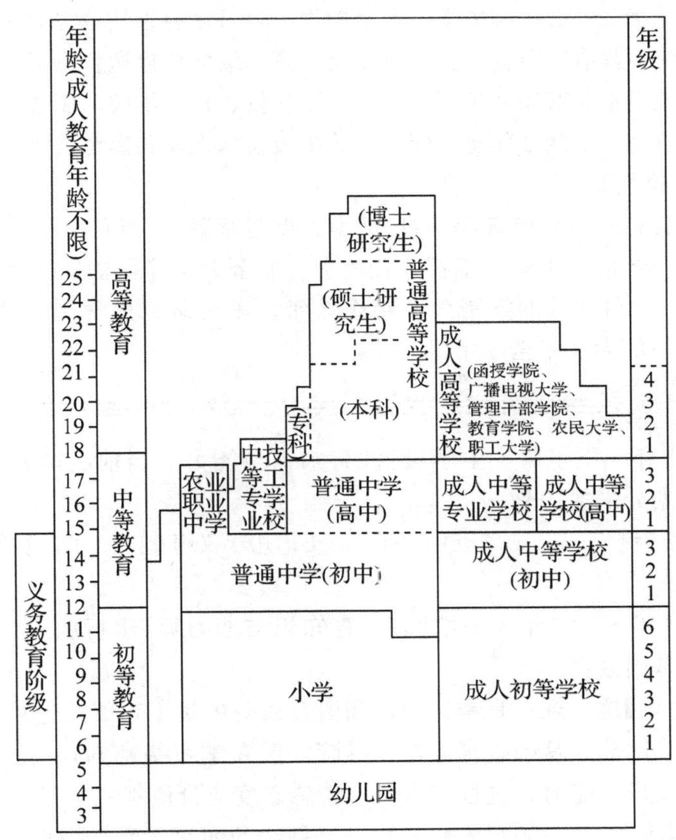

图 5-10　我国现行学制

(一)学前教育

学前教育主要指 3～6 岁幼儿的教育。学前教育的任务是：实行保育与教育相结合的原则，对幼儿实施体、智、德、美全面发展的教育，促进其身心和谐发展。

(二)初等教育

初等教育主要指全日制小学，招收六七岁儿童入学，学制通常为 6 年。小学教育是给儿童以“德、智、体、美、劳”等全面发展的重要的基础教育。相当于小学教育程度的还有成人业余初等教育。

(三)中等教育

中等教育包括全日制普通中学、中等专业学校、职业学校、技工学校、农业中学及其他半工(农)半读中学、业余中学。全日制普通中学学制一般为初中3年，高中3年，具有双重任务：一方面要为高一级学校输送合格新生；另一方面又要为国家建设培养劳动后备军。中等专业学校、技工学校、职业技术学校一般招收初中毕业生，学制3年至4年，培养中级技术人才和熟练技术工人。

(四)高等教育

高等教育包括全日制高等学校(大学、专门学院)、专科学校、研究生院和各种形式的广播电视大学、函授刊授大学、业余大学等。全日制大学的学制为4年至5年，专科学校的学制为2年至3年。硕士研究生学制为2年至3年，博士生学制一般为3年至6年。

经典考题

1.(2012年·下半年·中学段《教育知识与能力》)当前我国九年制义务教育学制年限划分采取的是(　　)。

A.“六三”制　　B.“五四”制　　C. 九年义务制　　D. 多种形式并存

【答案】A

2.(2014年·下半年·中学段《教育知识与能力》)(辨析题)目前我国普通高中不属于基础教育。

【答案要点】这一观点是错误的。我国普通高中属于基础教育并且是基础教育的重要组成部分。基础教育重在“基础”，重在学习基础知识(这里指广义的知识，包括知识与能力、过程与方法、情感态度与价值观三个目标领域)，“基础知识”的本质在于“一是它的普遍性，二是它的实用性”。基础教育阶段不是培养专业人才，而是为培养专业人才打基础。

四、当前我国学制改革的主要内容

教育结构必须适应经济结构的发展，以利于经济和社会发展的需要。要使整个教育结构要与整个经济结构的相适应，重点要求在宏观层面对学制进行不断修正和调整。当前我国学制改革的主要内容，主要涵盖五个方面，具体如下①。

(一)重视学前教育，重点发展农村学前教育

重视学前教育，普及学前教育。学前教育对幼儿身心健康、习惯养成、智力发展具有重要意义。遵循幼儿身心发展规律，坚持科学保教方法，保障幼儿快乐健康成长。国家提出，要积极发展学前教育，到2020年，普及学前一年教育，基本普及学前两年教育，有条件的地区普及学前三年教育。重视出生至3岁婴幼儿教育。在此过程中，重点发展农村学前教育，努力提高农村学前教育普及程度，着力保证留守儿童入园。采取多种形式扩大农村学前教育资源，改扩建、新建幼儿园，充分利用中小学布局调整富余的校舍和教师举办幼儿园(班)。发挥乡镇中心幼儿园对村幼儿园的示范指导作用。支持贫困地区发展学前教育。

(二)落实义务教育，重点推进义务教育均衡发展

基础教育是提高全民族素质的基础，是实现社会主义现代化建设的智力起点。其中，义务教育更是重中之重。义务教育是指依据法律规定，适龄儿童和青少年都必须接受，国家、社会、家庭必须予以保证的国民教育。义务教育具有强制性、免费性和普及性是的三个基本性质②。1986年4月12日，第六届全国人民代表大会第四次会议表决通过《中华人民共和国义务教育法》，该法规定：国家实行九年制义务教育。该法于同年7月1日起正式施行，该法的施行标志着中国已确立了义务教育制度。2006年6月29日，在我国已经基本普及九年义务教育的基础上，第十届全国人民代表大会常务委员会第二十二次会议再次修订通过《中华人民共和国义务教育法》(以下简称新《义务教育法》)，对我国义务教育制度进行了重新思考和定位。

目前，要加强基础教育，落实义务教育应将改革着眼于：(1)完善农村义务教育管理体制，使各级政府承担起发展义务教育的责任，尽快确立和实行在国务院领导下的“政府负责、分级管理、以县为主”的管理体制；(2)建立健全经费投入机制，为农村义务教育的发展提供可靠的物质保障；(3)因地制宜地调整农村中小学布局，促进教育资源的优化配置；(4)加大教育对口支援力度，促进贫困地区和少数民族地区义务教育的发展；(5)逐步统一中小学学制，推动农村义务教育的规范化发展；(6)坚持农科教相结合和基础教育、职业教育、

---

① 张军，王茂，关一航．教育理论[M]．北京：中央民族大学出版社，2005.10：62—63.

② 朱家存，王守恒，周兴国．教育学[M]．北京：高等教育出版社，2010.12：34.

成人教育的“三教统筹”，促进农村经济和社会发展。

(三)调整中等教育结构，发展中等职业教育

中等教育结构是教育结构与经济结构相互配合的中心环节，要通过对中等教育结构的调节，实现教育结构与经济结构的相适应。普通中学的结构调整，尤其是普通高中的结构调整，注意按四种模式进行规划：有基础有条件的学校可以办成以升学预备教育为主的学校，大部分普通高中通过分流办成兼有升学预备教育和就业预备教育的学校，少部分学校办成以就业预备教育为主的学校，还可以举办少量特色学校。

其实，调整中等教育结构，就是要努力实现普通教育的职业化和职业教育普通化。其中，所谓普通教育的职业化，就是要求在进行普通教育的学校里加强职业教育，但这种职业教育并不是以往那种按工种进行的职业教育，而是在加强普通教育的同时加强职业基础教育。所谓职业教育的普通化，就是要求职业技术教育从狭窄的过于专业化的职业预备教育，转变为广泛的、基础性的、能够灵活运用的职业教育。因此，它不是在以往的职业教育中增加普通教育内容，而是要加强现代科学文化教育，使职业教育建立在宽厚的普通教育基础之上。

(四)稳步发展高等教育，实现高等教育内涵发展

为了使高等院校具有主动适应今后社会主义现代化建设的需要，在今后一段时间内，高等教育改革重在扩大规模，优化结构，提高质量，实现高等教育内涵发展。高等教育的结构调整，主要集中在三个方面：一是扩大高等教育规模，实现高等教育的大众化。按通行说法，一国高校入学率，即在校大学生人数占同龄人的比例在15%以下为精英教育，15%～50%为大众化教育，50%以上可算是达到普及。目前，西方发达国家的高等教育达到大众化，正在向普及化发展，有的国家，比如美国，甚至已经进入了高等教育普及化阶段。而大多数发展中国家正在为高等教育的大众化而努力。我国从20世纪90年代后期开始，进入了高等教育大众化的“快车道”。二是层次结构的调整，即在发展本科教育的同时，大力发展地区性专科教育，扩大研究生培养数量，同时明确各类学校的分工，保证不同层次人才的培养规格、质量和特色。三是科类结构的调整，即调整各类专业人才的培养比例，稳定基础学科的规模，注重发展新兴学科和边缘学科，重点发展应用学科，大力推进“双一流”建设。

(五)重视成人教育，发展终身教育

1965年，法国教育理论家保罗·郎格朗在国际成人会议上首先提出终身教育的概念，认为“教育并非终止于儿童和青年期，它应当伴随人的一生而持续地进行。教育应当借助这种方式，满足个人及社会的永恒要求”。① 终身教育的内涵非常丰富，它建立在民主化、普及化的教育理念上，具有整体性、综合性、开放性、多样性和生活化等特征：(1)整体性，终身教育是持续的，它包括各种年龄阶段，贯穿人一生的整个过程；(2)开放性，终身教育包括各种形式的教育，它谋求正规教育与非正规教育、学校教育与社会教育等各种教育之间的联系和统一，把一切具有教育功能的机构都连接起来；(3)多样性，终身教育面向全体人民，以全民为对象，向每个人提供学习和丰富知识的可能性；(4)生活化，终身教育要对人们授予多面性的教育，它包括专业性的教育，也包括社会的、文化的、生活的等各方面的教育。

总之，终身教育是一种大教育观，是改革现有教育机构的原则，其目标是组织一个提供终身学习的完善体系，提高人的素质和生活质量，促进社会的发展。要建立健全成人教育体系，实现教育向终身化发展的趋势，须着眼于以下改革：(1)学历教育与非学历教育要结合起来；(2)发展规模与提高质量要结合起来；(3)提高中间与扩展两头结合。所谓“提高中间”是指提高专科和本科层次的教育质量和办学效益；“扩展两头”是指一头向初等、中等职业技术教育延伸，一头向研究生层次延伸。

经典考题

1.(2012 年·上半年·中学段《教育知识与能力》)我国 2006 年修订后颁布的《义务教育法》规定，义务教育实行国务院领导，省、自治区、直辖市人民政府统筹规划实施，由(　　)。

A. 地市级人民政府为主管理的体制　　B. 县级人民政府为主管理的体制

C. 乡级人民政府为主管理的体制　　D. 镇级人民政府为主管理的体制

【答案】B

2.(2014 年·上半年·中学段《教育知识与能力》)在学校教育制度的发展变革中，义务教育制度产生于(　　)

A. 原始社会　　B. 奴隶社会　　C. 封建社会　　D. 资本主义社会

【答案】D

① [日]筑波大学教育学研究会．现代教育基础[M]．钟启泉译，上海：上海教育出版社．1986.06：367.

本章知识结构

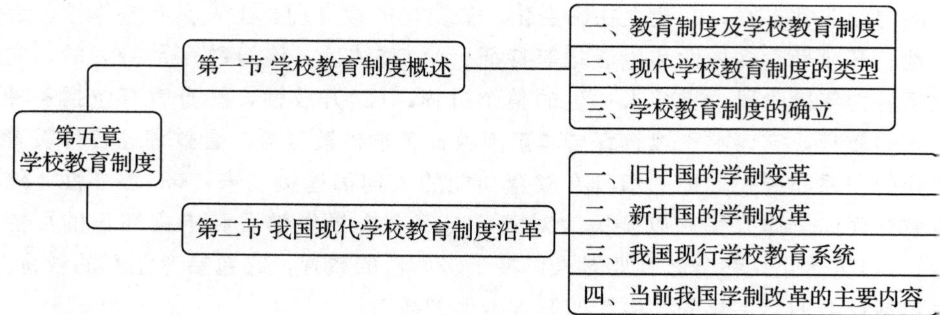
第五章
学校教育制度
第一节 学校教育制度概述
一、教育制度及学校教育制度
二、现代学校教育制度的类型
三、学校教育制度的确立
第二节 我国现代学校教育制度沿革
一、旧中国的学制变革
二、新中国的学制改革
三、我国现行学校教育系统
四、当前我国学制改革的主要内容

第六章　教师与学生

本章要点

通过本章学习，我们将：

1. 理解教师、学生、师生关系的含义；
2. 了解教师劳动的特点，教师的权利与义务，教师专业发展及其路径；
3. 了解学生的特点，权利和义务；
4. 运用师生关系理论，初步学会如何建构良好的师生关系。

核心概念：教师　学生　师生关系

[导学]师生关系要“进”不要“禁”

9月25日，中国地质大学江城学院公布了一道“禁令”：严禁老师和学生一同吃饭唱歌、出入KTV夜总会等，违反规定轻则通报批评，严重者或被开除。据了解，许多学生为了能和老师拉近关系，往往会采取请吃饭、请唱歌等“交际方式”。(9月26日《武汉晚报》)

禁令一出引来议论纷纷，有人支持也有人不理解。而笔者认为，学校设立这道异常严格的“禁令”初衷是为了加强对教师师德的管理，推动形成一种正常、健康的师生关系，并在不合理的交际关系之间建立一道防火墙。但是，这条“禁令”真的能起作用吗，“禁令”内容又合情合理吗?

首先，如果学生请教师玩乐的目的真是为了与之拉近关系从而谋取私利的话，那么他完全可以有多种办法来规避“禁区”。比如，不吃饭、不唱歌，那么可以一起组织郊游、运动等。这一具有特定范围的禁令往往就会如同禁止官员吃燕鲍翅之规定有着类似的情况，即使执行了也只能治单独的标而无法治全部的本，因为相关人员总是可以想出各种打擦边球的方式来对禁令予以合理规避。到时候，难道学校得一直不断地完善禁令内容？还是索性就规定师生间不能有任何课堂以外的接触？另外，学校能有什么方法确保禁令得以实行呢？莫不是要广泛地建立小眼线、小探子来打小报告和揭发？显然，“禁令”的实施是缺乏可操作性的。

其次，师生间建立学业以外的正常感情并无不妥。早些年，读大学时，不少学生往往会觉得不管是上课教师还是辅导员都与自己非常遥远、鲜有交流，甚至四年下来一些老师都完全不认识自己，与辅导员也甚少接触。这种现象其实是非常不正常的。所以现在的大学生有这种想与教师拉近距离、加强沟通的理念，我们应该鼓励而不是禁止。

笔者认为，基于个人之间的合理情感交流，只要是在遵守道德和法律底线的情况下，都应该给予充分的自由，这是对个体情感需求的起码尊重。对大学生来说，在学校期间除了学习专业知识外，另外一项非常重要的、影响深远的隐性课程就是培养自己的社会性和社会交往能力，这种能力包括与同学的交往能力，同时更应包括与教师、辅导员等师长的交往能力。因为从小到大，学生们大多数接触的都是同龄人，而中、小学时期的教师又往往不可能成为学生平等交往的对象，但大学毕业踏入社会后又需要突然之间接触到大量的非同辈群体，这就需要学生在大学里就开始培养这种交往意识和能力。否则，进入工作岗位后，他们就会非常难适应、难融入新的环境。

所以，“师生禁令”可能最终只会成为无法落实而又缺乏实际震慑作用的纸上谈兵。与其如此，倒不如没有这项规定。

资料来源：《西安日报》 2012-09-27

第一节 教师

“国将兴，必贵师而重傅，国将衰，必贱师而轻傅。”(《荀子·大略》)。《国家中长期教育改革和发展规划纲要(2010—2020年)》指出：“教育大计，教师为本；有好的教师，才有好的教育。”因此，自从人类有了教育，人们就不断地思考教师的素质、地位、职业特点等，以确保教育质量不断提升。了解和研究教师，不仅是教育学的一项重要内容，更是确保教育有效运行的重要环节。

一、教师概述

教师是决定教育质量的关键。历史上，曾经一度“德高为师”或“学高为师”。然而，“德高者”或“学高者”虽然对他人有着重要影响，但他们没有为师之自觉。本章中的教师是指教师作为一种专门职业以后，专门从事培养人的专职工作者。

(一)教师的概念

“教师”是人们非常熟悉的一个概念，但对它的理解和定义却存在着歧义。在我国古代，人们对教师有着比较丰富的理解。如《周礼·地官司徒序》中记载：“教人以道者之称也。”韩愈曰：“师者，所以传道、授业、解惑也。”到了近代，人们对教师的认识更为全面和深刻。英国哲学家培根曾经把教师称为：“知识种子的传播者、文明之树的培育者、人类灵魂的设计者。”苏联教育家加里宁则认为：“教师这个词有两层含义，按狭义解释，教师是专门学科的讲授者；按广义解释，教师是有威望的、明智的、对人们有巨大影响的人。”当然，以上关于教师的界定更多是从教师的功能和地位方面解读，而鲜有对教师的内涵进行科学界定。

那么，何为教师呢？综合历史上诸多学者对教师的理解，本书认为：教师是在学校里利用自己的知识、智慧和思想品德去影响青年一代，并把他们培养成一定社会所需要的人的专业人员。要理解教师的概念，必须弄清三个关键词。首先，教师是专业人员；其次，教师的工作手段是教书育人；最后，教师的工作场所在学校。

1. 教师是专业人员

职业是社会分工的产物，是依据人们参与社会劳动的性质、内容、形式等标准划分的社会劳动群体。社会学者根据职业的本质特征，将职业划分为专门职业和普通职业。其中，专门职业具有三个基本特征：一是从业者需要具有专门技术和特殊智力，入职前必须接受过专门的教育；二是从业者提供的是专门的社会服务，应具有较高职业道德和社会责任感；三是从业者拥有专业性自主权或控制权。根据上述标准，教师职业显然应该是一种专门职业，需要经过专门的职业培训方可从业。20 世纪 60 年代，联合国教科文组织就提出教师应该是一种专门职业，从此拉开教师专业发展序幕。我国的教师专业化起步相对较晚，直到 1993 年《中华人民共和国教师法》的颁布，教师的专业性才在法律上得到认可。《中华人民共和国教师法》明文规定，教师是“履行教育教学职责的专业人员。承担教书育人，培养社会主义事业建设者和接班人、提高民族素质的使命。”目前，教师的专业身份已成共识。

2. 教师是以教书育人为职责

教师职业区别于其他职业的根本特征在于，教师不仅是劳动的主体，还是劳动的手段，用自己的知识、智慧和思想品德去影响青年一代，并把他们培养成一定社会所需要的人。在此过程中，教师不仅要教书，还要育人。一方面，教师通过各学科的教学活动，向学生传授系统的科学知识，发展学生智力和能力；另一方面，教育还要积极引导学生树立正确的人生观、世界观，指导学生主动地学习，营造良好环境以促使学生高效、健康地成长。正如苏联教育家加里宁所言，教师是“人类灵魂的工程师”。① 总之，正如《荀子》曰：“师者，教人以事，而喻诸德者也。”“教书”与“育人”是教师工作的两个方面，反映了教师职业的本质属性。

3. 教师的职业场所在学校

任何一个职业都有其相应的职业场所，教师的职业场所就是学校。在学校没有出现之前，教育活动主要在生产或生活之中进行。那时，承担教育任务的主要是年长者，并非现代意义上的教师。继后，随着人类历史发展，学校开始出现。学校的诞生为教师职业奠定基础。然而，学校出现以后的很长一段时期内，教师并不具有独立的职业身份。他们所承担的教育任务往往与他们所从事的直接生产劳动、政治活动或宗教活动紧密联系在一起。如，我国整个奴隶社会时期主要“以吏为师”，西欧整个中世纪主要是“牧师为师”。可以说，这个时期的教育者主要是“教书育人”的兼职人员。直到工业革命以后，社会的受教育需求大增，故需要大量的教师，加之教育内容复杂化，因而出现了大批以“教书育人”为谋生手段的专职教师。至此，教师职业才正式诞生。教师职业从诞生之日起，其职业场所就在学校。因此，教师就是在学校里进行有目的、有计划的教育教学工作的专门工作人员。

(二)教师的劳动特点

教师的劳动是一个复杂的脑力劳动，既不同于一般的物质生产，也不同于单纯的精神生产。教师的劳动是与劳动对象密切联系在一起的。同时，教师作为劳动的施行者，又与劳动手段融为一体。因此，教师劳动必然具备有别于其他职业的特点，这些特点具体表现为以下四个方面。

1. 复杂性

教师劳动的复杂性主要体现在劳动目的、劳动对象、劳动方式的复杂性三个方面。

首先，从劳动目的上看，教师培养人是全方位的。教师不仅要向学生传授知识和技能，而且，还要注重他们良好思想品德的形成，促进学生全面发展。这个工作相对其他职业而言，其复杂程度高。

---

① [苏]加里宁．论共产主义教育[M]．北京：中国青年出版社，1950.09：189.

其次，从劳动对象上看，教师的劳动对象十分复杂。教师工作过程中，面对的是来自四面八方、千家万户、有着不同的智力和体能、有着不同的个性和风格、接受了不同教育和影响的未成年人。这些学生是千差万别的社会个体，每位学生都是一个“独特的世界”。这就要求教师在教育教学过程中必须尽可能地做到因材施教，其复杂程度可想而知。

最后，从教育方式上看，教师不仅要做好自己的教育教学工作，而且，还要主动与家长和社会沟通，将学校、家庭、社会等三方面的教育影响协调整合，形成合力作用于学生。此项工作可谓复杂至极。

2. 示范性

教师劳动的示范性，主要表现为教师在教育教学过程中用自己的思想、学识、言谈举止、为人处世等方面的表现直接影响学生。教师劳动的示范性主要源于以下几个方面。

首先，教师的职业本质决定了教师劳动的示范性。教师职业的本质属性是育人。孔子提出了“以身作则”的教育原则，指出“其身正，不令而行；其身不正，虽令不从。”①所以，作为教师，应该是“育人先正己、育人先育己”。

其次，学生存在“向师性”心理，决定了教师劳动的示范性。“向师性”是指，凡做学生的，大抵都具有尊崇教师、乐于接受教师教诲和指导的心理倾向。由于学生普遍存在的“向师性”，学生他们愿意相信和模仿教师。所以，教师的一言一行都可能会影响学生。因此，教师的言行举止必须为学生提供示范。

最后，教师的劳动手段决定了教师劳动的示范性。教师本人既是劳动者，又是劳动的手段。教师自身的思想、品德、情感、意志、知识、技能等方面的因素，都对教育教学工作产生重要的影响。

3. 创造性

教师的劳动具有高度的创造性，需要教师针对不同的学生和不同的教育情况，机智灵活地运用教育规律，达到最优的教育效果②。教师劳动的创造性主要表现在以下三个方面。

首先，教师劳动的创造性表现在因材施教上。教师的劳动对象是一个个活生生的人，他们有着不同的兴趣、爱好、气质、性格和现实的教育基础。教师

---

① 孙立权．论语注译[M]．长春：吉林文史出版社，2011.10：164.

② 柳海民．教育学[M]．北京：中央广播电视大学出版社，2011.08：286.

必须针对每位学生的特点提出不同的要求，通过不尽相同的方法、途径，确保每位学生不断发展，使其成为具有丰满个性的社会人。

其次，教师劳动的创造性还表现在对教育内容、方法和手段等的不断创新上。随着社会的发展和学生的成长，教师要立足现实，不断选取最适合学生的教育内容，不断发现和创造性地运用有效的教育方法和手段来教育学生。

最后，教师劳动的创造性突出表现在教育教学机智上。在教育教学过程中，不断出现事先难以预料的事情，这就要求教师必须随机应变，机智地处理各种突发状况，化各种不利为有利。

4. 长期性(迟效性)

“十年树木，百年树人。”人的成长是一个长期的过程。通常情况下，个体的成长周期大致需要 20 年。同时，个体的道德观念和行为习惯的养成也不是一蹴而就的过程。教师劳动是物化在学生身上的潜在形式的劳动能力。这种劳动能力，一是需要教师的长期培养；二是需要较长时间才能显现。因此，教师的教育影响是伴随着学生一生的。教师对学生的直接教育时间或许并不长，但其对学生产生的影响则可能是终生的。从这一点上看，评价教师劳动的价值不能短视，更不能急功近利。评价教师劳动的价值，更应从长远观点出发，从国民素质提升和国家繁荣昌盛的战略高度，审视教师劳动的价值。

经典考题

(2013 年 · 下半年 · 中学段《教育知识与能力》)“十年树木，百年树人”隐喻了教师劳动具有(　　)。

A. 连续性　　B. 长期性　　C. 创造性　　D. 示范性

【答案】B

(三)教师的权利与义务

1. 教师的权利

教师的权利是指教师依法享有的某种权能和利益，表现为教师作为权利享有者能够做出或不做出一定的行为，或要求他人做出或不做出一定行为的资格①。

教师的权利其实是一种可能性。这种可能性是教师在履行教师职务过程

① 杨颖秀．教育法学(第二版)[M]．北京：中央广播电视大学出版社，2007.07：147.

中，依照法律的规定或者合同的待定，根据自己的意愿实现自己某种利益的可能性。同时，这种可能性主要表现为教师作为权利主体，有权为一定行为或者不为一定行为，以及要求他人为一定行为或不为一定行为的可能性。

依照《中华人民共和国教育法》和《中华人民共和国教师法》等法律，我国教师现阶段主要拥有六项权利，分述如下。

(1)进行教育教学活动的权利

《中华人民共和国教师法》第二章第七条第一款规定：教师具有“进行教育教学活动，开展教育教学改革和实验”的权利。教书育人是一名教师最基本的权利和职责①。“教书育人”不是孤立的单一项目，而是一项十分复杂的系统工程，包括：教学目标与教学内容采撷、教材教法与专业创新、政治思想与道德教育、考试测验与能力评价活动等②。

(2)从事科学研究与学术交流的权利

从事科学研究与学术交流的权利，也称“学术研究权”。这是教师作为专业技术人员应当享有的一项基本权利③。《中华人民共和国教师法》第七条第二款规定：教师享有“从事科学研究、学术交流，参加专业的学术团体，在学术活动中充分发表意见”的权利。教师的学术研究权，主要体现为两个方面：一是教师在完成规定的教育教学任务的前提下，有权开展科学研究、技术开发和论文撰写等创造性活动；二是教师有权参加有关的学术团体和学术交流活动。学校必须在保障教师工作的同时，协助教师行使从事科学研究和学术交流的权利，尤其是应加大对教师科研工作的资金支持，鼓励教师参加各类高层次的学术交流活动。

(3)指导学生和评定学生的权利

教育是一种有目的、有计划地培养受教育者的活动，受教育者的学习活动必须根据培养目标的要求，在教师指导下，依据一定教学计划进行。因此，学生的学习活动是在教师指导下进行的，教师在学生的学习过程中起着极其重要的作用。通过教师对学生学习和发展的指导，可以使学生的学习避免反复探索的曲折道路，确保学生在较短的时间内取得更有效的学习成果。

另外，教师作为教学活动的主体，还有权对学生的品行和学习做出评

---

① 杜晓利．教师政策[M]. 上海：上海教育出版社，2012.01：79.

② 黄欣．教育法学[M]. 上海：上海教育出版社，2011.08：28.

③ 杨颖秀．教育法学[M]. 北京：中央广播电视大学出版社，2004.01：149.

价①。《中华人民共和国教师法》第七条第三款规定：教师享有“指导学生的学习和发展，评定学生的品行和学业成绩”的权利。当然，教师在评定学生的品行和学业时，必须做到客观公正，不能主观臆断、片面偏颇，更不能做出侵犯学生的合法权益的行为。教育行政部门、学校、学生以及家长应充分尊重教师，保障教师在指导学生和评定学生方面的权利得到全面执行。

(4)按时获取报酬的权利

报酬待遇权，是教师应当享有的一项维持自身和家庭生存和发展的基本的物质权益。《中华人民共和国教师法》第七条第四款规定：教师享有“按时获取工资报酬，享受国家规定的福利待遇以及寒暑假期带薪休假”的权利。这项权利的主要内容涉及两个方面：一方面，是教师有权要求所在学校及其主管部门，根据国家法律及教师聘用合同的规定，按时足额地支付工资报酬；另一方面，是教师有权享受国家规定的医疗、住房、退休等各种福利待遇和优惠，以及寒暑假期的带薪休假权利②。

(5)对学校教学管理提出意见和建议的权利

教师是工作在教学第一线的专业人员，有些教师还是某一领域的专家。他们对学校状况比较了解，又有管理学校的动力。如果这部分人才在教学管理决策中不予考虑，则学校管理层的决策的合理性和合法性在某种程度上就不完备，甚至做出的各种决定是毫无基础的。

《中华人民共和国教师法》第七条第五款规定：教师享有“对学校教育教学、管理工作和教育行政部门工作提出意见和建议，通过教职工代表大会或其他形式参与学校的民主管理”的权利。这项权利的主要内容包括两点：首先，教师享有对学校及其他教育行政部门工作的批评权和建议权③。有权通过教职工代表大会、工会等组织形式及其他适当方式，参与学校的民主管理，讨论学校发展与改革等方面的重大问题。其次，教师有权引导学生培养民主与法制意识，促进我国社会主义民主与法制建设等权利。

(6)参加进修和培训的权利

进修培训是教师不断接受教育，获得自我充实和提高的基本手段。因此，

---

① 郑良信．教育法学通论(修订版)[M]．南宁：广西教育出版社，2005.04：174.

② 喻长志．教育法律基础[M]．合肥：安徽大学出版社，2012.01：99.

③ 陈立鹏，刘新丽．中国教育法律解读[M]．北京：机械工业出版社，2002.08：76.

进修培训权是教师的又一项基本权利①。《中华人民共和国教师法》第七条第六款规定：教师享有"参加进修或者其他方式的培训"的权利。

这项权利主要内容包括：首先，教师有权参加进修和接受其他多种形式的培训，以提高自己的思想品德和业务素质，从而保障教育教学的质量；其次，教师有权参加达到法定学历标准和达到高一级学历水平的进修或以拓宽知识为主的继续教育培训的权利。

2. 教师的义务

教师的义务是相对教师的权利而言。没有教师的权利，就无所谓教师的义务。教师的义务，是指依照法律，规定教师从事教育教学工作时必须履行的责任。即教师从事教育事业必须做出一定行为或不得做出一定行为的约束。教师的义务主要包括以下六个方面，分述如下。

(1)遵守宪法、法律和职业道德规范，为人师表

宪法和法律是国家、社会组织和公民活动的基本行为准则。任何组织和公民都必须遵守宪法和法律的各项规定。教师以"教书育人"为天职，就更应该模范地遵守宪法和法律，而且要在教育教学工作中，自觉地培养学生的法制观念和民主精神②。同时，教师职业是一种专门化的职业，有着自身的职业道德准则，教师应当自觉遵守职业道德，做到爱国守法、爱岗敬业、关爱学生、教书育人、为人师表、终身学习。《中小学教师职业道德规范(2008年修订)》明确规定了中小学教师应当遵守的职业道德准则，中小学教师应恪守《职业道德规范》的要求。此外，教师担负着培养下一代的任务，他们在传授科学文化知识的同时，对学生的思想品德、个性形成有着重要影响，所以，教师要注意言传身教，做到为人师表。

(2)贯彻国家的教育方针，完成教育教学工作任务

教师在教育教学活动中，应当全面贯彻国家"教育必须为社会主义现代化建设服务，必须与生产劳动相结合，培养德、智、体、美等方面全面发展的社会主义事业的建设者和接班人"的教育方针；遵守教育行政部门和学校及其他教育机构制订的教育教学管理的各项规章制度；认真执行学校依据国家规定的教学大纲、教学计划或教学基本要求制订的具体教学计划；严格履行教师聘任

---

① 国家教育委员会师范教育司．教育法导读[M]．北京：北京师范大学出版社，1996.10：110.

② 刘旺洪．教育法教程[M]．南京：南京师范大学出版社，2006.06：70.

合同中约定的教育教学职责，完成规定的教育教学任务，保证教育教学质量①。

(3)教书育人，对学生进行思想教育

这是对教师教育教学工作的全面规范。作为教师，应结合自身教育教学业务特点，将政治思想品德教育贯穿于教育教学过程之中。对学生进行政治思想品德教育，不仅是政治思想品德课教师的职责，也是每一位教师的基本义务。为此，教师应将思想道德教育融入到教育教学过程中②，培养学生正确的世界观、人生观、价值观；应依据宪法所确定的四项基本原则对学生进行思想政治教育；应对学生进行爱国主义、集体主义、民主法制等公民基本素质教育，为社会培养有责任心、有包容力和创造性的世界公民。

(4)关心爱护全体学生，促进学生全面发展

我国《宪法》规定："中华人民共和国公民的人格尊严不受侵犯。"人格尊严权是宪法赋予公民的一项基本权利。由于学生在教育教学活动中居于受教育者的地位，其人格尊严往往容易受到侵犯。作为教师，要关心爱护全体学生，对学生应一视同仁，不因民族、性别、残疾、学习成绩等因素歧视学生。尤其是对那些有缺点的学生，教师应给予特别关怀，要满腔热情地教育指导，绝不能采取简单粗暴的办法，不能侮辱、歧视学生，不能体罚或变相体罚学生，不能泄露学生隐私。因污辱学生影响恶劣或体罚学生经教育不改的，应依法承担相应的法律责任③。

(5)制止有害于学生的行为，保护学生的合法权益和身心健康成长

作为教师，自然负有制止有害于学生的行为发生，保护学生的合法权益和身心健康成长的义务。教师履行此项义务具有特定的范围，主要是在学校工作和教育教学工作相关的活动中，对侵犯其所负责教育管理的学生合法权益的违法行为进行制止；批评和抵制社会上出现的有害于学生身心健康成长的不良现象。在实践过程中，这项义务主要体现在两方面内容：一方面，教师有义务对在教育教学范围内侵害学生权益的事件进行制止，维护学生的合法权益不受侵犯；另一方面，教师有义务对有害于学生健康成长的社会环境和社会现象进行

---

① 潘世钦等．教育法学[M]．武汉：武汉大学出版社，2003.09：182－183.

② 武模桥，刘合英．教师职业道德修养与教育法规[M]．成都：电子科技大学出版社，2008.06：165.

③ 潘世钦等．教育法学[M]．武汉：武汉大学出版社，2003.09：183.

批评和抵制，保护学生的身心健康①。

(6)不断提高思想政治觉悟和教育教学业务水平

这项义务与教师的“进修培训权”相互对应，构成权利与义务的统一体。教育教学工作是一项专业性较强的工作，担负着提高民族素质的使命，这就要求教师具有较高的思想觉悟和业务水平②。同时，这也是社会进步和科学技术发展对教师提出的要求。为此，教师应加强学习，调整知识结构，不断提高思想政治觉悟和教育教学业务水平，以适应教育教学的实际需要。

二、教师专业素质与专业发展

(一)教师专业素质

1. 教师专业素质的内涵

教师专业素质指教师稳定的职业品质。它是以人的先天禀赋为基础，通过师资训练和自我提高而形成的身心特征与职业修养。它是教师履行职责所必备的、在教育教学活动中表现出来并决定其教育教学效果的身心特点的总和。

2. 教师专业素质的内容

(1)专业道德

“学高为师，身正为范。”作为一名教师，除了要有过硬的专业技术知识外，更需要有较高的道德修养。教师专业道德，又称“教师职业道德”，是教师在职业生活中，调节和处理与他人、社会、集体、职业工作关系所遵守的基本行为规范和行为准则以及在这基础上所表现出来的观念和行为品质。它主要由教师职业理想、教师职业责任、教师职业态度、教师职业纪律、教师职业技能、教师职业良心、教师职业作风和教师职业荣誉八个因素构成。其中，教师专业理想是教师在对教育工作感受和理解的基础上形成的关于教育本质、目的、价值和生活等的理想和信念③。如“把学生培养成合格社会成员”的理想；“科教兴国”的理想等。它是教师在教育教学工作中的世界观和方法论，是教师专业行为的理想支点和专业自我的精神内核④。教师专业道德不仅是一个理论问题，而且也是实践的问题。要使教师道德原则和规范成为教师行为的准则，必须依靠教师本身不懈的努力，自觉地进行修养和锻炼，才能形成良好的师德风尚。

---

① 滕丽．教育法通论[M]．哈尔滨：黑龙江人民出版社，2001.11：119－120.

② 滕丽．教育法通论[M]．哈尔滨：黑龙江人民出版社，2001.11：120.

③ 庞守兴，广少奎．教育学新论[M]．济南：山东大学出版社，2009.08：75.

④ 陈坤华，彭拥军．现代教育学[M]．长沙：中南大学出版社，2009.08：83.

《中小学教师职业道德规范(2008年修订)》将教师的职业道德(专业道德)划分为六个方面，如表6-1所示。

表6-1　中小学教师职业道德

序号	维度	具体内容
1	爱国守法	热爱祖国，热爱人民，拥护中国共产党领导，拥护社会主义。全面贯彻国家教育方针，自觉遵守教育法律法规，依法履行教师职责权利。不得有违背党和国家方针政策的言行。
2	爱岗敬业	忠诚于人民教育事业，志存高远，勤恳敬业，甘为人梯，乐于奉献。对工作高度负责，认真备课上课，认真批改作业，认真辅导学生。不得敷衍塞责。
3	关爱学生	关心爱护全体学生，尊重学生人格，平等公正对待学生。对学生严慈相济，做学生良师益友。保护学生安全，关心学生健康，维护学生权益。不讽刺、挖苦、歧视学生，不体罚或变相体罚学生。
4	教书育人	遵循教育规律，实施素质教育。循循善诱，诲人不倦，因材施教。培养学生良好品行，激发学生创新精神，促进学生全面发展。不以分数作为评价学生的唯一标准。
5	为人师表	坚守高尚情操，知荣明耻，严于律己，以身作则。衣着得体，语言规范，举止文明。关心集体，团结协作，尊重同事，尊重家长。作风正派，廉洁奉公。自觉抵制有偿家教，不利用职务之便谋取私利。
6	终身学习	崇尚科学精神，树立终身学习理念，拓宽知识视野，更新知识结构。潜心钻研业务，勇于探索创新，不断提高专业素养和教育教学水平。

(2)专业知识

教师专业知识，是教师职业区别于其他职业的理论体系与经验系统。教师专业知识不是单一的知识类别，而是一个专业知识结构。教师的专业知识结构是以精深学科专业知识为主干，以相关学科知识为必要补充，以丰富的心理科学知识、教育科学知识为基础知识边界的复合型的主体知识结构。因此，教师的专业知识包括广博的文化知识、精深的专业基础知识、系统的教育科学知识以及丰富的实践知识。

①广博的文化知识。教学工作的对象是有待于进一步塑造的人，所有教学

工作均具有“人文性”特点。由于普通文化知识具有陶冶人文精神、养成人文素质的内在价值。因此，教师专业素养必然包括教师对普通文化知识的掌握。此外，教师的职责之一是传授知识，因而需要教师拥有广博的知识储备。

②精深的专业基础知识。精深的专业基础知识是教师顺利从事教育教学活动的基本条件。教师的劳动是一种复杂的、创造性的劳动，要成功地完成教学任务，首先要精通所教学科的知识，对自己所教学科的全部内容有深入透彻的了解。雷诺兹认为所教学科内容知识主要包括：内容知识(即各学科有关的事实、概念、原理、理论等)、实质知识(即一个学科领域的主要诠释架构与概念架构)、章法知识(即一个学科领域里新知被引入的方式及研究者对知识的追求与探究的标准或思考方式等)、有关学科的信念以及有关学科的最新的发展和正在进行的研究所取得的成果。

③系统的教育科学知识。教师的专业领域是教学而不是其任教的学科。虽然教学工作作为一种专业所依赖的教育学科知识体系还不完全具备“一种公开的、经得起公众考察和批判的方法，以便能够形成代表它这一专业的一系列独特的观念、步骤和概念，并能对它做出检验”。但目前确实已存在着可以作为教学工作基础的“一个知识体系和一系列新颖的关于教学的概念”，在教学法知识方面也有“无数成就”，关于人的成长与发展的知识也“从容地发展起来”，这些知识在很大程度上可以确保教师有效地履行自己的专业工作。

④丰富的教育教学实践知识。实践知识是指教师在面临实现有目的的教学行为中所具有的课堂情境知识，以及与之相关的知识，这种知识就是教师教学经验的积累。只有针对学生的特点和当时的情境有分寸地用，才能表现出教师的教育教学的机敏。而教师所用的知识是来自教师个人的教育教学实践，具有明显的经验性。因此，学校要创造教师展示平台，让教师多锻炼，教师自我要勤于反思，不断从实践吸取教训，总结经验，不断地丰富自我的实践知识。

(3)专业能力

教师专业能力主要是指教师的教育教学能力，是教师在教育教学活动中所形成的顺利完成教育教学任务、处理教育教学问题的方法策略或能力和本领。教师专业能力是教师综合素质的最突出的外在表现，也是评价教师专业性的核心因素。教师的教学能力一般包括①：

①基础能力。包括：基本智能素养(观察、思维、想象、记忆能力素养)；

① 李保强，周福盛．教育基本原理[M]．济南：山东人民出版社，2008.02：267.

表达能力，语言表达能力、板书板画能力、运用多种教学手段演示等能力。

②教育教学能力

◆教育教学设计能力，即教师在综合考虑教材、学生、时间、教学手段等因素的基础上，对教学目的、内容、程度、方法等所进行的整体构思的能力。

◆教育教学组织管理能力，包括班级管理能力、课堂管理能力、课外教学管理能力、教育教学交往能力(如沟通能力、协调能力)等。

◆教育教学机智，即处理教育教学过程中发生的突发事件的能力。

◆教育教学反思能力，即是对自己的教育教学状况进行评判的能力。

◆教育教学研究能力，即教师对学生、教育教学实践进行理论探索，发现问题并试图解决问题的能力。

◆创新能力，即对教育教学理论与实践进行变革、更新、做出有意义的尝试的能力。

(二)教师专业发展

从历史发展的总趋势看，教师专业发展及其研究经历了由被忽视到被关注；由关注教师群体的专业化到关注教师个体的专业发展；由关注专业发展的外部“环境和对社会专业的认可”到关注“内部专业素质提高”的过程。教师专业发展最终体现于个体的专业性发展①，依赖于教师个体对专业发展的追求，是教师在专业生涯中其内在专业结构不断丰富和完善的过程。

1. 教师专业发展的内涵

教师专业发展也称“教师个体的专业性发展”，是教师作为专业人员，其专业道德、专业知识、专业能力、专业心理品质等方面由不成熟到比较成熟的发展过程，即由一个专业新手发展成为专家型教师或教育家的过程②。教师的专业发展虽与时间有关，但不仅仅是时间的自然延续的结果，更是教师自身素质提高和专业自我的形成。

2. 教师专业化发展的过程

教师专业发展是一个持续社会化和个性化的过程，是有多阶段性的特征。国内外学者对此开展了丰富的研究，分述如下。

(1)国外学者关于教师专业发展阶段的论述

国外关于教师专业发展阶段的理论较多，如富勒等人的“关注”阶段发展理

① 曹树真．教育学教程[M]．武汉：华中科技大学出版社，2012.02：161.

② 陈平．教育学基础[M]．贵阳：贵州人民出版社，2006.08：215.

论、伯林纳的“教学专长”阶段论等。其中，最具代表性的是富勒等人的“关注”阶段发展理论。美国学者富勒等人则从“教师关注的问题”角度对教师专业发展阶段进行了开创性的研究，拉开了有关教师发展阶段研究的序幕。富勒通过调查研究发现，在职教师发展大致分为以下三个阶段①：

①关注生存阶段(preteaching concerns)

在该阶段，教师关注的重点是自己的生存。他们特别关注自己对课堂的控制、自己是否被学生喜欢、同事和学校领导对自己的评价等方面的问题。在此阶段，教师有相当大的压力。

②关注教学情境阶段(Teaching station concerns)。

在该阶段，教师关注的重点是教学任务的完成。教师特别关注教学时间、教学内容、班级大小等与教学情境有关的问题。

③关注学生阶段(concerns about pupils)。

在该阶段，教师关注的重点是学生的发展。教师关注学生的学习、情感需要和社会生活等各个方面，关注如何通过自己的努力使学生发展得更好。

需要强调的是，富勒等人同时认为，教师在发展的各个阶段可能会同时关注上述三个方面，只不过在不同阶段所关注的重点或关注的中心并不相同。

(2)国内学者关于教师专业发展阶段的论述

在国内，关于教师发展阶段的论述也较多，但最具代表性还是著名学者叶澜教授等人提出的“自我更新”阶段论。叶澜等人从“自我更新”角度对教师的专业发展阶段进行深入研究，将其分为五个阶段②：

①“非关注”阶段

本阶段时限为成为正式教师之前，主要特征是无意中以非教师职业定向的形式形成了较稳固的教育信念，具备了一些“直觉式”的“前科学”知识与教师专业能力密切相关的一般能力。

②“虚拟关注”阶段

本阶段时限为师范学习阶段，特点是对合格教师的要求开始思考、在虚拟的教学环境中获得某些经验，对教育理论及教师技能进行学习和训练，有了对自我专业发展反思的萌芽。

---

① 傅岩，吴义昌．教育学基础[M]．南京：南京大学出版社，2014.02：72.

② 叶澜等．教师角色与教师发展新探[M]．北京：教育科学出版社，2001.10：279—286.

③“生存关注”阶段

本阶段时限为新任教师阶段，特点是在“现实冲击”下，产生了强烈的自我专业发展的优惠意识，特别关注专业活动中的“生存”技能，专业发展集中在专业态度和动机方面。

④“任务关注”阶段

本阶段教学一线教师，专业发展特点是随着教学基本“生存”知识、技能的掌握，自信心日益增强，由关注自我的生存到更多关注教学，由关注“我能行吗?”到关注“我怎样才能行。”

⑤“自我更新关注”阶段

本阶段教师不再受外部评价或职业升迁的牵制，自觉依照教师发展的一般线路和自己目前的发展条件，有意识的自我规划，以谋求最大程度的自我发展，关注学生整体发展，积累了比较科学的个人实践知识。

叶澜教授等人还认为，教师个体专业性发展达到成熟的时间因人而异，有短有长，少则 3 年至 5 年，多的则需 10 年至 20 年。从教师的整个职业生涯来看，教师专业发展有成熟期也有保守期和衰退期。

3. 教师专业发展的途径

(1)师范教育

师范教育是教师个体专业发展的起点和基础，它是建立在教师的专业特色基础之上，为培养教师专业人才服务的①。因此，师范教育必须加强其培养教育专业人才的职能，把学术性、师范性、服务性有机结合起来，注重师范专业信念体系的形成和敬业精神的培养，建构反映教师专业所需的知识和技能的课程体系；加强教育理论和实践的联系，建立有效的教育实习制度②。

(2)新教师的入职辅导

新教师的入职辅导，是 20 世纪 70 年代发展起来的，并被广泛接受的一种促进教师专业发展的指导措施。主要是由有经验教师进行现场指导，师带徒的方式进行的。在我国，各级师范院校还承担了短期的岗前培训工作，其目的是向新教师提供系统而持续的帮助，使之转变角色，适应环境③。

---

① 张乐天．教育学(新编本)[M]. 北京：高等教育出版社，2007.03：26.

② 全国十二所重点师范大学．教育学基础[M]. 北京：教育科学出版社，2002.07：121.

③ 王家奇．教育学基础与应用[M]. 哈尔滨：哈尔滨工业大学出版社，2004.05：97.

(3)在职培训

教师的在职培训，主要是为了适应教育改革和发展的需要，为在职教师提供的适应于教师专业发展不同阶段需要的继续教育。教师在职培训方式很多，可以是个人业余进修，也可以由学校组织培训(如专家讲座、集体观摩评课研讨等)。近年来，校本培训受到高度重视并得到推广。所谓校本培训，是基于教师个体成长和学校整体发展的需要，由教师主动参与，以问题为导向，以反思为中介，把培训、教育教学实践与研究活动紧密结合，以学校和教师实际问题的解决来直接推动教师专业发展。“校本培训”是一种高效率的，可操作性强的在职培训模式。

(4)自我教育

教师的自我教育即是专业化的自我构建，它是教师个体专业化发展的最普遍途径。教师自我教育的方式主要有经常性的自我反思、主动收集教改信息、研究教育教学中的各种关键条件，自学现代教育理论，积极感受教学的成功与失败等。

(5)合作交流

教师工作的一大特点是“专业个人主义”，即在日常教育教学活动中，多数情况下都是由教师独自面对出现的问题，教师的教育教学活动往往是相互隔离的。通过同行的合作与交流，可以扩展知识和视野，学习借鉴教学过程和方法，促进教学反思，推动教师专业发展。

经典考题

1.(2013年·下半年·中学段《教育知识与能力》)(简答题)简述富勒等人提出的教师成长的三个阶段。

【答案要点】富勒根据教师的需要和不同时期所关注的焦点问题，把教师的成长划分为关注生存、关注情境和关注学生三个阶段。

第一，关注生存阶段。在该阶段，教师关注的重点是自己的生存。他们特别关注自己对课堂的控制、自己是否被学生喜欢、同事和学校领导对自己的评价等方面的问题。在此阶段，教师有相当大的压力。

第二，关注教学情境阶段。在该阶段，教师关注的重点是教学任务的完成。教师特别关注诸如教学时间、教学内容、班级大小等与教学情境有关的问题。

第三，关注学生阶段。在该阶段，教师关注的重点是学生的发展。教师关注学生的学习、情感需要和社会生活等各个方面，关注如何通过自己的努力使学生发展得更好。

2.(2014年·上半年·中学段《教育知识与能力》)(简答题)简述教师教学能力的结构。

【答案要点】简述教师教学能力的结构包括：

(1)基础能力素养：包括：①基本智能素养(观察、思维、想象、记忆能力素养)；②表达能力，语言表达能力、板书板画能力、运用多种教学手段演示等能力；

(2)专业能力素养，包括：①设计教学的能力，即教师在综合考虑教材、学生、时间、教学手段等因素的基础上，对教学目的、内容、程度、方法等所进行的整体构思的能力；②教育教学组织管理能力，包括班级管理能力、课堂管理能力、课外教学管理能力以及教育教学交往能力等；③教育教学机智，即处理教育教学过程中发生的突发事件的能力；④教育教学研究能力，即教师对学生、教育教学实践进行理论探索，发现问题并试图解决问题的能力等。

第二节 学生

学生既是教育的对象也是教育的主体。了解和研究学生的本质、特点、权利与义务，最大限度地促进学生发展，不仅是教育工作的出发点和归宿，还是搞好教育工作根本旨趣所在。

一、学生概述

(一)学生概念

学生是相对于教师而言的，教育活动的另一主体。《后汉书·灵帝纪》："(光和元年)始置鸿都门学生①。"李贤注："鸿都，门名也。於内置学，时其中诸生……至千人焉。"唐韩愈《请复国子监生徒状》："国子馆学生三百人②。"吴玉章《从甲午战争前后到辛亥革命前后的回忆》："大致是书院刚成立不久，学生们即爱议论时政，臧否人物③。"本书认为，学生包括广义的概念和狭义的概念。其中，广义的学生，是泛指一切受教育的人；狭义的学生，是指学校中以

① 范晔，司马彪．后汉书(上卷)[M]．长沙：岳麓书社，2009.04：109.

② 韩愈．韩愈集[M]．北京：中国戏剧出版社，2002.03：341.

③ 吴玉章．辛亥革命[M]．北京：人民出版社，1961.09：35.

学习为主要任务的人。本节中的“学生”，取狭义的概念，即指在学校机构中，以学习为主要任务的儿童或青少年。学生不仅是教育活动的对象，也是教育活动的主体。教师对学生持有的态度和看法，是影响教育活动成败的重要因素之一。根据学习的不同阶段，我们可以把学生分为：幼儿园幼儿、小学生、中学生、大学生(高职高专生、本科生、硕士研究生、博士研究生)等。

(二)学生的特点(学生观)

学生作为学习主体，首先是人，具有人的本质属性，并生活在一定的社会关系中。这是一个毋庸证明的命题。同时，学生作为一个特殊的人群，具有其自身的一些特殊性。主要表现为以下几个方面。

1. 学生是具有主体性的人

人的主体性的觉醒是人类成熟的标志，它使人类同万物区别开来。学生首先是人，同样具有主体性的人，其主体性在教育教学过程中具体表现为以下三个方面。

(1)自主性

学生在教育教学实践活动中的自主性，首先，表现在他具有独立的主体意识，有明确的学习目标和自觉积极的学习态度，能够在教师的启发指导下独立感知教材、理解教材，把学科课程内容变成自己的精神财富，并能够运用于实践；其次，学生能对学习活动进行自我支配、自我调节和控制，充分发挥自身潜能，主动去认识、学习和接受教育影响，积极向教师质疑、请教、相互研讨，从而达到自己所预期的学习目标，这点在学生的自主学习活动中表现尤为突出。

(2)能动性

学生在教育教学实践活动中的能动性，首先，表现在他能根据学校教育的要求积极参与并以此作为自己今后的努力方向；其次，是指学生在学习活动中所表现出来的一种自觉、积极、主动的特性，如在学习中主要表现为有迫切的学习愿望、强烈的学习动机、高昂的学习热情和认真的学习态度。在学习过程中，主动安排与合理分配学习时间和顺序，主动获取知识，并能按照各自的方式，把它纳入到自己已有的认知结构中去充实、改造和发展。

(3)创造性

学生在教育教学实践活动中的创造性包括两个方面的内容：一是对外在事物的超越。主体通过变革和改造旧事物，产生新颖、独特的新事物，创造性常常与改革、发明、发现联系在一起。二是对自身的超越。主体在改造客观世界的同时，也改造自身，使“旧”我转变为“新”我，实现自身的否定之否定。当然，学生在教学过程中的创造性，并不意味着学生在创造出新的东西，而更多的是指学生在学习上能举一反三灵活运用知识，有丰富的想象力，喜欢出“新点子”和解难题；爱标新立异和发表与别人不同的见解；善于利用所学知识解决日常生活中遇到的各种问题，包括小发明、小制作、小设计等。可见，学生的创造性不仅与学生的学习活动及结果相联系，更重要的是指向学生主体的品质、特征和属性。

2. 学生是发展中的人

学生是指在学校机构中，在教师的指导下，通过自己的主动学习，以促进其自身积极主动地发展的社会个体。学生作为未成年人，与其他人类群体的最大区别，在于他们是以学习为主要任务，以发展为根本目的。因此，学生是发展中的人。学生的这一特点具体表现为以下三个方面。

(1)学生身心发展具有规律性

学生的身心发展具有顺序性、阶段性、不均衡性、差异性和互补性等规律。这要求教师要深入研究学生，掌握学生身心发展的这些规律，熟悉不同年龄阶段学生身心发展的特点，并依据学生身心发展的规律和特点开展教育教学活动，从而有效促进学生身心健康发展。

(2)学生具有巨大的发展潜能

人具有较强的可塑性，这是一个不争的事实。学生作为未成年人，其可塑性更强。因此，在教育过程中，教师应该相信学生的确是潜藏着巨大发展能量的，坚信每个学生都是能够茁壮成长的，是有培养前途的，是追求进步和完善的，是可以获得成功的。因而，教师应对教育好每一位学生充满信心①。

(3)学生是处于发展过程中的人

学生作为发展的人，也就意味着学生还是一个不成熟的人，是一个正在成长的人。从教育角度讲，它意味着学生是在教育过程中发展起来的，是在教师指导下成长起来的，需要教师的帮助和关怀②。因此，教师要理解学生身上存在的不足，允许学生犯错，宽容对待学生的错误，并帮助学生改正错误，从而不断促进学生全面发展。

---

① 刘凤瑞，董成栋．当代教育科学新探[M]．北京：中国档案出版社，2006.05：150.

② 陈凯丰．教育学教程[M]．北京：作家出版社，2003.08：105.

3. 学生是以系统学习间接经验为主要任务的人

教育是传递经验、培养人的社会活动。人类之所以能立于宇宙万物之间，根源在于人类能将经验不断地传承与延续。从学生的行为特征分析，学生的主要时间、主要精力都是用来吸取人类已知的经验体系，在此基础上发展自己的各方面素质，获得生存能力和创造能力的。这是学生这一社会角色区别于其他社会角色的本质特点。

从认识论上看，人认识世界的过程不外乎两个方面：一方面，直接与认识对象交互，获取直接经验；另一方面，通过他人认识世界，获取间接经验。儿童认识世界始于直接经验，并通过个人的直接经验不断扩大对世界的认识。然而，个人活动的范围是狭小的，无论个人如何努力，仅仅依靠直接经验来认识世界越来越不可能。毛泽东曾经指出，“一切真知都是从直接经验发源的，但人不能事事直接经验，事实上多数知识都是间接经验的东西，这就是一切古代和外域的知识”①学生更是如此，要适应高度发展的文明社会，必须掌握人类积累起来的基本科学文化知识，即学习间接经验。否则，不可能在成年之前达到人类长期认识世界所达到的一般水平。

(三)学生的权利与义务

学生的权利是指学生依法享有的某种权能和利益，表现为学生作为权利享有者能够做出或不做出一定的行为，或要求他人做出或不做出一定行为的资格。当然，学生的权利与其义务是相对的。学生在享有权利的同时，也要履行相应的义务。

1. 学生的权利

学生的权利通常是指学生在教育活动中享有的由教育法律所赋予的权利，是国家对学生在教育活动中一些行为的许可或保障，受到法律的保护。学生的权利涉及普世性权利和我国法律赋予我国学生的权利。

(1)学生的普世性权利

联合国《儿童权利公约》(1989 年 11 月 20 日，第 44 届联合国大会第 25 号决议通过)共 54 条，实质性条款 41 条，其中被提到的儿童权利多达几十种，如姓名权、国籍权、受教育权、健康权、医疗保健权、受父母照料权、娱乐权、闲暇权、隐私权、表达权等。但总的说来，学生所拥有的最基本的是权利包括四项：

---

① 毛泽东．毛泽东选集(第一卷)[M]．北京：人民出版社，1991.06：288.

①生存权。即每个儿童都有其固有的生命权和健康权，包括有权接受可达到的最高标准的医疗保健服务。

②受保护权。即每个儿童都享有不受歧视、虐待和忽视的权利，包括保护儿童免受歧视、剥削、酷刑、虐待或疏忽照料，以及对失去家庭的儿童和难民儿童的基本保证。

③发展权。即充分发展其全部体能和智能的权利，儿童有权接受正规和非正规的教育，以及儿童有权享有促进其身体、心理、精神、道德和社会发展的生活条件。

④参与权。即参与家庭、文化和社会生活的权利，儿童有参与社会生活的权利，有权对影响他们的一切事项发表自己的意见(表达权)。

(2)我国法律赋予学生的权利

在我国，学生作为国家未成年公民，享有相应的权利。根据《中华人民共和国教育法》、《义务教育法》、《未成年人保护法》等相关规定，我国学生的主要权利集中在：生存权、受教育权、受尊重权、安全权、人身自由权等。其中，受教育权是学生最特有的权利。

①生存权。生存权是人最基本的权利。《中华人民共和国宪法》第四十九条规定，“父母有抚养教育未成年子女的义务。”同时，《中华人民共和国未成年人保护法》第十条规定，“父母或者其他监护人应当创造良好、和睦的家庭环境，依法履行对未成年人的监护职责和抚养义务。禁止对未成年人实施家庭暴力，禁止虐待、遗弃未成年人，禁止溺婴和其他残害婴儿的行为，不得歧视女性未成年人或者有残疾的未成年人。”

②受教育权。受教育权是保障学生能接受教育教学的基本权利。《中华人民共和国宪法》第四十六条规定，“中华人民共和国公民有受教育的权利和义务。国家培养青年、少年、儿童在品德、智力、体质等方面全面发展。”《中华人民共和国教育法》第九条中规定，“中华人民共和国公民有受教育的权利和义务。公民不分民族、种族、性别、职业、财产状况、宗教信仰等，依法享有平等的受教育机会。”《中华人民共和国义务教育法》第四条中规定，“中华人民共和国公民有受教育的权利和义务。公民不分民族、种族、性别、职业、财产状况、宗教信仰等，依法享有平等的受教育机会。”

③人格尊严权。《中华人民共和国未成年人保护法》第二十一条规定，“学校、幼儿园、托儿所的教职员工应当尊重未成年人的人格尊严，不得对未成年人实施体罚、变相体罚或者其他侮辱人格尊严的行为。”《中华人民共和国未成

年人保护法》第三十九条也规定，“任何组织或者个人不得披露未成年人的个人隐私。对未成年人的信件、日记、电子邮件，任何组织或者个人不得隐匿、毁弃；除因追查犯罪的需要，由公安机关或者人民检察院依法进行检查，或者对无行为能力的未成年人的信件、日记、电子邮件由其父母或者其他监护人代为开拆、查阅外，任何组织或者个人不得开拆、查阅。”

④安全权。《中华人民共和国未成年人保护法》第二十二条规定，“学校、幼儿园、托儿所应当建立安全制度，加强对未成年人的安全教育，采取措施保障未成年人的人身安全。学校、幼儿园、托儿所不得在危及未成年人人身安全、健康的校舍和其他设施、场所中进行教育教学活动。学校、幼儿园安排未成年人参加集会、文化娱乐、社会实践等集体活动，应当有利于未成年人的健康成长，防止发生人身安全事故。”《中华人民共和国未成年人保护法》第三十四条规定，“禁止任何组织、个人制作或者向未成年人出售、出租或者以其他方式传播淫秽、暴力、凶杀、恐怖、赌博等毒害未成年人的图书、报刊、音像制品、电子出版物以及网络信息等。”

⑤人身自由权。《中华人民共和国宪法》第三十七条规定，“中华人民共和国公民的人身自由不受侵犯。任何公民，非经人民检察院批准或者决定或者人民法院决定，并由公安机关执行，不受逮捕。禁止非法拘禁和以其他方法非法剥夺或者限制公民的人身自由，禁止非法搜查公民的身体。”

2. 学生的义务

学生义务是与其权利相对，是指学生在政治上、法律上、道义上应尽的责任，包括作为义务与不作为义务。根据相关法律规定，学生的义务主要包括以下几点①：

(1)遵守法律和法规的义务

遵守法律和法规是每一个公民应该履行的基本义务。学生也是普通公民，必须遵循国家的相关法律法规。

(2)遵守学生行为规范，尊敬师长，养成良好的思想品德和行为习惯的义务

学生行为规范集中体现了国家对不同阶段学生政治、思想、品德等方面的基本要求。根据这些要求，学生在平时的学习中，要遵守这些行为规范，自觉养成良好的思想品德和行为习惯。在教育教学活动中，教师是文化知识的传播

① 余雅风．学生权利概论[M]．北京：北京师范大学出版社，2009.01：214—218.

者，承担着教书育人的责任，学生应尊重教师的劳动。同时我国有尊师重教的传统，尊敬师长是学生遵守学生行为规范的具体要求，是学生良好的思想品德和行为习惯的具体体现。

(3)努力学习，完成规定的学习任务

学生在校期间，就要履行受教育的义务，特别是对义务教育阶段的学生而言，努力学习和完成规定的学习任务还带有一定的强制性。同时，这也是学生获得学业证书的一个前提。

(4)遵守所在学校或者其他教育机构的管理制度的义务

学校的管理制度，是国家教育管理制度的重要组成部分，是确保学校教育教学活动有序进行的基本制度保证，也是为实现国家教育权而赋予学校制定必要纪律的权利。学校管理制度主要有教学管理制度、学籍管理制度、品德行为制度以及其他管理制度。

二、学生权利保护现实问题分析

(一)学生权利受到侵害的基本表现

1. 学生的受教育权受到侵害

“受教育权”指公民依法享有的要求国家积极提供均等的受教育条件和机会，通过学习发展其个性、才智和身心能力，以获得平等的生存和发展机会的基本权利。受教育权是公民的一项基本权利。教师不得以任何理由限制学生上课，不得随意开除学生。然而，青少年学生的受教育权常常得不到保障。主要表现为：(1)学生因迟到，不遵守纪律，未完成作业，甚至只因家长未在作业上签字，就被教师赶出教室，不允许听课。(2)教师随意占用学生的上课时间，指派学生参加一些与教育教学无关的活动，如商业庆典等。(3)教师为了让学生应付考试，放弃或终止许多课程的开设与教学，如随意挤占音乐课、美术课、体育课等。(4)学校为提高升学率，不让成绩差的学生参加升学考试。

【案例】

某城镇一所中心小学，经费比较紧张，该校领导为此十分发愁，正在想方设法搞创收，以改善办学条件、提高教师待遇之际，恰好本镇一家具商场准备开业，老板想用100名学生来装点门面。老板主动找上门来，学校与老板双方一拍即合，决定出100名五年级学生，老板给每个学生一顶帽子，支付学校5000元劳务费。学校派两名教师带100名学生于周二上午来到了家具城，先清理已摆好的各种家具。10点钟时，随着声声爆竹，开业庆典开始，学生们又手持鲜花欢迎前来祝贺的宾客，一直干到中午11点30分，学生才回家。尔后，学校将5000元的收入平均分给了25名教师，作为教师福利。

2. 学生的身体健康权受到侵害

身体健康权是公民依法享有的身体健康不受侵害的权利，这是学生权利的重要内容，要求教师不得对未成年学生实施体罚、变相体罚或唆使他人侵害学生的身体健康等。然而，目前仍然存在教师体罚或变相体罚学生的侵权行为，主要表现为：(1)教师动手体罚学生；(2)教师罚学生劳动；(3)罚学生超负荷做作业；(4)罚学生超负荷运动。

【案例】

山东省某市某小学五年级学生张猛(化名)在期末考试时错了5道数学题。老师在放寒假时规定，考试时错一道数学题，假期中每天罚做100遍。因此他每天要被罚做500遍，21天的假期，总共要做10500遍，再加上布置的寒假作业，数量惊人。张猛同学没有完成作业，心中害怕，开学第一天就跳楼自杀身亡了。

3. 学生的人格尊严权受到侵害

人格尊严是公民的一项基本权利，教师应当尊重学生的人格尊严。然而，在教师实际的教育教学中，教师侵害学生的行为时有发生。主要表现为：(1)讽刺挖苦学生；(2)故意侮辱或谩骂学生；(3)给学生取一些歧视性或侮辱性称号；(4)凭借自身的影响力孤立学生；(5)在公共场所随意议论学生的过错。

【案例】

某中学初二(1)班学生薛某，因平时学习成绩不太好，上课总是不遵守纪律，老师们都不太喜欢他，尤其是语文老师。一天，语文讨论课上，老师让同学们自由发言进行争论。薛某起身回答问题时，由于他的观点与老师的观点不一致，因此老师很不高兴，并用刻薄的语言训斥薛某，说他“笨得像猪”。

4. 学生的人身自由权受到侵害

人身自由权是我国公民最基本的权利，教师应当保护学生的人身自由权。但实际上，教师常常自觉或不自觉地侵害学生的人身自由。主要表现为：(1)教师以学生未完成作业或不遵守纪律为由，罚站或不让学生按时放学，或剥夺学生课外自由活动时间；(2)教师非法搜身。如有学生的财物丢失，教师自己或要求学生干部对班里的学生进行非法搜身。

【案例】

某农村学校的校长陈某，是一位29岁的年轻人，工作很有干劲，被提拔为校长，他下决心把学校搞上去，提出要先整好学校的组织纪律，同时还采取了一系列的措施。他对学校的行政人员和教师们说，你们大胆去抓，有哪些学生不听教，你们就交由我处理。他的处理办法很简单，先关学生禁闭，然后在禁闭室内训斥学生。事情暴露后，本地的一些农村干部认为校长做得对，学生不听教就该罚，并且要出来为校长担保。

5. 学生的隐私权受到侵害

隐私权是指自然人享有的私人生活安宁与私人信息秘密依法受到保护，不被他人非法侵扰、知悉、收集、利用和公开的一种人格权。教师不得侵害学生的隐私权。但实际上，教师有意无意会侵害学生的隐私权。主要表现为：(1)教师为了鼓励学生相互竞争，习惯于公布学生的考试成绩及其排名；(2)教师借口防止学生早恋，私拆或扣留学生信件，翻看学生日记、短信、微信、QQ等内容。

【案例】

某校初中班主任吴老师在批改作业时，发现学生高某的作业本中夹了一封写有×××收的信件，吴老师顺便拆封阅读了此信。这是高某写给一位女同学的求爱信，吴老师看了十分生气，然后在班会上宣读了此信，同时对高某提出了批评。次日高某在家留了一张字条后离家出走。高某家长找到吴老师理论并要求将高某找回。吴老师解释说："我作为教师，对学生进行教育和管理是我的职责，我批评高某是为了教育和爱护他。他是从家中出走的，与我的工作没有关系。"

(二)学生权利保护的法律依据

1. 学生受教育权的法律依据

《中华人民共和国宪法》第四十六条规定，中华人民共和国公民有受教育的权利和义务。国家培养青年、少年、儿童在品德、智力、体质等方面全面发展。

《中华人民共和国教育法》第九条规定，中华人民共和国公民有受教育的权利和义务。公民不分民族、种族、性别、职业、财产状况、宗教信仰等，依法享有平等的受教育机会。

《中华人民共和国义务教育法》第四条规定，"中华人民共和国公民有受教育的权利和义务。公民不分民族、种族、性别、职业、财产状况、宗教信仰等，依法享有平等的受教育机会。"

2. 学生身体健康权的法律依据

《中华人民共和国义务教育法》第二十九条第三款规定："……不得对学生

实施体罚、变相体罚或者其他侮辱人格尊严的行为，不得侵犯学生合法权益。”

《中华人民共和国未成年人保护法》第二十一条规定：“……不得对未成年人实施体罚、变相体罚或者其他侮辱人格尊严的行为。”

3. 学生人格尊严权的法律依据

《中华人民共和国未成年人保护法》第十八条规定：“学校应当尊重未成年学生的受教育权，关心、爱护学生，对品行有缺点、学习有困难的学生，应当耐心教育、帮助，不得歧视，不得违反法律和国家规定开除未成年学生。”

《中华人民共和国义务教育法》第二十九条第三款规定：“教师应当尊重学生的人格，不得歧视学生……”

《中华人民共和国未成年人保护法》第二十一条规定：“学校、幼儿园、托儿所的教职员工应当尊重未成年人的人格尊严……”

4. 学生人身自由权的法律依据

《中华人民共和国宪法》第三十七条规定：“明确规定公民的人身自由不受侵犯。任何公民，非经人民检察院批准或者人民法院决定，并由公安机关执行，不受逮捕。禁止非法拘禁和以其他方法非法剥夺或者限制公民的人身自由，禁止非法搜查公民的身体。限制公民人身自由，情节严重的，还要追究其刑事责任。”

5. 学生隐私权的法律依据

《中华人民共和国未成年人保护法》第三十九条规定：“任何组织或者个人不得披露未成年人的个人隐私。”同时规定“对未成年人的信件、日记、电子邮件，任何组织或者个人不得隐匿、毁弃；除因追查犯罪的需要，由公安机关或者人民检察院依法进行检查，或者对无行为能力的未成年人的信件、日记、电子邮件由其父母或者其他监护人代为开拆、查阅外，任何组织或者个人不得开拆、查阅。”

第三节　师生关系

师生关系是教师和学生在教育教学过程中所结成的相互关系。包括师生彼此所处的地位、作用和相互对待的态度等。良好的师生关系不仅是顺利完成教育教学任务的必要手段，而且还是师生在教育教学活动中的价值和生命意义的体现，是一种重要的课程资源和校园文化。

一、师生关系的概念

《中国大百科全书·教育》认为，师生关系是“教师和学生在教育、教学过程中结成的相互关系，包括彼此所处的地位和相互对待的态度等。”①它是一种特殊的社会关系和人际关系，是教师和学生为实现教育目标，以各自独特的身份和地位通过教与学的直接交流活动而形成的多质性、多层次的关系体系。学校中的教育活动，是师生双方共同的活动，是在一定的师生关系维系下进行的②。良好的师生关系，是提高学校教育质量的保证，也是社会精神文明的重要体现。

师生关系从本质上看，是人与人之间的关系，具有一般的人际关系的一切属性。然而，师生关系有别于一般社会关系或一般人际关系的特殊性。师生关系与一般人际关系的区别在于，师生关系因教育而生，又为教育而存，其最大的功能就是教育功能。换言之，师生关系承担的专门的教育功能，是一般人际关系所不具有的。毫无疑问，学校教育的本质，是师生之间的一种互相交往的过程，凭借着交往活动，教师完成了“传道、授业、解惑”的任务，同时使学生的身心得到健康发展。

因此，师生关系是教育过程中教师与学生两个主体间的交往关系，主体间性是师生交往关系的本质属性。概而言之，师生关系就是教师和学生在共同的教育和教学活动中，通过相互的认知、情感和交往而形成的人际关系③。

二、师生关系的类型及其特点

师生关系随着主体需要的不同，联系的环节、内容、方式不同以及环境差异而呈现不同特点。于是，有学者认为，师生关系包括工作关系、人际关系、组织关系、心理关系等；也有学者把师生关系划分为直接关系和间接关系等等。当然，较为常见的说法，是将师生关系概括为教育关系、心理关系和伦理关系三方面。

(一)教育关系

师生关系从根本上讲是一种业缘关系，即以教学活动为纽带的教育关系。教与学的关系是师生关系中具有质的规定性的关系，无教与学的关系存在，也就无师和生的关系。众所周知，教育活动是在教师和学生之间开展的，没有教师和学生的存在和交往，就谈不上教育。可见，教育活动是“教”与“学”两大主

① 中国大百科全书出版社编辑部．中国大百科全书・教育[M]．北京：中国大百科全书出版社，1985.08：320.

② 石鸥．教育学教程[M]．长沙：湖南师范大学出版社，1998.11：163.

③ 李瑾瑜．关于师生关系本质的认识[J]．教育评论，1998(04)：36—38.

体围绕着知识传授和能力培养而展开的双边活动，师生关系是因为教学过程而发生的。师生间的主要人际交往集中在“教”与“学”这两个相互渗透又相对独立的过程统一体中。因此，教育关系是师生关系中最基本的表现形式，也是师生关系的核心。

一般来说，在教育活动中，教师是引导者、组织者和研究者，而学生一般是参与者、学习者，同时，学生又是学习的主人和自我教育的主体。这种关系形式，并不随着教师和学生主观意愿的改变而转移，它是由客观条件所决定，并且在教师和学生的积极活动中得以表现①。

教育关系的建立，首先取决于教师的教育水平，直接受制于教师的专业知识、教育技能和人格力量等。在教育关系中，教师与学生的活动中心都与教育目标有关，并体现着学校教育工作的任务与特点。这种关系既应符合教育科学规律，又应体现教育创造艺术，既能为师生双方提供最大的发挥主体力量的空间，又能使双方的力量形成有效合力，从而使学生获得和谐发展②。

(二)心理关系

师生在交往过程中，形成的一种以情感为特征的心理关系，贯穿于教育教学活动的全过程。师生关系本身就构成一种心理气氛，体现在双方的心理距离与情感上，表现为师生之间是相互吸引还是排斥、是接近还是远离、是尊敬还是轻蔑、是爱还是恨等。师生之间通过心理上的交往和交流，可以建立起融洽、谅解、亲切友好的心理关系，形成有利于教学活动的心理氛围。师生心理关系是伴随着教学活动的开展而自然形成的，是教学活动中一种客观而基本的师生关系，它受到教学过程和结果的直接影响。

教育教学活动是师生之间的互动过程，所以，师生之间的心理关系在教育教学活动中也起着举足轻重的作用，并贯穿于师生关系的全过程。师生心理关系对教学活动的重要影响，是教学活动得以展开的心理背景，并制约着教学的最终结果。同时，良好的教学过程和教学结果，会促进师生情感关系更加融洽和谐。师生之间的相互理解和沟通的水平，直接关系到教师的教和学生的学，甚至会对学生世界观、价值观的形成产生很大的影响。优化师生心理关系是师生关系改革的现实要求。

(三)伦理关系

教育作为一种特殊的社会活动，折射着社会的一般伦理规范，同时，反映

① 冯文全．现代教育学[M]．北京：北京师范大学出版社，2011.09：122.

② 靳玉乐．教育概论[M]．重庆：重庆出版社，2006.09：145.

着教育活动独特的伦理矛盾①。师生关系虽然是师生之间在教育情境中建立的人际关系，但它从最简单的社会联系开始，直到最复杂的具有稳定的社会行为，无一不受到社会道德规范的影响和制约，无一不遵守一定社会的伦理要求，从而保持自身的伦理结构。因此，师生关系也表现为一种鲜明的伦理关系。师生之间的伦理关系是指在教育教学活动中，教师与学生构成一个特殊的道德共同体，各自承担一定的伦理责任，履行一定的伦理义务，也享有一定的道义权利。

师生之间的伦理关系其实质是道德规范和约束，在教育过程中，教师和学生双方都应履行自己的道德义务，都必须遵守一定社会的伦理要求。教师对学生的教育，不仅靠年龄和权力，更要靠责任心、义务感和师生情来维持。建立健康的师生之间的道德伦理关系是成功的教育过程的重要条件。

师生伦理关系处于师生关系体系中的最高层次，对其他关系形式具有约束和规范作用。学生的道德观念有很大部分是从教师那里直接获得的，教师会潜移默化地对学生施以道德方面的影响。这就需要教师不仅有广博的知识，还应该有高尚的人格和正确的道德思想，而这正是建立良好的师生伦理关系的关键。现代师生伦理关系应具有促进学生全面发展、体现教育崇善的基本特性，这也是师生伦理关系改革的方向所在。

总之，师生之间的教育关系、心理关系以及伦理关系相互依存、相互渗透的，构成了一个有机体系，反映了师生关系的本质结构与特征。在这个关系体系中，教育关系是师生关系的基础，离开了这一关系层面，其他关系层也就失去了存在依据和意义；心理关系是伴随教育关系而生成的师生关系，是有效维持教育关系的重要条件。伦理道德关系使教学关系畅顺、心理关系和谐的根本保证。因此，师生关系的良好与否，应当从各个层面关系的具体形态和综合表现中去把握和判断。

三、良好师生关系的建立

良好的师生关系是教育活动顺利进行和教育目标完成的基本保证，建立良好的师生关系是教育工作者的共同要求，也是教育规律的必须要求②。

(一)良好师生关系的基本特征

良好师生关系是师生主体间关系的优化，从其发生发展的过程与结果上

---

① 王本陆．现代教学理论探索与争鸣[M]．合肥：安徽教育出版社，2007.11：191.

② 闫祯．教育学学程——模块化理念的教师行动与体验[M]．北京：北京大学出版社，2010.08：121.

看，具有以下三个基本特征。

1. 尊师爱生，相互配合

“尊师”是指学生尊重教师，尊重教师的劳动和教师的人格尊严，对教师要有礼貌，了解教师工作的意义，理解教师的意愿与心情，主动配合教师的教育教学活动，虚心接受教师的指导。尊师是学生对教师正确认识，良好感情、正确行为的综合体现，是人类的美德，得到学生尊重是教师的最大的愿望。

“爱生”是指教师热爱学生、关心学生，保护学生及尊重学生。“爱生”是教师热爱本职工作的体现，是教师对学生进行教育的感情基础，是教师基本的职业道德，也是培养学生热爱他人，热爱集体的道德情感基础。教师对学生的爱是学生身心健康发展的重要前提。现代新型师生关系，是一种民主、平等的师生关系，在教育过程中师生双方彼此尊重，重视沟通与交流，相互配合与协作，共同完成教育教学任务。

2. 民主平等，和谐亲密

师生关系的民主平等体现了教师与学生在教育过程中的相互尊重人格和权利，相互开放，平等对话、相互理解、相互接纳等关系。民主平等不仅是现代社会民主化趋势的需要，而且是教学活动的人文性的直接要求和现代人格的具体体现。它要求教师能向学生学习，理解学生、发挥非权力性影响力，并一视同仁地与学生交往，善于倾听不同意见，也要求学生正确表达自己的思想和行为，学会合作与共同学习。

民主平等是师生在共同参与的过程中形成的。共同参与意味着教师与学生以不同的主体地位和作用进入实际的教育生活，形成智能、个性等方面互补，发挥各自的积极性、主动性和创造性。民主平等、共同参与的结果是师生之间的融洽、协调。和谐亲密体现了师生的人际亲和力、心理融洽度。

3. 同享共创，教学相长

“同享”就是教师和学生共同体验和分享教育中的欢乐、成功、失望、不安，它是师生情感交流的深化表现。“共创”是教师和学生在相互适应基础上，相互启发，使师生的认识不断深化，共同活动的质量不断提高。“共享共创”体现了师生关系的动态性和创造性，是师生关系的最高层次。“共享共创”的结果是教师和学生相互促进，共同发展，是学生智能，思想、道德、兴趣，人格等的全面发展生成，是教师专业自我的成熟过程，这一结果即我们常说的“教学相长”。

(二)良好师生关系的功能

《中国大百科全书·教育》认为：“学校中的教育活动，是师生双方共同的活动，是在一定历史阶段社会关系的反映。良好的师生关系，是提高学校教育质量的保证，也是社会精神文明的重要方面。”①良好师生关系主要功能表现在以下三个方面：

1. 教育功能

教育功能是指师生关系本身蕴含着教育力量。它是学生从家庭步入社会后建立起来的社会关系，在其间学生学会人际交往的方式、分寸，学会尊重他人、自尊自爱，教会学生做人。

2. 激励功能

激励功能，是指和谐师生关系的建立，可使师生双方从中得到鼓舞，使教师产生职业自豪感，从而产生工作的责任感，坚定献身教育事业的信念；使学生感受到师爱的温暖，感受到教师的殷切希望，并将其转变为奋发向上的动力。良好师生关系对教育的效率产生直接影响。在良好师生关系中，师生间有着良好的合作氛围，双方对自己的根本任务认识清楚，活动积极性高，效率得到极大的提升。

3. 调控功能

调控功能，是指良好的师生关系对教育教学活动具有调节、控制的作用，有利于顺利解决教育教学过程在出现的一切矛盾。良好师生关系使学生对老师能够产生认同感，对教师的帮助引导容易接受，对师生之间出现的意见不同能够从积极的方面去认识，有助于矛盾化解。

(三)建立良好师生关系的基本策略

师生关系总是建立在一定社会背景之中，与师生双方密切相关，受多种因素制约，但就教育内部而言，建立良好的师生关系要靠双方共同努力②。教师在师生关系的建立与发展中占有主导地位，要建立民主平等，和谐亲密，充满活力的师生关系，对教师来说，可以采取以下措施：

1. 了解和研究学生

教师要使其教育影响深入其心灵深处，就必须了解和研究学生，把握学生的基本状况、个性特征、情感需要等。只有这样，教师才能有的放矢，因材施教。教师了解和研究学生，既指对学生个体的思想学业成绩，家庭状况，个性

---

① 中国大百科全书出版社编辑部．中国大百科全书·教育[M]．北京：中国大百科全书出版社，1985.08：320.

② 北京师范大学出版社编辑部．教育学专业基础[M]．北京：北京师范大学出版社，2006.10：84.

等方面的了解研究，也包括对学生班集体的风气，精神面貌等的了解和研究。

2. 树立正确的学生观

学生观是教师对学生的基本看法。它影响教师对学生的认识及其态度、行为，进而影响学生的发展。传统教育把学生视为被动的受体，教师控制、塑造学生，对学生的教育是规范的、预设的。现代教育则把学生视为是有着巨大发展潜力的个体，其不成熟性具有成长价值，学生具有主体性，创造性，学生是责权主体，有正当的权利和利益，具有独立人格，是一个完整的人。正确的学生观来自教师对学生的观察和了解，来自教师向学生学习和对自我的反思。

3. 热爱、尊重学生，公平对待学生

热爱学生包括热爱所有的学生，对学生充满爱心，关心学生的学习与生活。尊重学生是指教师应把学生视为具有独立人格的人，尊重其人格尊严，保护其自尊心，维护其合法权益，教师的爱是一种具有高度社会责任感的爱，因而也应该是公平而理性的爱，它应该润泽所有的学生。

4. 主动与学生沟通，善于与学生交往

师生关系一般都要经历生疏、接触、亲近、依赖、协调、默契阶段，在师生交往的初期，往往会出现不和谐的因素，如因不了解而不敢交往和因误解而造成冲突等，这就要求教师掌握沟通与交往的主动性，经常与学生保持接触交流，了解学生思想动态，把握教育时机。同时教师要掌握交流的策略与技巧，如体察学生心理、寻找共同话题、自然参与学生活动、多种通信方式等。

5. 努力提高自我修养，健全人格

教师素质是影响师生关系的核心因素，教师的师性修养，知识能力，教育态度，个性心理品质无不对学生发生深刻的影响，教师要使师生关系和谐密切，必须通过自己高尚的道德修养，认真的治学态度，渊博的知识面，各方面的兴趣爱好、良好个性特征来吸引学生，要做到这一点，教师必须：①加强学习与研究，使自己更具智慧；②经常进行自我反思，正确评价自己，克服个人偏见和定势；③培养自己各方面兴趣和积极向上的人生观；④学会自我控制，培养耐心、豁达、宽容、理解等个性品质。

6. 组织好教育教学活动，促进学生身心和谐发展

师生关系中的核心关系是教育关系，教育关系主要是通过一系列的教育教学活动来建立的。所以，教师应该认真研究社会需要和学生成长和发展的规律，精心设计教育教学活动，利用各种资源，灵活实施教育教学活动并反思教育教学过程，使学生能够在一种良好的环境中及和谐的情境中，通过自己主动的学习活动发展自我，提高素质。

经典考题

(2014年·下半年·中学段《教育知识与能力》)《综合素质》

材料：在初二时，我因沉溺于看文学书而疏忽了其他学科。为了对得起父母，我勉强自己收了心，跟每一位老师合作，凡书必背，凡课必听，连数学习题，我都一道一道死背下来。有一次，我发现数学老师每次出考试题都是把课本里面的习题选几题叫我们做，我发现这个秘密后，就每天把数学题目背下来。由于我记忆力很好，那阵子我一连考了六个100分。数学老师开始怀疑我了，这个数学一向差劲的小孩功课怎么会突然好了起来呢？一天，她把我叫到办公室，丢了一张试卷给我，说："陈平，这十分钟里，你把这些习题演算出来。"我一看上面全是见也没见过的方程式，整个人都呆了。我坐了十分钟后，对老师说不会做。

下一节课开始时，她当着全班同学的面说："我们班上有一个同学最喜欢吃鸭蛋，今天老师想请她吃两个。"然后，她叫我上讲台，拿起笔蘸进墨汁，在我眼睛周围画了两个大黑圈。她边画边笑着对我说："不要怕，一点也不痛不痒，只是凉凉而已。"画完后，她又厉声对我说："转过身去让全班同学看一看!"当时，我还是一个不知道怎样保护自己的小女孩，就乖乖地转过身去，全班同学哄堂大笑起来。第二天早上，我悲伤地上学去，两只脚像灌了铅似的迈不动。走到教室门口，我昏倒在地上，失去了知觉。从此，我离开了学校，把自己封闭在家里。(摘编自三毛《蓦然回首》)

问题：请从教师职业道德的角度，评析材料中数学老师的做法。

【答案要点】数学老师的做法是不恰当的，严重违背了教师职业道德规范的要求。

首先，教师职业道德规范要求老师做到关爱学生。材料中，数学老师当众给学生脸上画了鸭蛋，严重伤害了学生的自尊心，违背了关爱学生的要求。

其次，教师职业道德规范要求老师做到为人师表。材料中，数学老师取笑学生的行为属于不文明行为，违背了为人师表的要求。

最后，教师职业道德规范要求老师做到爱国守法。材料中，数学老师的行为伤害学生自尊心、侮辱了学生的人格，违背了《教育法》《义务教育法》的要求，未能做到爱国守法。

总之，材料中数学老师的行为严重地伤害了学生的自尊心，不利于学生的健康成长。作为一名合格的老师应该严格遵守教师职业道德规范的要求，做到关爱学生、为人师表、爱国守法。

本章知识结构

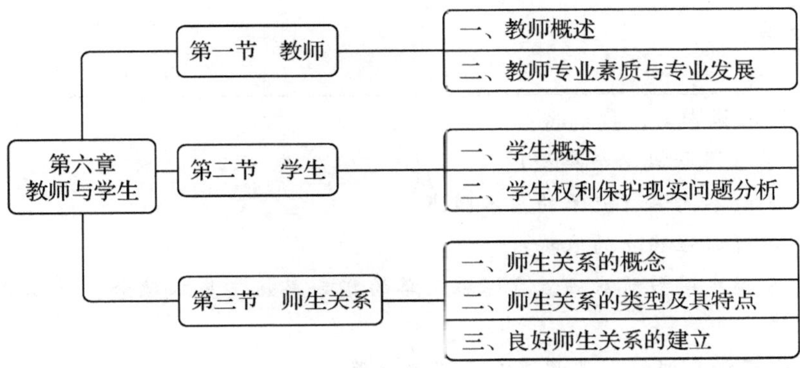

第七章　课程

本章要点

通过本章学习，我们将：

1. 掌握课程概念与类型；
2. 了解不同课程流派的基本观点；
3. 理解课程确立的依据；
4. 掌握我国当前基础教育课程改革的指导思想与基本理念、总体目标和实施过程。

核心概念：课程　课程流派　课程改革

[导学]中国高考与课程改革应可兼得

李子建　黄显涵

磨砺10余年，中国大陆课程改革在经过前期大刀阔斧的改革后已逐渐进入巩固和深化阶段。此次改革建立了中国特色的、更加符合时代要求的新课程体系；产生了许多深受师生认可的教学材料；更加重视学生的创新精神、实践能力和社会责任感；教师教育观念及教学行为发生积极变化；等等。另外，拓展中国大陆课程改革的发展之路尚需关注一些重点问题，高考的倒流效应(wash back effect)即是其中之一。评估在现实中与课程和教学本末倒置。

倒流效应是指高风险的大规模考试对课堂教与学所产生的影响。从理论层面看，评价及评估作为课程与教学过程的基本要素之一，本应和课程与教学相呼应，根据课程与教学目标对评估进行设计和选择。但是，由于标准化考试日益盛行，在具体教学活动中，往往是考试的内容和形式决定教学内容及教学方法。对此，学者温儒敏等人指出，课程改革能否成功，关键在于能否正视高考。如果课程改革与高考脱节，就一定会产生较大问题。李子建与尹弘飚也认为，高中课程实施面对的问题之一是如何处理课程改革和高考要求之间的关系。

资料来源：《中国社会科学报》　2012-09-19

第一节 课程概述

教育内容是教育运行的载体，在很大程度上决定了整个教育运行的质量。学校诞生以后，教育内容不再是分离的文化要素，而是经过选择、加工而形成的内容体系——课程。课程是指学校学生所应学习的内容总和及其进程与安排，具有明确的目的性和充分的预定性，同时还具有高度的科学性和全面的教育性。

一、课程的概念

(一)课程概念溯源

在西方，课程(Curriculum)一词最早见于英国教育家斯宾塞(H. Spencer)《什么知识最有价值》(1859)一文中。它是从拉丁语“Currere”一词派生出来的，意为“跑道”(Race-course)。根据这个词源，最常见的课程定义是“学习的进程”(Course of study)，简称学程①。这一解释在各种英文词典中很普遍，英国牛津字典、美国韦伯字典、《国际教育字典》(International Dictionary of Education)都是这样解释的。

在我国，“课程”一词始见于唐宋期间。唐朝孔颖达为《诗经·小雅·巧言》中“奕奕寝庙，君子作之”一句作疏时提到：“维护课程，必君子监之，乃依法制。”然而，这里的课程是指“秩序”，其含义与我们今天所用之意相去甚远。宋代朱熹在《朱子全书·论学》中多次提及课程，如“宽着期限，紧着课程”，“小立课程，大作工夫”等。虽然他对这里的“课程”没有明确界定，但含义是很清楚的，即指功课及其进程。这里的“课程”仅仅指学习内容的安排次序和规定，没有涉及教学方面的要求②，因此称为“学程”更为准确。

(二)关于课程概念的不同观点

关于课程的界定，不同学者因其视角不同而得出不同观点。可谓仁者见仁、智者见智。但归纳起来，关于课程的定义，主要有四种代表性观点，分述如下。

1. 课程即学科

此观点在历史上由来已久。我国古代的课程有礼、乐、射、御、书、数

① 马焕灵，陈万金．新编教育学教程[M]．广州：暨南大学出版社，2011.07：99.

② 姚俊，杨兆山．教育学原理[M]．大连：辽宁师范大学出版社，2003.07：330—331.

"六艺"；欧洲中世纪初的课程有文法、修辞、辩证法、算术、几何、音乐、天文学"七艺"。事实上，西方的学校是在此基础上增加其他学科，逐渐建立起各级学校的课程体系的。最早采用英文"课程"一词的斯宾塞，也是从指导人类活动诸学科的角度，来探讨其知识的价值和训练的价值的。目前，我国的《辞海》《中国大百科全书》以及众多的《教育学》教材都主张课程即学科。其中，《中国大百科全书·教育》中对课程的理解即为："广义课程是指所有学科(教学科目)的总和；狭义课程是指一门学科或一类活动。"①

2. 课程即学习经验

美国教育家杜威(J. Dewey)根据实用主义的经验论，反对"课程是活动或预先决定的目的"这类观点。在他看来，手段与目的是一个连续体，是同一过程的两个不可分割的部分。因此，杜威认为，唯有学习经验，才是学生真正意义上意识到的课程。美国课程专家泰勒(R. W. Tyler)在其所著的《课程与教学的基本原理》一书中，在对学习内容、学习活动与学习经验作了比较和分析后，认为学习经验是指学生与环境中外部条件的相互作用。学生的学习取决于他自己做了些什么，而不是教师做了些什么。也就是说，只有学习经验，才是学生实际认识到的或意识到的课程。目前，西方的一些人本主义和解释学派课程论者，都趋向于这种观点，他们尽管各自的立场不同，但都开始把课程的研究重点从教材转向学生。

3. 课程即文化再生产

鲍尔斯和金蒂斯等认为，课程就是"从一定社会的文化里选择出来的材料"。他们认为，任何社会文化中的课程，事实上都是(也应该是)这种社会文化的反映。学校教育的职责是要再生产对下一代有用的知识和价值。政府有关部门根据国家需要来规定所教的知识、技能等，专业教育者的任务是要考虑如何把这些规定的知识转换成可以传递给学生的课程。

4. 课程即社会改造的过程

该观点的代表人物巴西的弗雷尔(P. Freire)批评资本主义学校课程已成了一种维护社会现状的工具，充当了人民群众与权贵人物之间的调解者，使人民大众甘心处于从属地位，或归咎于自己天性无能。所以，他主张课程即社会改造的过程。因此，课程设计应该使学生摆脱盲目依从外部强加给他们的世界

① 中国大百科全书出版社编辑部．中国大百科全书·教育[M]．北京：中国大百科全书出版社，1985.08：207.

观，这要求让学生在规划和实施课程的过程中起主要作用。

上述的每一种课程定义，均有其积极的特征，但也都存在明显的缺陷。可以预料，关于课程定义的争辩还会继续下去。但是，掀开争论的喧嚣，不难发现，以上几种关于课程的界定，都是从课程的外部表现加以阐述。综合历史上的不同观点，本书认为，课程是指学校学生所学习的内容总和及其进程与安排。通常情况下，课程包括课程计划、课程标准和教材。

经典考题

(2013 年・下半年・中学段《教育知识与能力》)最早提出"什么知识最有价值"这一经典课程论命题的学者是(　　)。

A. 夸美纽斯　　B. 斯宾塞　　C. 杜威　　D. 博比特

【答案】B

二、课程的理论流派

1918 年博比特的《课程》一书问世，开创了课程研究的先河。在近一百年的时间里，现代课程理论迅速发展，形成了诸多的课程流派。这些理论流派在价值取向上可以分为三类，即知识本位的课程流派、学生本位的课程流派和社会本位的课程流派。

(一)知识本位课程观

知识本位课程观，亦称知识中心课程观或学科中心课程理论，是根据学校的教育目标，分别从各门学科中精选内容，按照学科知识的逻辑体系组成不同的学科，彼此分立地安排顺序、学习时数和学习期限的课程理论。知识本位课程观主要包括了以赫钦斯为代表的永恒主义课程理论、以巴格莱为代表的要素主义课程理论和以布鲁纳为代表的结构主义课程理论。

1. 永恒主义课程理论

以美国教育家赫钦斯为代表的永恒主义课程理论的学者认为：人的本质和理性是永恒的、同一的，不会随着时代的变迁而改变。教育应以永恒的价值为基础，追求"永恒的真理"，所以课程应以包含人类理性的永恒价值的古典名著为内容。他们强调初等教育中儿童的教养和读、写、算的重要性；在中等教育中，以文法、修辞学、辩证法、数学等传统学科为基本课程；在后期中等教育中，应阅读、论析、消化人类伟大的文化遗产——古典名著。

2. 要素主义课程理论

以巴格莱为代表的要素主义课程理论认为，在人类遗产中有"一种知识的基本核心”，即共同的不变的文化要素，包括各种基本知识、各种技艺及传统的态度、理想等①。这些要素对青年一代成长至关重要。所以，学校要设置以学科知识为中心的课程体系和以文化共同要素为核心的教学内容。同时，要素主义课程理论主张严格按照逻辑系统编写教材，强调学习的系统性，认为数学、自然科学、英语等学科，应作为学校课程体系的核心内容。

3. 结构主义课程理论

以布鲁纳为代表的学科结构课程理论则强调，学科都有其基本结构，应以学科知识结构为课程的中心。所谓学科的基本结构，即学科的基本原理、基本的公理和普遍性的主题，它由组织结构、实质结构、句法结构三个部分构成。布鲁纳主张，“无论我们选教什么学科，务必使学生理解该学科的基本结构。”②这样便于学生更容易理解学科，利于学生知识系统化进而改善他们的记忆，缩小初级知识与高级知识间的距离，促进知识技能的迁移。在课程设计上，布鲁纳侧重以人类所积累的文化知识中最具有学术性的理论知识为标准，强调学科专家在课程设计中的主导地位③。

综上所述，可以将知识本位的课程观的基本主张概括为以下三点④：第一，以学科知识或文化的发展作为课程目标的基本来源。按照一定的价值标准，从不同的知识领域或学术领域选择一定的内容，根据知识的逻辑体系，将所选出的知识组织成为学科。课程则是把众多学科按照一定的逻辑顺序组织起来，使学生能先后或同时学习各门科学。第二，学科中心课程的目的是使学生有系统有计划地学习各门学科，最终把握人类的文化遗产，为未来的生活做准备。第三，知识中心课程的编制者一般都是科学家或学科专家，他们关心的主要是社会的需要(或者说是成年人的需要)，更多考虑的是“学生应当接受什么”“哪些知识最有价值”“应当把哪些最有价值的知识和技能教给学生”，而较少考虑学生“愿不愿意学习这些知识和技能”，学生“能不能接受这些知识和技能”的问题。

(二)学生本位的课程观

学生本位课程观也称儿童中心课程、活动中心课程或经验中心课程等，主张以学生的主体性活动和经验为中心组织课程。该课程流派主要包括以杜威为

---

① 彭绪铭．教育学原理[M]．北京：中国人民大学出版社，2010.02：108.

② [美]布鲁纳．教育过程[M]．邵瑞珍译，北京：文化教育出版社，1982.06：31.

③ 张斌贤．外国教育思想史[M]．北京：高等教育出版社，2007.04：466.

④ 邹群，王琦．教育学[M]．大连：辽宁师范大学出版社，2009.05：139.

代表的实用主义课程理论、以马斯洛为代表的人本主义课程理论和以皮亚杰为代表的建构主义课程理论。

1. 实用主义课程理论

实用主义教育是19世纪末20世纪初在美国兴起的一股教育思潮，对20世纪整个世界的教育理论研究和教育实践发展产生了极大的影响。实用主义教育学的主要代表人物是美国哲学家、教育学家杜威。他从实用主义经验论和机能心理学出发，主张课程应以儿童的活动为中心，课程的组织应心理学化，课程实施的方式应是“做中学”。

(1)主张儿童是课程的中心。实用主义课程流派主张课程必须与儿童的生活息息相关，儿童是课程的出发点、中心和目的。课程实施是为了儿童的成长和发展，所以学校课程应以儿童的兴趣和生活为基础。

(2)课程的组织应心理学化。实用主义课程流派认为人类社会的发展阶段与儿童的发展阶段不能等量齐观。因此，课程设置要考量儿童心理发展的次序以及儿童现有的经验和能力，引起儿童的学习动机，让学生主动获得对世界的完整认识。

(3)课程实施的方式应是“做中学”。实用主义课程流派认为课程的实施过程是学生“做中学”的过程。因此，课程的实施要让儿童去交流、去讨论、去体验、去发现、去表现。

2. 人本主义课程理论

20世纪50年代，以马斯洛为代表的人本主义心理学对课程领域产生了巨大的影响，形成了人本主义课程理论。人本主义课程理论的基本观点主要包括：

(1)课程的主要目的在于培养自我实现的人。人本主义课程流派主张“课程的功能不仅仅是提供知识，而是通过提供知识达到认得个性自由和解放①。”人本主义课程重视个人意义，认为学生的主体性“自我”具有至高无上的地位，教育是学生主体“自我”介入获得个人意义的过程。意义不是教材内容的人之意义，而是由学生自我实现需要决定的动机、信念、情感、智力活动所获得的意义。

(2)课程内容选择与组织强调统整。人本主义课程流派主张课程的组织要

---

① 施良方．课程理论——课程的基础、原理与问题[M]．北京：教育科学出版社，1996：81.

有助于学习者作为一个整体的个人在认知、情感、行为等方面实现统一。在课程选择上，人本主义提出“适切性原则”，即课程要适合学习者的兴趣、能力和需要，要与学习者的生活经验和社会状况密切相连①。在课程组织上，学校课程编制应为每一个学生提供个性解放和成长的经验，课程内容的组织应实现情感、认知与行为方式的整合。教师必须提供有想象力的教材，并创造有助于学习者自我表现、自我实现的情境，不强迫学习者做不愿意做的事情。

3. 建构主义课程理论

建构主义的最早提出者可追溯至瑞士的皮亚杰(J. Piaget)，后经科恩伯格(O. Kernberg)、斯滕伯格(R. J. sternberg)、卡茨(D. Katz)、维果斯基(Vogotsgy)等人进一步发展。建构主义理论一个重要概念是图式，图式是指个体对世界的知觉理解和思考的方式，也可以把它看作心理活动的框架或组织结构。图式的形成和变化是认知发展的实质，认知发展受三个过程的影响：即同化、顺化和平衡。在此理论基础上，建构主义课程主张：

(1)知识是不是客观存在物。建构主义认为，知识不是客观的东西，而是主体的经验、解释和假设。知识的建构过程是学习者主动、自主进行的，不仅是主动选择信息，而且是自主决定其意义，“自主”是建构性学习的本质属性。

(2)课程内容为真实性任务。建构主义认为，课程内容要选择真实性任务，以创设“学习环境”为主要任务的课程设计，不能对课程内容做简单化的处理，以免远离现实的问题情境。

(3)课程实施过程是学习者主动建构知识的意义的过程。建构主义认为，课程实施过程不是传递东西，而是创设一定环境和支持，促进学习者主动建构知识意义的过程。

(三)社会本位的课程观

社会本位的课程观，主要是指改造主义课程观。代表人物主要有康茨、拉格和布拉梅尔德等，主要思想内涵及其课程理念如下②：

1. 关注社会问题

以统整的方式，以探究社会问题为内容，协助学生以这些社会问题为核心，进行主题式的批判探究，以及开放式的讨论，学习者需要明确自己在社会中的定位，并找出透过社会共识，以满足个人需要的方法。

① 吕达．课程概论[M]．北京：人民教育出版社，2004.10：118.

② 施良方．课程理论——课程的基础、原理与问题[M]．北京：教育科学出版社，1996.08：81.

2. 重视就地扎根

社会本位主义者认为，学校有透过民主的过程来转化社区的任务，学校是社区发展过程的催化剂，强调对社区参与服务，学生的学习经验与社区生活产生联系。

3. 强调行动实践

教师应该积极引导学生探究社会议题，参与社会活动，学生应致力于学习重要的社会问题，参与真实探究，在行动实践中试图了解问题所在，进而尝试解决社会问题。

4. 再探文化诠释

布拉梅尔德将文化观点作为重建主义的基础，认为教育重建是以文化为本的哲学，其核心要素是文化，教育的焦点从“个人”转移到“社会脉络中的个人”。

5. 拓展社会民主

巴斯勒在《民主的课堂》中指出，精粹主义者的课堂是以教师为中心，进步主义教育运动是以学生为中心，重建主义者的民主课堂是师生共为主体、共同决策的历程，非暴力是民主的前提，也是重建主义作决定和实践的基础，教育是发展民主信仰与忠诚的历程。

6. 共筑世界社群

主张尊重人的尊严与差异，超越狭隘的意识形态与国族主义，从全球视野、地球村的关怀来看待人类，一方面要珍惜自己文化的传统；另一方面要超越地域束缚，以开阔长远的眼光来思考和沟通问题，体认世界的共同利益，共筑世界社群。

经典考题

(2013 年·上半年·中学段《教育知识与能力》)(简答题)简述学科中心论的主要观点。

【答案要点】学科中心课程理论，是根据学校的教育目标，分别从各门学科中精选内容，按照学科知识的逻辑体系组成不同的学科，彼此分立地安排顺序、学习时数和学习期限的课程理论。学科中心课程理论的基本主张为：第一，以学科知识或文化的发展作为课程目标的基本来源，按照一定的价值标准，从不同的知识领域或学术领域选择一定的内容，根据知识的逻辑体系，将所选出的知识组织成为学科。第二，学科中心课程的目的是使学生有系统有计划地学习各门学科，最终把握人类的文化遗产，为未来的生活做准备。第三，知识中心课程的编制者一般都是科学家或学科专家，他们关心的主要是社会的需要，是学生应当接受什么。

三、课程形态

课程形态(forms of curriculum)指的是课程的存在和表现形式。课程形式主要表现为课程计划、课程标准及教材。

(一)课程计划

1. 课程计划的概念

课程计划又称“教学计划”，是根据教育目的和不同类型学校的教育任务，由国家教育主管部门制定的有关教学和教育工作的指导性文件①。自1992年国家教委颁布《九年义务教育全日制小学、初级中学课程计划(试行)》开始，正式将“教学计划”改为“课程计划”。

课程计划从整体上规定着学校的性质、培养目标、教学目的和指导思想、教学内容的范围和学科设置、各阶段的教学进度、课时安排、教学效果的评价及课程管理办法。它是学校组织教育和教学工作的重要依据，也是学校安排整个课程检查、衡量学校工作和质量的基本依据。课程计划的主要作用是指导和规定教学活动的依据，制定课程标准的依据。

2. 课程计划的具体内容

课程计划的内容主要包括课程设置、学科顺序、课时分配及学年编制和学周安排②。

(1)课程设置。就是根据国家的教育目的和各级各类学校的任务、培养目标和修业年限来确定学校的学科和课程。开设哪些学科是课程计划的中心问题。我国中小学的学科设置，基本上以恩格斯对科学的分类为依据，选择其中最一般的、对青少年而言最必需的科学知识构成学科，分科设置，纳入课程计划。各门学科既有自己的独立系统，又有必要的相互联系。当然，学科和学科之间既有联系又有区别。不能人为地把学科分为“主科”和“副科”，畸轻畸重，以致影响学生的发展。

(2)学科顺序。是根据修业年限、学科内容、各科之间的衔接、学生的发展水平、接受能力等因素而确定学科开设的顺序。各门学科不能同时开设，也

① 钟祖荣，刘维良．教育理论(第五版)[M]．北京：高等教育出版社，2007.01：79.

② 王萍．现代教育学[M]．济南：山东教育出版社，2012.07：162－163.

不宜单科独进，由易到难，由简到繁，合理安排，使先学的学科为以后学习的学科奠定基础。因而各阶段的学科安排既要注意知识的衔接性，又要注意其相对完整性，以适应学生升学和就业的双重需要。

(3)课时分配。规定各门学科的教学时数包括学科在学年内的授课时数、每周的授课时数和各年级的周学时等。在课时安排的过程中我们要根据学科的任务、作用、教材内容的多少和学科的难易程度来确定。

(4)学年编制和学周安排。是指学年阶段的划分、学生在校学习的时间、学校在假期和节日的规定等。

(二)课程标准

1. 课程标准的概念

课程标准是国家课程标准的简称，是国家根据课程计划以纲要的形式编定的有关某门学科的内容及其实施、评价的指导性文件。它是教材编写、教学、评估和考试命题的直接依据，也是国家管理和评价教育质量的基础性文件。自20世纪50年代以来，我国一直沿用的“教学大纲”，2001年正式改为“课程标准”。

2. 课程标准的具体内容

目前，我国已经编制20个门类全日制义务教育国家课程标准，总体框架基本相同，一般来说分为“前言”“课程目标”“内容标准”“实施建议”“附录”等五个部分①。

(1)前言。结合目前的课程改革，根据本课程门类的特点和要求，阐述课程改革的背景、课程的性质、课程基本理念和本标准的总体设计思路。

(2)课程目标。按照教育方针以及新一轮课程改革的要求，明确各门学科在知识与技能、过程与方法、情感态度与价值观等三个方面共同而又各具特点的课程总目标和学段目标。

(3)课程内容。在划定本课程门类的内容范围和框架的基础上，用明确的行为动词表述学习目标和学习结果。

(4)实施建议。主要包括教与学的建议、评价建议、课程资源的开发和利用建议，以及教材的编写建议等。同时要求在易误解的地方或陈述新出现的重要内容时，提供适当的典型性案例，以便于教师理解，同时也是引导一种新观

---

①　刘家访，余文森，洪明．现代课程论基础教程[M]．长春：东北师范大学出版社，2007.12：46.

念的有效方法。

(5)附录。对标准中出现的一些重要术语进行解释与说明，以便使用者能够更好地理解与实施标准，也包括本门课程的有关附件，如教学活动案例、行为动词用法一览表等。

(三)教材

1. 教材的概念

教材是教师和学生据以进行教学活动的材料，包括教科书、讲义、讲授提纲、参考书、活动指导书以及各种视听材料等。其中，教科书和讲义是教材的主体部分，故人们常把教科书与讲义简称为教材①。课程标准是教科书编写的直接依据。

教科书简称课本，它是依据课程标准编制的，系统反映学科内容的教学用书。通常按学年或学期分册，划分单元或章节。

2. 教材的编写

(1)教材的编写要求。教科书编写的要求有：首先，在内容上要做到科学性、思想性、效用性的统一；其次，在教材的编排上，要做到知识的内在逻辑与教学法要求的统一；最后，教科书的编排形式要有利于学生学习。

(2)教材的编排方式。教材的编排方式一般有两种：一种是直线式排列；另一种是螺旋式排列。

①直线式排列。这种排列方式是对一种教材内容采取环环相扣、直线推进、不予重复的排列方式，也就是说，在教材的内容排列中，后面不重复前面已讲过的内容。在这种组织形式下，学习有相当的难度。一般来说，难度不大的分科教材或教材中的非重点、非难点内容，可以采用这种排列方式。其优点是：可以有效地避免内容前后重复，节省学生的学习时间，提高教学效率。其缺点是：不能连续重复编排中小学教材内容中的重点和难点，可能使学习基础较差的学生难以掌握疑难知识。

②螺旋式排列。这种排列方式是针对学习者的接受能力，按照简繁、深浅、难易的程度，使学科中教材内容的某些基本原理重复出现，逐步扩展，螺旋上升。美国教育心理学家布鲁纳就曾提出过“螺旋式课程”的观点。他认为，任何科学的基本原理，都能在智育上以正确的方式教给任何年龄阶段的任何学生。螺旋式排列的优点是：重视学生的认知结构同教材结构之间的统一，易于

① 牟艳杰．教育原理[M]．北京：化学工业出版社，2010.09：116.

保证学科知识的逻辑性，并适合学生的发展水平。不足之处是：在强调把知识进行心理学转译的时候，没有看到其局限性和不可行的一面，缺乏技术保障，往往会出现这样或那样的失误。布鲁纳倡导的课程改革之所以失败，不能说与他没有解决好将知识进行心理学转译的技术无关。

总之，各种教材组织方式均有优缺点，应根据学科性质、学生特点和学习阶段等具体情况，选择某一种组织方式，或综合运用多种组织方式。

(3)教材的使用。教材的使用应注意的要点有四点：首先，教材是学生在学校获得系统知识、进行学习的主要材料，它可以帮助学生掌握教师讲授的内容；同时，也便于学生的预习、复习和做作业。教材是学生进一步扩大知识领域的基础。所以，要教会学生如何有效地使用教材，发挥教材的最大作用。其次，教材也是教师进行教学的重要依据，它为备课、上课、布置作业、学生学习成绩的评定提供了基本材料。熟练地掌握教材内容是教师顺利完成教学任务的重要条件。再次，根据课程计划对本学科的要求，分析本学科的教学目标、内容范围和教学任务。最后，根据本学科在整个学校课程中的地位，研究本学科与其他学科的关系，是理论与实际相联系的基本途径和最佳方式。这有利于确定本学科的主要教学活动、课外活动、饰演活动或其他社会实践活动，对各教学阶段的课堂教学和课外活动做出统筹安排。

经典考题

1.(2012年·上半年·中学段《教育知识与能力》)编写教材(教科书)的直接依据是(　　)。

A 课程计划　　B. 课程目标　　C. 课程标准　　D. 课程说明

【答案】C

2.(2012年·下半年·中学段《教育知识与能力》)在教材编写过程中，课程内容前后反复出现；且后面的内容是对前面内容的扩展和深化。这种教材编排方式是(　　)。

A. 直线式　　B. 螺旋式　　C. 分科式　　D. 综合式

【答案】B

3.(2014年·上半年·中学段《教育知识与能力》)课程的文本一般表现为(　　)。

A. 课程计划，课程标准，教科书　　B. 课程计划，课程目标，课程实施

C. 课程目标，课程实施，课程评价　D. 课程主题，课程任务，课程标准

【答案】A

4.(2015年·上半年·中学段《教育知识与能力》)教师进行教学的直接依据是( )。

A. 课程计划　　B. 课程目标　　C. 课程标准　　D. 教科书

【答案】C

5.(2012年·上半年·中学段《教育知识与能力》)(简答题)简述课程计划的含义和内容。

【答案要点】课程计划是根据教育目的和不同类型学校的教育任务，由国家教育主管部门制定的有关教学和教育工作的指导性文件。课程计划对学校的教学、生产劳动、活动等方面做出全面的安排，从整体上规定着学校的性质、培养目标、教学目的和指导思想、教学内容的范围和学科设置、各阶段的教学进度、课时安排、教学效果的评价及课程管理办法。它是学校组织教育和教学工作的重要依据，也是学校安排整个课程检查、衡量学校工作和质量的基本依据。课程计划是指导和规定教学活动的依据，也是制定课程标准的依据。

6.(2012年·下半年·中学段《教育知识与能力》)(简答题)简述课程内容的三种文本表现形式。

【答案要点】课程内容的三种文本表现形式包括课程计划、课程标准、教材：

①课程计划是根据教育目的和不同类型学校的教育任务，由国家教育主管部门制定的有关教学和教育工作的指导性文件。②课程标准是教材编写、教学、评价和考试命题的依据，是国家管理和评价课程的基础。它对教师工作有直接的指导意义。③教材是教师和学生据以进行教学活动的材料，包括教科书、讲义、讲授提纲、参考书、活动指导书以及各种视听材料等。其中，教科书和讲义是教材的主体部分，故人们常把教科书与讲义简称为教材。

7.(2014年·下半年·中学段《教育知识与能力》)(简答题)简述教科书编写的基本原则。

【答案要点】教科书编写的主要要求有：

首先，在内容上要做到科学性、思想性、效用性的统一。其次，在教材的编排上，要做到知识的内在逻辑与教学法要求的统一。最后，教科书的编排形式要有利于学生学习。

四、课程类型

根据不同的标准可以将课程分为不同种类。根据课程的性质划分，可以分为学科课程与活动课程；根据课程内容的组织方式划分，可以分为分科课程和综合课程；根据课程形态划分，可以分为显性课程和隐性课程；根据学生修习的要求划分，可以分为必修课程与选修课程；根据课程管理主体，可以分为国家课程、地方课程和学校课程。

(一)学科课程与活动课程

根据课程的性质，可以将课程划分为学科课程与活动课程。

1. 学科课程

学科课程是一种主张以学科为中心来编定的课程。主张分别从相应科学领域中选取知识，根据教育教学需要分科编排课程，进行教学①。学科课程的主要特点有②：第一，从不同的知识体系出发设计课程，是知识本位的；第二，以知识的逻辑体系为中心编制课程；第三，重视学科的理论知识，强调把各门科学中的基本概念、基本原理、规律和事实教给学生。

学科课程的主要优点是能在较短时间内把各门学科的基本原理教给学生，使学生系统地掌握和继承人类经过实践活动、科学探索所取得的经验和科学认识。主要缺点是过多考虑知识的逻辑和体系，不能完全照顾学生的需要和兴趣。

2. 活动课程

活动课程以学生兴趣、需要和能力为基础开设的，以学生实践活动为形式的课程③。活动课程的发展从思想上可以追溯到卢梭。在19世纪后半期的“新学校”运动中，出现活动课程的实验或实践。尔后，杜威构建活动课程理论体系。“设计教学法”则把这种活动课程理论体现得最为完全。活动课程的主要特点有④：第一，从儿童的需要、兴趣和个性出发设计课程，是儿童本位、经验本位；第二，以儿童的心理发展顺序为中心编制课程；第三，主张儿童在活动中探索，尝试错误，学到方法。

活动课程的主要优点是重视课程要适合学生的兴趣、需要，注意教材的心理组织，能够激发学生活动的积极性、主动性，对于发展学生的智力，培养能力，很有效果。其缺点主要是学生获得的知识缺乏系统性、连贯性，不利于传

---

① 陈时见．课程与教学理论和课程与教学改革[M]．桂林：广西师范大学出版社，1999.01：62.

② 钟祖荣．教育学[M]．北京：北京出版社，2004.03：146.

③ 孙立明，汪锡龄．教育学[M]．大连：辽宁师范大学出版社，1994.08：148.

④ 孙立明，汪锡龄．教育学[M]．大连：辽宁师范大学出版社，1994.08：149.

递人类文化经验。

(二)分科课程与综合课程

根据课程内容的组织方式划分，可以将课程划分为分科课程与综合课程。

1. 分科课程

分科课程也叫科目课程，是指从不同门类的学科中选取知识，按照知识的逻辑体系，以分科教学的形式向学生传授知识的课程。分科课程与学科课程基本上是一致的，分科课程强调的是课程内容的组织形式，而学科课程强调的是课程内容固有的属性。从课程开发来说，分科课程坚持以学科知识及其发展为基点，强调本学科知识的优先性；从课程组织来说，分科课程坚持以学科知识的逻辑体系为线索，强调本学科自成一体。

分科课程的主要优点有：第一，有助于突出教学的逻辑性和连续性，它是学生简捷有效地获取学科系统知识的重要途径；第二，有助于体现教学的专业性、学术性和结构性，从而有效地促进学科尖端人才的培养和国家科技的发展；第三，有助于组织教学与评价，便于提高教学效率；第四，教师易于组织教学和进行评价活动；第五，有利于学生学习和巩固基础知识。分科课程的主要缺点有：第一，分科课程容易导致轻视学生的需要、经验和生活，容易导致忽略当代社会生活的现实需要；第二，各学科之间界限分明，容易导致学科与学科彼此之间的割裂，从而限制了学生的视野，束缚了学生思维的广度，造成学生“只见树木不见森林”的思维模式。

2. 综合课程

所谓“综合课程”是一种采用各种有机整合的形式，使学校教学系统中分化了的各种要素及各成分之间形成有机联系的课程形态①。综合课程包括三个类型：其一，融合课程，是将有关学科融合为一门新的学科，融合之后原来学科之间的界限不复存在；其二，广域课程，两门以上课程合为新的课程，可以跨学科领域的课程；其三，关联课程，是指两种或两种以上学科既在一些主题或观点上相互联系起来，又保持各学科原来的相对独立；其四，核心课程，这种课程是围绕一些重大的社会问题组织教学内容，社会问题就像包裹在教学内容里的果核一样，又被称为问题中心课程。

综合课程的优点主要有：第一，综合课程打破了学科间的界限，有利于培养学生对事物的整体认识能力；第二，综合课程减少了课程的门类，有利于减

① 陈平．教育学基础[M]．贵阳：贵州人民出版社，2006.08：178.

轻学生的负担；第三，综合课程从生活、社会的实际出发，具有较强的实践性，有利于培养学生的动手能力。当然，综合课程也有其自身的缺点，主要表现为综合课程知识面广，教学难度大，不易被教师把握。

(三)显性课程与隐性课程

根据课程表现形态，可以把课程分为显性课程和隐性课程。

1. 显性课程

显性课程也叫正规课程、官方课程，是指为实现一定的教育目标而正式列入学校教学计划的各门学科以及有目的、有组织的课外活动①。显性课程的主要特征就是计划性。凡是列入教学计划的学科都是显性课程，也就是各门学科的知识体系，是文化传播的主体，是课程结构的主体，是培养人才的主要依据。显性课程是课程的主要形式，是教学的主要载体，对学生的发展具有直接的明显的影响。

2. 隐性课程

隐性课程又称“潜在课程”或“隐蔽课程”，是学校情境中以间接的内隐的方式呈现课程②。隐性课程一词最早是由美国的杰克逊于 1966 年提出的，是指构成学生的非正式学习的各种要素，如学校的物理与文化环境、师生关系、课堂规则与程序、教科书中隐喻的内容、学生的性别差异以及课堂奖励方式等。一般地说，隐性课程包括以下三个方面：第一，学校的物质环境；第二，学校班级中长期形成的制度与非制度文化。它主要包括学校的传统、舆论、风气、仪式、制度等；第三，学校中的人际关系。主要是指师生关系、同学关系、学生团体文化等。

(四)必修课程与选修课程

根据学生修习的要求，可以把课程分为必修课程与选修课程。

1. 必修课程

必修课程是由国家或学校规定、所有学生必须学习的课程。它往往体现了社会对人才的统一要求，带有统一性和强制性。必修课程是整个课程系统的基石，突出体现了国家对学生所学课程的共同的基本要求，为学生在德、智、体、美、劳等方面的发展打下一般的基础。因此，世界各国都非常重视必修课程的设置。

---

① 马云鹏．课程与教学论[M]．北京：中央广播电视大学出版社，2006.01：133.

② 钟祖荣．教育学[M]．北京：北京出版社，2004.03：147－148.

2. 选修课程

选修课程是指一个教育系统或教育机构规定的，学生可以按照一定规则自由地选择学习的课程种类。选修课程是为了适应学生的兴趣、爱好及劳动就业的需要而开设的，可供学生在一定程度上自由选择的课程①。选修课程是学生可以根据自己的需要和兴趣决定是否学习的课程。它是考虑到学生的兴趣和个性差异而设计的，具有选择性、多样性。选修课程有利于培养学生的兴趣特长，促进人才的成长。

(五)国家课程、地方课程与校本课程

根据课程管理主体，可以分为国家课程、地方课程和校本课程。

1. 国家课程

国家课程有两个基本含义。一个是广义的，指国家有关部门如教育部制定和颁布的各种课程政策，其中包括课程管理与开发的政策，制定基础教育课程计划，规定各类课程的比例和范围，规定教材制度等；一个是狭义的，指国家委托类似国家课程标准委员会机构指定的基础教育的必修课程(或核心课程)的课程标准。它是自上而下由中央政府负责编制、实施和评价的课程。

国家课程集中体现了国家的意志，是决定一个国家基础教育质量的主要因素，因此，国家课程具有统一规定性和强制性。国家课程确保所有学生学习的权利，明确规定学生在接受学校教育期间应达到的标准，提高学生在接受学校教育期间的连续性和连贯性。

2. 地方课程

地方课程是在国家规定的各教育阶段的课程计划内，由地方政府及其教育行政部门或其授权的教育部门依据当地的政治、经济、文化、民族等发展需要而开发的课程。地方课程是立足于地方、归属于地方、并服务于地方的课程。

(1)“立足于地方”。是指地方课程应以本地区的教育行政部门，专业研究者和教育工作者为主，确保地方课程的有效性、科学性与现实针对性；要从当地实际出发所设计的课程，应充分挖掘当地所存在的各种潜能，充分利用本地的教育资源。

(2)“归属于地方”。是指地方课程应在不违背国家课程目标的大前提下，地方政府和教育行政管理部门负责设计地方课程的体系、结构、内容以及开展实施、评价等工作。

---

① 陈坤华，彭拥军．现代教育学[M]. 长沙：中南大学出版社，2009.08：132.

(3)“服务于地方”。是指地方课程关注是本地区政治、经济、文化发展面临并亟待解决的问题，它既要致力于解决本地区存在的实际问题，又要致力于进一步提高本地区的办学水平与教育教学质量。

3. 校本课程

学校在实施好国家课程和地方课程的前提下，自己开发的适合本校实际，有自己特色的课程。校本课程可分为两类：一是使国家课程和地方课程校本化、个性化，即学校和教师通过选择、改变、整合、补充、拓展等方式，对国家和地方课程进行再加工、再创造，使之更加符合学生、学校的特点和需要。二是学校设计开发新的课程，即学校在对本校学生的需求进行科学的评估，并充分考虑当地社区和学校课程资源的基础上，以学校和教师为主，开发旨在发展学生个性特长的、多样的、可供学生选择的课程。

经典考题

1.(2012年·上半年·中学段《教育知识与能力》)在中学阶段开设语文、数学、物理、化学等课程属于(　　)。

A. 学科课程　　B. 综合课程　　C. 活动课程　　D. 社会课程

【答案】A

2.(2015年·上半年·中学段《教育知识与能力》)主张课程的内容和组织应以儿童的兴趣或需要为基础，鼓励学生“做中学”，通过手脑并用以获得直接经验，这反映的课程类型是(　　)。

A. 学科课程　　B. 活动课程　　C. 分科课程　　D. 综合课程

【答案】B

3.(2016年·上半年·中学段《教育知识与能力》)校风、教风和学风是学校文化的重要构成部分。就课程类型而言，它们属于(　　)。

A. 学科课程　　B. 活动课程　　C. 显性课程　　D. 隐性课程

【答案】D

4.(2011年·下半年·中学段《教育知识与能力》)(简答题)必修课程及特征。

【答案要点】必修课程是所有学生必须学习的课程。它往往体现了社会对人才的统一要求，带有统一性和强制性。必修课程有利于学生达到社会的统一要求，形成学生共同的价值观、思维方式和知识基础。必修课程是指由国家或学校规定、学生必须学习的课程。必修课程突出体现了国家对学生所学课程的共同的基本要求，为学生在德、智、体、美、劳等方面的发展打下一般的基础 。

必修课程是整个课程系统的基石，因此，世界各国都非常重视必修课程的设置。

五、课程开发

课程开发(Curriculum Development)是课程领域的一个重要概念，也是内涵最不确定的一个概念。起初，我国教育界更多是把“Curriculum Development”译作“课程编制”。20世纪20年代至40年代，学界又将其译为“课程编订”。80年代以后，在一些课程研究的书刊中逐渐开始使用“课程开发”。如今，此概念被普遍接受。

(一)课程开发的概念

关于课程开发的界定，至今仍有争议。但主流观点认为，课程开发是指通过精心计划，开发出一项课程并将其提供给教育机构中的人们，以此作为进行教育方案的过程。它包括课程目标的确定、课程内容的选择与组织、课程的实施与评价等阶段①。如此看来，本书认为，课程开发是指对通过社会和学习者需求分析，确定课程目标，再根据这一目标选择某一个学科(或多个学科)的教学内容和相关教学活动进行计划、组织、实施、评价、修订，以最终达到课程目标的整个工作过程。

课程开发是一项极其复杂的工作。传统课程制度下，主要由国家承担课程开发任务。2001年7月27日，教育部正式颁布了《基础教育课程改革纲要(试行)》，明确了国家课程、地方课程和校本课程。于是，课程开发呈现了三个层次：国家课程开发、地方课程开发和校本课程开发。

(二)课程开发的基本环节

1. 课程目标的确定

确定课程目标是课程开发的起点，它制约着课程开发的方向，规定着课程构成、课程内容的选择以及学习活动方式的性质。课程目标的制定过程实际上是教育目的和培养目标在课程活动中的转化过程。因此，课程目标制定的依据也必然是教育目的和培养目标制定的依据。即社会现实条件、人的身心发展规律是制定课程目标的根本依据。

2. 课程内容的选择

课程内容的选择是课程开发过程中的一项基本工作，它涉及课程的方方面

---

① 施良方．课程理论——课程的基础、原理与问题[M]．北京：教育科学出版社，1996.08：81.

面，也是许多课程问题的集结点。课程内容直接指向“教什么”的问题，课程内容的基本性质是经验(知识)，包括直接经验和间接经验两种形态。其中，直接经验是指与学生现实生活及其需要直接相关的社会知识、自然知识及其技能的总和；间接经验即理论化、系统化的书本知识，它是人类认识的基本成果。由于课程性质的不同，有的课程设置以直接经验为主，如活动课程；而有的课程设置以间接经验为主，如学科课程。

3. 课程组织与实施

选择了课程内容之后，课程开发的一个重要工具就是课程的组织。课程组织是指在一定教育价值观的指导下，将各种课程要素合理地进行排列组合，妥善地组织成课程结构，使之在动态运行中产生合力，增进学习效果的累积学习功能，以有效地实现课程目标①。课程组织具有两种功能：一是通过课程要素的有效安排，激发学习者的学习动机；二是使学习产生最大的累积效果，达成课程目标。

课程实施就是把新的课程计划付诸实践的过程，也可以说是把书面的课程转化为具体教学实践的过程。课程实施不同于课程采用。课程采用意为做出使用某项新课程方案的决定的过程，主要关注的是在教育实践中选择和采用什么样的课程方案。课程实施则是课程方案付诸实践的过程，更多关注的是课程是运行过程与运行结果。

4. 课程评价

课程评价是以具体的课程为对象，以判断课程的价值及其功能为目的的实践活动②。课程评价作为一个独立的领域，最早由美国“课程评价之父”泰勒提出，随后被广泛运用于课程理论与实践中，并成为整个课程研究中定义最为多样，最难理解的概念之一。

一般认为，课程评价有广义和狭义之分③：广义的课程评价即教育评价，是指按照一定的价值标准，通过系统地收集有关信息，对教育活动的效果与质量做出判断的活动。它既包括对课程设计过程及其结果的评价，也包括对实施过程和结果的评价，同时还包括对整个课程系统乃至课程评价本身的评价(元评价)。

狭义的课程评价特指对课程计划、课程标准和教材在改进学生学习方面的

---

① 钟启泉．课程与教学论[M]．上海：华东师范大学出版社，2008.07：130.

② 范晓玲．教学评价论[M]．长沙：湖南教育出版社，1999.10：55.

③ 潘洪建，刘华，蔡澄．课程与教学论基础[M]．镇江：江苏大学出版社，2012.01：323.

价值做出判断的活动，包括课程计划的评价和课程标准的评价、教材的评价等核心内容。它的实施一般是由受过专门培训的评价人员，借助于专门的评价方法和技术而进行的。

(三)课程开发的基本模式

目前，主流课程开发模式包括三种，即以泰勒为代表的目标模式，以斯腾豪斯为代表的过程模式，以劳顿和斯基尔贝克为代表的情境模式。

1. 目标模式

1949年美国课程论专家拉尔夫·泰勒出版了《课程与教学的基本原理》一书，提出了课程编制的“四段论”，形成了著名的“泰勒原理”，即“目标模式”的课程编制原理。这一模式又称为“理性计划模式”或“手段—目标”模式。

目标模式是以目标为课程开发的基础和核心，围绕课程目标的确定及其实现、评价而进行课程开发的模式。泰勒在《课程与教学的基本原理》一书中指出，开发任何课程的教学计划都必须回答四个基本问题①：

第一，学校应该试图达到什么教育目标？

第二，提供什么教育经验最有可能达到这些目标？

第三，怎样有效组织这些教育经验？

第四，我们如何确定这些目标正在得到实现？

可见，“目标模式”专注于课程开发的方法而非课程本身的内容②。泰勒认为每所学校应自行决定目标，目标的决定可根据学习者、校外生活、学科专家等来加以筛选。目标模式提出后，立刻受到世界发达国家课程理论及实践界的积极回应，一度成了20世纪五六十年代课程编制的“主导范式”，至今依然具有很大的影响力。我国改革开放以来的课程改革以及新基础教育课程改革在许多学科课程编制上也深受其影响。

当然，目标模式过于关注目标，因而不可避免地存在一些问题，受到了一定的批判。首先，该模式采用“决定主义”的观点解释人类的行为，把人变成机器，使人类事物可以工艺化、系统化地加以分析，它抹杀了人性的丰富性、复杂性、主体性等特征。其次，该模式所依据的行为目标多有缺陷：目标分类基本上是测验题的量表，而非认知过程；有些不可测定的价值如何目标化？这容

---

① [美]泰勒．课程与教学的基本原理[M]．施良方译，北京：人民教育出版社，1994.01：1—10.

② 全国十二所重点师范大学．课程论[M]．北京：教育科学出版社，2007.12：265—266.

易导致价值缺失；目标的意义也较难统一，易产生歧义。最后，它以知识为中心，重视知识的逻辑与结构，主张学科专家是课程开发的主导者，强调“预成性”，即在教学之前就开发出一套现成的物品(学科、教材)，而教师在教学中只是这种物品的使用者、执行者和消费者，教师必须忠实于教材①。这种开发模式有利于师范教师(特别是新教师)的教学行为，但不利于师生主体性的发挥，也容易造成只重学科、教材的设置与编制，而忽视课程实际运作中的“特定情境”的要求，课程缺乏必要的“弹性”。

2. 过程模式

基于对“目标模式”的批判，英国课程论专家斯腾豪斯在1975年出版的《课程研究与开发导论》中提出了课程编制的“过程模式”。他认为，“目标模式”对于训练行为技能是很适用的，但对于知识的学习则不适宜。这是因为，知识的本质在于可以通过对知识的运用进行创造性思维。因而，课程应该考虑知识的不确定性，鼓励个体化的、富于创造性的学习，而不是把知识及其学习作为满足预定目标的尝试。

“过程模式”鼓励教师对课程实践的反思批判和发挥创造。不过，教师应遵循下列五项“过程原则”②：第一，教师应该与学生一起在课堂上讨论、研究有争议的问题；第二，在处理有争议的问题时，教师应持中立原则，使课堂成为学生的论坛；第三，探究有争议的问题的主要方式是讨论，而不是灌输式的讲授；第四，讨论应尊重参与者的不同观点，无须达成一致意见；第五，教师作为讨论的主持人，对学习的质量和标准负责。

“过程模式”非常强调过程本人的育人价值，强调师生互动，既重视教师的自主权，又重视学生的自主活动③。由此，斯腾豪斯提出了著名的、至今影响很大的“教师即研究者”的课程思想，认为教师应当成为课程的研制者、开发者，而不仅仅是接受者、消费者，这就为当今世界课程改革中重视教师主体作用的编制模式提供了理论基础。

当然，由于过程模式同样存在一定的缺陷，也遭到了一定的批判。首先，有的学者认为它“长于方法而拙于目的”，这样，教学过程就有可能含混不清，教师业绩和学生学业的评价成为棘手的问题。其次，过程模式重视教学的脉络，强调实际发生的事件，因此缺乏规范性。最后，过程模式只是依据当代教

---

① 吴永军．新课程学习方式论[M]．南京：南京师范大学出版社，2005.11：199.

② 吴永军．新课程核心理念例解[M]．南京：江苏人民出版社，2003.07：92—93.

③ 陈寒，林群．教育学教程[M]．北京：北京师范大学出版社，2011.09：209.

育哲学的某些理论而产生的，因而有其片面性。

3. 情境模式

情境模式又称环境模式或文化分析模式，其代表人物是英国课程专家丹尼斯·劳顿和斯基尔贝克。如果说，目标模式根植于行为主义心理学，过程模式根植于教育哲学，那么，情境模式则根植于文化分析主义①。劳顿认为，设计课程要考虑三个方面的问题：第一，知识的性质本身：知识是什么，知识的不同形式以及不同逻辑处理；第二，儿童或个别儿童的本性：认知的成长与发展；第三，充分考虑社会情境、压力与社会需要。

该模式有五个主要组成部分②：第一，分析环境：考察学校的环境并对其中的相互作用的因素进行分析，包括外部因素，如意识形态的变化、家长和社区的各种愿望，以及各学院和大学这样一些"教师供应机构"可能对学校的帮助等；内部因素，如教师、学生的特点、学校风气以及设备、资源和所面临的问题；第二，表述目标：对师生各种活动的目标进行表述；第三，制订方案：包括选择学习材料、安排教学活动、调配教职员，以及挑选合适的补充材料和教学手段；第四，阐明和实施：在这里，要使新方案在推广时可能发生的实际问题暴露出来，然后在实施中有把握地加以解决；第五，检查、评价、反馈和改进：包括对课堂活动进展情况作经常性评定，对所产生的各种结果进行评价，对所有参与者的表现作详细记录。

"环境模式"是一种更综合的课程开发模式，它综合了目标模式和过程模式，试图把课程开发过程看成一个整体，用系统的观点来进行该项工作，注重结合特定的环境来考察这个过程中的各种要素和问题的各个方面，并把决策同更广泛的文化因素和社会因素联系起来。该模式随着当今校本课程实践的深入发展而日益体现出强大的生命力。

经典考题

(2013 年·上半年·中学段《教育知识与能力》)1949 年，美国学者泰勒出版的《课程与教学的基本原理》提出了课程编制的"四段论"，形成了著名的"泰勒原理"的课程编制模式，这一模式被称为(　　)。

A. 实践模式　　B. 过程模式　　C. 环境模式　　D. 目标模式

---

① 全国十二所重点师范大学．课程论[M]．北京：教育科学出版社，2007.12：266—268.

② 汪霞．课程理论与课程改革[M]．合肥：安徽教育出版社，2007.11：195.

【答案】D

第二节　我国当前基础教育课程改革

改革开放以来，我国基础教育取得了辉煌成就，基础教育课程建设也取得了显著成绩。但是，我国基础教育总体水平还不高，原有的基础教育课程已不能完全适应时代发展的需要。为贯彻《中共中央国务院关于深化教育改革全面推进素质教育的决定》和《国务院关于基础教育改革与发展的决定》，教育部决定，大力推进基础教育课程改革，调整和改革基础教育的课程体系、结构、内容，构建符合素质教育要求的新的基础教育课程体系。

一、基础教育课程改革的指导思想与基本理念

(一)基础教育改革的指导思想

当前这次基础教育课程改革是新中国成立以来的第八次基础教育课程改革，也是改革开放以来最为彻底的一次改革。本次基础教育课程改革要求必须在党的教育方针指引下，以邓小平同志关于“教育要面向现代化，面向世界，面向未来”和“三个代表”重要思想为指导，全面贯彻党的教育方针，全面推进素质教育。

(二)基础教育改革的基本理念

“以人为本”“一切为了学生，为了一切学生，为了学生的一切”是新课改的核心理念。具体表现为以下几个方面：

1. 关注学生作为“整体人”的发展

用一种整体的观点来全面把握学生的个性发展并将其视为课程的根本目标，这使我国基础教育课程体系具有了新的起点①。首先，这次基础教育课程改革谋求学生智力和人格的协调发展。把“知识与技能、过程与方法、情感态度与价值观”视为同等重要的教学目标，承认过程本身不仅具有手段性价值，亦具有目的性价值。其次，追求个人、自然与社会的和谐发展。新课程认为，学生不是被人塑造和控制、供人驱使和利用的工具，而是有其内在价值的独特存在，学生即目的。因此，个性发展是课程的根本目标。

---

① 余文森，王晞．教育学[M]．北京：北京大学出版社，2009.11：66.

2. 统一学生的生活世界和科学世界

新课程认为，课程不是孤立于生活世界的抽象存在，而是生活世界的有机构成；课程不是把学生与其生活割裂开来的屏障，而是使学生与其生活有机融合起来的基本途径。所以，回归生活世界是新课程的基本理念之一。帮助学生反思、体验、享受生活并提升、完善生活是新课程的基本追求。增进学校与社会的密切联系，增强学校生活的社会性，培养学生的实践能力、社会责任感和关心社会生活的态度是新课程的目标、内容和实施过程的重要特色。

因此，课程改革踏上了回归生活世界的旅途，统整学生的科学世界与生活世界。

第一，增强课程的生活化。生活化作为一种理念，表达了对青少年生活世界的关照，是认为关怀的实践，意味着将生活作为教育真实完整的载体。生活化的价值在于满足青少年对幸福生活、超越自我、实现个人价值、体验生活的不断追求。

第二，凸显课程的综合化。课程综合化的真正目的在于促进科学知识同生活世界的交汇、理性认识同感性经验的融合，促进学科知识的应用，生活体验与学科的统一，促进师生合作，促进学习社区的建立。课程综合化趋势，对于改变过于注重书本知识的现状，改变过去强调接受学习，死记硬背，机械训练的现象具有积极的作用。

3. 寻求学生主体对知识的构建

第一，确立新型的知识观。新型的知识观认为，人类知识有客观性的外在知识，也有“只可意会，不可言传”的“缄默知识”。如果把人类知识比作一个冰山，外显的明确知识不过是暴露的冰山一角，隐藏在一角之下的则是大量的、复杂的、不可言传的缄默知识。缄默知识像没入水下的冰山部分强有力地支撑着明确知识，使其保持生机和活力①。

第二，倡导个性化的知识生成方式。新课程旨在扭转以“知识授受”为主要特征的教学局面，把转变学生的学习方式作为重要的着眼点，以尊重学生学习方式的独特性和个性化作为基本信条，从而重建了教学，师生关系等概念。新课程要求在所有学科领域的教学中渗透“自主、探索与合作的学习方式”，同时设置“综合实践活动”，以“研究性学习”为主要学习方式，为学生提供独立学习

---

① 杨明全．课程概论[M]．北京：北京师范大学出版社，2010.09：231.

的机会①。

第三，构建发展式的评价模式。传统的教学评价以甄别、选拔为目的，以外在的、约定的目标作为唯一的标准，对所有学生采取“一刀切”，忽视了学生的实际发展。新课程力图构建具有个人发展价值的评价方式，以保障知识生成方式的个性化，突出学生在评价中的主体地位，为学生提供一个自我展示的平台和机会，成为激励学生不断进步的有效方式。

4. 引导教师角色与教学行为的转变

新课程倡导教师应该是学生学习的促进者、教育教学的研究者、课程的建设者和开发者，以及社区型的开放的教师②。

第一，从教师与学生的关系看，新课程要求教师应该是学生学习的促进者。教师即学生学习的促进者，指教师从过去仅作为知识传授者这一核心角色中解放出来，促进以学习能力为重心的学生个性的和谐、健康发展。教师即学生学习的促进者是教师最明显、最直接、最富时代性的角色特征，是教师角色特征中的核心特征。其内涵主要包括以下两个方面：一是教师是学生学习能力的培养者；二是教师是学生人生的引路人。

第二，从教学与研究的关系看，新课程要求教师应该是教育教学的研究者。教师即研究者，意味着教师在教学过程中要以研究者的心态置身于教学情境之中，以研究者的眼光审视和分析教学理论与教学实践中的各种问题，对自身的教学进行反思，对出现的问题进行探究，对积累的经验进行总结，使其形成规律性的认识。

第三，从教学与课程的关系看，新课程要求教师应该是课程的建设者和开发者。新课程倡导教师不能只成为课程实施中的执行者，更应成为课程的建设者和开发者。为此，教师要形成强烈的课程意识和参与意识，改变以往学科本位论的观念和消极被动执行的做法，不断提高和增强课程建设能力。

第四，从学校与社区的关系来看，新课程要求教师应该是社区型的开放的教师。教师不仅仅是学校的一员，而且是整个社区的一员，是整个社区教育、科学、文化事业建设的共建者。

---

① 钟启泉，崔允漷．新课程的理念与创新[M]．北京：高等教育出版社，2003.07：12.

② 教育部基础教育司．走进新课程——与课程实施者对话[M]．北京：北京师范大学出版社，2002.06.

5. 创建富有个性的学校文化

学校文化是教师和学生在学校和班级的特定场所内，由于拥有独特的社会结构、地理环境、人文景观而形成的学校独有的一系列传统习惯、价值规范、思维方式和行为模式的综合①。

第一，建立民主的管理文化。我国新一轮课程改革还致力于建设民主的课程管理文化。《纲要》明确规定："改变课程管理过于集中的状况，实行国家、地方、学校三级课程管理，增强课程对地方、学校及学生的适应性。"

第二，建立合作的教师文化。课程管理民主化、均权化意味着课程改革的过程是一个全员参与的过程。"三级课程管理"的理念赋予了教师开发、管理课程的权力，促使教师成为课程开发的主体。获得专业自主的教师在参与课程开发时，能积极开展交流和对话，逐渐在参与改革的教师之间形成"伙伴式的团队文化"，实现共同的专业成长②。

第三，营造丰富的环境文化。课程改革非常关注隐性课程在塑造人、培养人中的作用，注重学生对日常生活的经验和体验，同时赋予教师一定的课程自主权，逐渐形成民主的管理文化与合作的教师文化，营造丰富的学校环境文化，更好地促进学生的主体发展。

二、基础教育课程改革的目标

(一)基础教育课程改革的总目标

新课程的培养目标应体现时代要求，使学生具有爱国主义、集体主义精神，热爱社会主义，继承和发扬中华民族的优秀传统和革命传统；具有社会主义民主法制意识，遵守国家法律和社会公德；逐步形成正确的世界观、人生观、价值观；具有社会责任感，努力为人民服务；具有初步的创新精神、实践能力、科学和人文素养以及环境意识；具有适应终身学习的基础知识、基本技能和方法；具有健壮的体魄和良好的心理素质，养成健康的审美情趣和生活方式，成为有理想、有道德、有文化、有纪律的一代新人。

(二)基础教育课程改革的具体目标

1. 课程功能的转变

改变课程过于注重知识传授的倾向，强调主动的学习态度，使获得基础知

---

① 陶仁．教育学[M]．成都：电子科技大学出版社，2010.04：84.

② 教育部基础教育司．新课程的理念与创新[M]．北京：高等教育出版社，2004.04：83.

识与基本技能的过程同时成为学会学习和形成正确价值观的过程。

2. 课程结构的转变

改变课程结构过于强调学科本位，科目过多和缺乏整合的现状，整体设置九年一贯的课程门类和课时比例，体现课程结构的综合性、均衡性和选择性。

3. 课程内容的转变

改变课程内容“难、繁、偏、旧”和过于注重现状，加强课程内容与学生生活以及现代社会和科技发展的联系，关注学生的学习兴趣和经验，精选终身学习必备的基础知识和技能。

4. 课程实施的转变

改变课程实施过于强调接受学习、死记硬背、机械训练的现状，倡导学生的主动参与，培养学生收集处理信息的能力、获取新知识的能力、分析和解决问题的能力以及交流与合作的能力。

5. 课程评价的转变

改变课程评价过分强调甄别与选拔的功能，发挥评价促进学生发展、教师提高和改进教学实践的功能。

6. 课程管理的转变

改变课程管理过于集中的状况，实行国家、地方、学校三级课程管理，增强课程对地方、学校及学生的适应性。

三、基础教育课程改革的内容

(一)整体设置九年一贯的义务教育课程

打通小学与初中课程体系，整体设置九年一贯的义务教育课程。小学阶段以综合课程为主。小学低年级开设品德与生活、语文、数学、体育、艺术(或音乐、美术)等课程；小学中高年级开设品德与社会、语文、数学、科学、外语、综合实践活动、体育、艺术(或音乐、美术)等课程。其中，综合实践活动从三年级起设置。

初中阶段设置分科与综合相结合的课程，主要包括思想品德、语文、数学、外语、科学(或物理、化学、生物)、历史与社会(或历史、地理)、体育与健康、艺术(或音乐、美术)以及综合实践活动。积极倡导各地选择综合课程。学校应努力创造条件开设选修课程。

(二)从小学至高中设置综合实践活动课并作为必修课程

综合实践活动内容主要包括：信息技术教育、研究性学习、社区服务与社会实践以及劳动与技术教育。强调学生通过实践，增强探究和创新意识，学习科学研究的方法，发展综合运用知识的能力。增进学校与社会的密切联系，培养学生的社会责任感。在课程的实施过程中，加强信息技术教育，培养学生利用信息技术的意识和能力。了解必要的通用技术和职业分工，具有初步技术能力。

四、基础教育课程改革的实施过程

(一)课程文件的研制、出台与实验准备阶段(1999.1—2001.6)

1. 成立基础教育课程改革专家工作组

1999年1月，教育部成立了“基础教育课程改革专家工作组”，由部分师范院校、地方行政机构、教研室、教科院的课程、教育、心理方面的专家及中学校长代表等40多人组成。逐步形成了《基础教育课程改革纲要(征求意见稿)》和《义务教育阶段课程设置方案(征求意见稿)》。

2. 教育部公布《面向21世纪教育振兴行动计划》

1999年2月25日，教育部提出“改革课程体系和评价制度，争取经过10年左右的实验，在全国推行21世纪基础教育课程教材体系”。从此，我国课程改革进入了全面的官方与民间的互动阶段。

3. 课程标准的研制工作

2000年，优先启动语文、数学、品德与生活等几个学科课程标准的研制工作。2001年，教育部颁布了《基础教育课程改革纲要(试行)》，同时印发了《义务教育阶段课程设置方案(试行)》和语文等21门学科课程标准(实验稿)。

(二)义务教育课程实验与高中课程方案形成(2001.7—2003.12)

1. 义务教育课程实验

2001年7月，召开全国基础教育课程改革实验工作会议，全面部署基础教育课程改革的实验推广和师资培训等工作。同年9月，在全国27个省(自治区、直辖市)的38个实验区(以县区为单位)开始了基础教育课程改革实验。2003年秋季，全国共有1642个县(区)，3500万中小学使用新课程。

2. 高中课程方案形成

2001年7月5日至7日，“普通高中课程计划专题研讨会”在北京京台饭店的召开，标志着高中课程改革正式启动。

2002年，为研制普通高中新课程，在全国范围内开展跨10个省市的大规模调查。

2002年年底，普通高中新的课程方案和各科课程标准(实验稿)完成起草工作，并在全国征求意见。

2003年4月，高中新课程方案和各学科课程标准正式颁布，并决定2004年在部分省市开展实验。

(三)义务教育课程反思、全面推广与高中新课程实验(2004年至今)

1. 义务教育课程反思

2004年，按预期的规划，各种各样的调研工作、学术研讨、专题评估活动广泛开展，义务教育新课程开展了阶段性的总结与反思。

2004年，全国70%～90%的地区参加义务教育课程改革。

2005年，全国起始年级全部进入新课程。

2. 高中新课程实验与推广

2004年，新一轮的高中课程改革首先在山东、广东、海南和宁夏四区进行实验。

2005年，江苏省进入实验。

2006年，福建、浙江、安徽、天津、辽宁五省市进入新课程，形成东部沿海省份全线进入新课程态势。

2007年，北京、陕西、湖南、黑龙江、吉林进入新课程。

2008年，山西、江西、河南、新疆(包括兵团)进入新课程。

2009年，河北、内蒙古、湖北、云南进入新课程。

2010年，高中新课程在全国全面推开。

经典考题

1.(2012年·上半年·中学段《教育知识与能力》)目前我国普通高中课程设置的主要类型是(　　)。

A. 分科课程　　B. 综合课程　　C. 活动课程　　D. 探究课程

【答案】A

2.(2014年·上半年·中学段《教育知识与能力》)根据《基础教育课程改革纲要》的规定，我国初中阶段课程设置主要是(　　)。

A. 分科课程　　B. 分科课程和综合课程结合

C. 综合课程　　D. 活动课程和综合课程结合

【答案】B

3.(2015年·上半年·中学段《教育知识与能力》)我国新一轮基础教育课程改革中，课程评价功能更加强调的是(　　)。

A. 甄别与鉴定　　B. 选拔与淘汰

C. 促进学生分流　　D. 促进学生发展与改进教学实践

【答案】D

4.(2016 年・上半年・中学段《教育知识与能力》)《基础教育课程改革纲要(试行)》规定，我国中小学课程设置"综合实践活动"，开设的学段是(　　)

A. 小学一年级至高中　　B. 小学三年级至高中

C. 小学五年级至高中　　D. 初中一年级至高中

【答案】B

本章知识结构

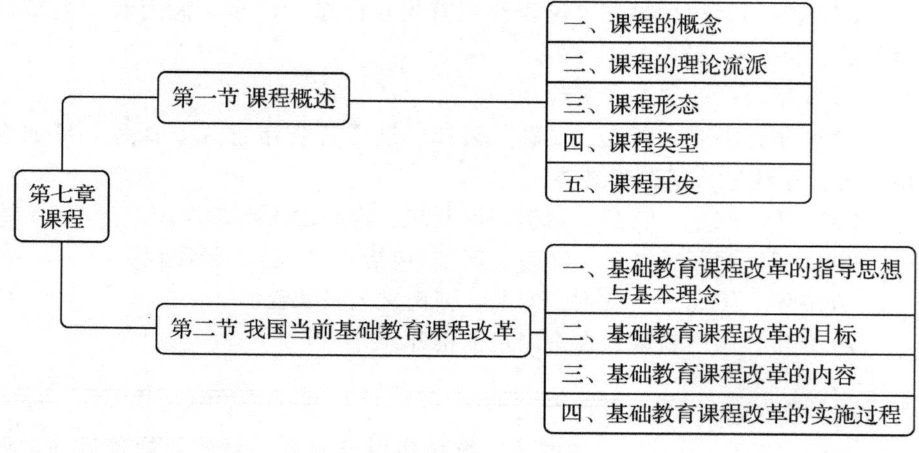

第八章　教学

本章要点

通过本章学习，我们将：

1. 理解教学的概念、意义与任务；
2. 理解教学过程的本质属性及其基本规律；
3. 掌握教学工作的基本环节及要求；
4. 理解和运用教学原则、教学方法、教学组织形式；
5. 理解教学评价的概念、类型和方法。

核心概念： 教学　教学规律　教学原则　教学方法　教学组织形式

[导学]中国高考与课程改革应可兼得

“洗袜子、叠被褥、拖地……”这可不是普通的家务活，而是小学生的暑假作业。5日是西安市中小学放假第一天，西郊一所小学的二年级学生陈佳融拿出了一册与以往截然不同的暑假作业，作业内容不仅令她倍感新奇，连家长也觉得新颖别致。(7月6日《西安晚报》)

一说到暑假作业，我们就会想到做练习、背英语、写日记等等这些与课程密切相关的传统作业。这些暑假作业饱含老师的良苦用心，可惜这样不见得收到良好的效果。一来，经过一学期的学习之后，学生或多或少都存在着厌学情绪，从内心抵触暑假作业；二来，暑假作业大多是重复性的抄写内容，学生没什么兴趣。对于暑假作业，许多学生都抱着应付的态度敷衍了事。

令人欣慰的是，西安市的小学已有所改进，推出了内容丰富的另类暑假作业。这种另类的暑假作业，显然更利于学生的成长。更可贵的是，在另类暑假作业中，还有很多“体验式”内容，“快乐游览”要求学生制定出行计划、记录游览见闻，“善观察”则让记录物品价格、家庭用电、药品成分、家人坐姿等来培养观察分析能力。这样的作业，自然能够引导学生把目光投向自然、投向社会、投向生活，在实践中健康成长。

资料来源：《陕西日报》　2014-07-15

第一节 教学概述

教学是教育运行的重要手段和基本途径。教学作为教与学的统一体，是学校实现教育目的、培养全面发展人才的基本途径，是学校各项工作的中心①。本节将系统论述教学的概念，分析教学的价值和任务，剖析教学工作的基本环节。

一、教学的概念

“教学”二字连用为一词，最早见于《尚书・兑命》：“斅學半。”孔颖达的解释是：“上斅为教，音 xiào；下学者，学习也。言教人乃是益己学之半也。”《学记》引用它作为“教学相长”的经典依据，指出“学然后知不足，教然后知困，知不足然后能自反也，知困然后能自强也。故曰：教学相长”。宋人蔡沈批注道，“斅，教也……始之自学，学也；终之，教人，亦学也。”意思是说，一开始自己学，这当然是学；而学了以后去教别人，这也是学。说明教学的词义只是一种教者先学后教、教中又学的单方向活动，教与学的主体都还只是教师或者教者，还没有包括教师教、学生学的双边活动②。因此，这里的“教学”还不是现代意义上的教学。确切地说，在古代，教与学不分，以学代教。教学就是学习，是指通过教人而学，来提高自己。这是我国古代“教学”一词最早的词义③。在英文中，涉及教学所对应的单词有 Teach(教、教导)、Learn(学、学习)和 Instruction(教导)④。其中，Teach 与教师的行为有关，强调一种活动；Learn 的意思是学习或教导，后来被用来指“获取知识”，与所教的内容相联系，强调受教育者的行为；instruction 的意思是“堆积”，在某人的思想中堆积一定数量的知识，强调教与学的情境，突出一种过程。当然，绝大多数学者还是把它们当作同义词，互相代替。

综观古今中外不同观点，我们认为，教学就是在教育目的规范下，教师的教与学生的学的所构成的统一活动。这个统一活动的内涵包括以下三个方面。

第一，教学以培养全面发展的人为根本目的。教学目的在于通过系统知识

---

① 陈伟军．教育学[M]．济南：山东人民出版社，2014.02：195.

② 杨小微．现代教学论[M]．太原：山西教育出版社，2004.07：139.

③ 韩桂凤．现代教学论[M]．北京：北京体育大学出版社，2003.06：1.

④ 王嘉毅．课程与教学设计[M]．北京：高等教育出版社，2007.06：5.

技能的传授和掌握，促进学生的身心发展。因此，教学不仅要完成智育任务，也要完成其他教育任务，包括增强体质、陶冶品德、培养美感等。

第二，教学是由教与学两方面活动组成。教学是师生双方的共同活动，教学双方在活动中相互作用。其中，教师的教服务于学生的学，学生的学习是在教师的指导下完成的。失去其中一方，教学活动便不复存在。

第三，教学具有多种形态，是共性与多样性的统一。从教学类型上看，教学不仅包括课堂教学，还包括活动教学。从教学中师生交往方式上看，教学，既包括师生之间面对面的教学活动，也包括利用广播、电视、网络媒体等远距离手段来开展的教学活动。

经典考题

(2014 年・下半年・中学段《教育知识与能力》)(辨析题)教学是实现学校教育目的的基本途径。

【答案要点】这种说法是正确的。教学，教与学的统一，是学校实现教育目的、培养全面发展人才的基本途径，是学校各项工作的中心。

二、教学的价值与任务

学校是传授知识培养人的专门场所，是造就人才的重要基地，而实现这一职能的基本途径便是教学。教学是学校教育中最基本的活动，在学校这个系统中居于中心地位，发挥着核心作用。

(一)教学的价值

教学是学校教育中最基本的活动，不仅是智育的主要途径，也是德育、体育、美育等的基本途径，在学校整个教育工作中居于中心地位。学校要卓越有效地实现培养目标，造就合格人才，就必须以教学为中心，并围绕教学这个中心工作来安排其他工作。具体而言，教学的主要作用包括以下三个方面。

1. 教学是社会文化得以再生产的一个重要手段

教学是一种专门组织的系统传授知识的活动。通过教学，能将选择、总结、凝练出的前人的优秀文化成就，以最有效的方式传递给学生。这不仅能有效培养学生的独立思考能力、实践操作能力和创新能力；还能有效地传承和发展人类先进文化，促进文化的繁衍与创新，推动社会的发展和文明的进步。

2. 教学是进行全面发展教育、实现学校培养目标的基本途径

教学能有目的、有计划、有组织地将德育、智育、体育、美育、综合实践

活动的基本知识与基本技能系统地传授给学生，促进他们在"德、智、体、美、劳"、综合实践活动等方面达到预期的发展目标，是学校对学生进行全面发展教育，培养合格人才的基本途径。通过良好的教学，学生不仅能掌握系统科学的基本知识和基本技能，学会运用知识、培养能力，并且能自主地参与交往与生活，在共同成长的过程中，学会做事、学会共同生存，养成独立个性①。只有坚持以教学为主，不断提高教学质量，才能实现学校教育的培养目标，培养合格的人才。

3. 教学是学校教育的中心工作，是学校教育工作的主体部分

教学在教育系统中居于中心的地位，是学校教育的核心工作。教学工作的中心地位主要表现为：首先，在时间上，应将大部分时间用于教学；其次，在内容上，要以传递间接知识为主；最后，在组织形式上，要以课堂教学为主。当然，要实现学生的全面发展，教学(尤其是课堂教学)必须要与其他教育形式(如课外活动、校外活动、劳动等)相结合。总之，学校工作应该坚持以教学为中心，这是新中国成立以来教育工作的经验总结。

(二)教学的任务

教学的主要任务就是指导学生掌握知识、发展智力、培养情感态度价值观以及形成个性品质。具体来说教学的任务主要包括下列四方面②：

1. 向学生传授系统的知识与技能

知识是人类社会历史实践经验的概括和总结。它是人类对客观世界的现象、事实及其规律的认识。教学的基本任务就是把人类社会长期积累起来的知识文化资源迅速有效地传授给新生一代，并把它内化为个人的知识和智能。由于教学的其他任务只有引导学生掌握知识文化资源以后才能实现，所以只有完成好传递知识这一项任务，才能有条件完成其他教学任务。教学任务不只是要使学生掌握珍贵的文化资源，更重要的是能使学生形成运用知识的基本技能。

2. 促进学生的智力、体力以及创新精神和实践能力

学生的基本能力主要包括智力、体力和创造才能。发展这些能力，不仅是顺利进行高质量教学的必要条件，也是现代教学的一项重要任务。因此，教育要努力发展学生智力，增强学生体力和体质，帮助学生养成自觉锻炼的习惯，使他们有规律地学习与生活。特别是要通过发展性教学，教会学生学习，培养

---

① 吴亚林．教育学[M]．武汉：湖北教育出版社，2010.12：148.

② 余文森，王晞．教育学[M]．北京：北京大学出版社，2009.11：121—123.

学生的实践能力与创新精神。这既是顺利、高质量地进行教学的重要条件，也是培养全面发展人才的基本要求。

3. 培养学生的良好品德和审美情趣，奠定学生的科学世界观

世界观是人们对世界的看法和基本观点。青少年学生的世界观、审美情趣和品德正处在急速发展中，教学在使学生形成科学的世界观、培养审美情趣和优良品德方面有着重要作用。因此，教师在教学过程中应自觉地结合各学科的特点，挖掘渗透其中的思想内容，对学生进行思想品德教育，为其健康成长奠定良好的基础。

4. 促进学生的个性发展

个性是指区别于他人的、在不同环境中显现出来的、影响人的外显和内隐性行为模式的稳定性心理特征。它是个体与生俱来和后天习得的一系列稳定性心理特点的综合。包括人的需要、兴趣、动机、情感、理想、信念等个性心理倾向和注意力、意志力、气质、性格等个性心理品质。通过教学，不仅要引导学生的智力活动，还要注意促进学生情感智慧的发展，培养学生良好的个性心理品质，塑造学生坚强的意志等。

三、教学工作的基本环节

教学工作是一种有目的、有计划、有组织的育人活动。包括课前准备(教学设计)、上课、课后作业、课后辅导和教学评价等相对稳定的基本环节。

(一)备课(教学设计)

备课(亦称教学设计)包括备教材、备学生和备教法三个方面：

1. 备教材

备教材是指教师上课之前认真钻研教材，包括钻研课程标准、教科书和阅读参考书。教师钻研教材是一个不断深化的过程，一般须经过“懂”“透”“化”三个阶段[①]：“懂”，就是对教材的基本思想、基本概念等都要弄清楚、弄懂；“透”，就是要透彻了解教材的结构、重点与难点、掌握知识的逻辑，能运用自如，知道应补充那些材料，怎样才能教好；“化”，就是教师的思想感情和教材的思想性、科学性融化在一起。

2. 备学生

备学生即深入了解学生。教师不但要了解学生原有的知识、技能、兴趣和需要，还要了解学生的学习方法和习惯，并在此基础上，对学生学习新知识会

---

① 扈中平．现代教育理论[M]．北京：高等教育出版社，2000.08：315.

有哪些困难，出现什么问题等做出预测，以采取积极的对策。

3. 备教法

备教法即合理选择教学方法。包括：如何组织教材，如何确定课的类型，如何安排每一节课的活动，如何运用各种方法开展教学活动。此外，也要考虑学生的学法，包括预习，课堂学习活动与课外作业等。

(二)上课

上课(也称课堂教学)是整个教学工作的中心环节，是提高教学质量的关键。一节好课的标准包括5个方面①：

1. 教学目标明确

教学目标是指教学活动实施的方向和预期达成的结果，是一切教学活动的出发点和最终归宿。新课程改革倡导“知识与技能、过程与方法、情感态度与价值观”等三维目标。任何一节课的教学目标，不仅应在教案中明确提出，而且应在课堂教学中成为师生为之奋斗的目标，也就是说，师生的活动都要围绕教学目标进行，全力以赴地实现目标而不偏离目标。

2. 教学内容具有科学性和思想性

科学性就是教师要正确无误地传授知识和进行操作，及时而准确地纠正学生在学习中表现出的种种差错；思想性就是要深入发掘教材蕴含的思想性，以饱满的热情讲解，激起学生的思想共鸣，使他们深受教育。

3. 教学方法恰当

“教学有法，但无定法”。教学方法确立需要根据教学目标、教学内容、教学条件、教师及学生情况等方面来加以选择。在教学过程中，教师要善于根据预设中未预计到的情况及时调整和修改教学方法，想方设法完成主要的教学任务。

4. 师生积极性高、合作好

在教学中，应使师生都处于积极活动状态，尤其要调动学生的积极性。在课堂中，要善于启发引导学生积极进行认识活动，只有调动起师生双方的积极性而不是任何一方的积极性，才能上好一节课。

5. 教学组织合理

上课开始，教师要立即稳定学生情绪，引导他们作好上课的心理准备，随即积极投入学习活动。然后，按预定的教学进程，什么时候讲，什么时候练

---

① 戴国明．教育学教程[M]．开封：河南大学出版社，1996.02：208－209.

等，都要组织的非常妥当、严密有序。

(三)课外作业

课外作业是课堂教学的延续，是教学活动的有机组成部分。课外作业的目的在于巩固和消化课堂上所学的知识，培养学生技能、技巧，训练学生独立工作的能力和习惯。因此，教师应重视课外作业的布置与检查。

1. 课外作业的形式

(1)以阅读为主要形式的课外作业。包括阅读教科书和参考书，如复习、预习教科书等。

(2)以口头表达为主要形式的课外作业。包括各种口头作业和口头答案，如朗读、阅读、复述等。

(3)以书面表达为主要形式的课外作业。如书面练习、演算习题、作文、绘图等。

(4)以课外实践为主要形式的课外作业。如观察、实验、测量、社会调查等。

2. 布置课外作业的要求

(1)符合学科课程标准规定的范围和深度，有助于学生对“双基”的掌握和发展其智能；选题要有代表性，难度要适中。

(2)作业应与教科书的内容有逻辑联系，但不应是教科书中例题或材料的照搬；作业要具有典型意义和举一反三的作用。

(3)作业应有助于启发学生思维，含有鼓励学生独立探索并进行创造性思维的因素。

(4)作业应尽量同现代生产和社会生活中的实际问题结合起来，力求理论联系实际，但不可牵强附会。

(5)可根据学生的能力和学习速度，给优生和差生分别布置分量、难度各异的作业，并给予必要的指导、提示或帮助。

(四)课外辅导

课外辅导是在课堂教学规定的时间之外，教师对学生的辅导。课外辅导的目的在于因材施教以及对学生进行学习目的、学习态度和学习方法等方面的个别教育和指导。课外辅导是上课的必要补充。

1. 课外辅导的内容

课外辅导的内容一般包括：给学生解答疑难问题，指导学生做好作业；为基础差和因事、因病缺课的学生补课；给特别优异的学生做个别“提优”辅导；

给学生学习方法上的辅导；对学生进行学习目的和学习态度的教育；为有学科兴趣的学生提供课外研究帮助；开展课外辅助教学活动；指导学生的实践性和社会服务性活动等。

2. 课外辅导的要求①

(1)从辅导对象实际出发，确定辅导内容和措施；

(2)辅导只是课堂教学的补充，不能将主要精力放在辅导上；

(3)辅导要目的明确，采用启发式，充分调动学生的主动性和积极性；

(4)教师要注意态度，师生平等相处，共同讨论，鼓励学生主动提出问题；

(5)加强思想教育和学习方法的指导，提高辅导效果。

(五)教学评价

教学评价是教学工作的一个重要环节。所谓教学评价，是以教育教学目标为依据，运用恰当的、有效的工具和途径，系统地收集教学信息，并对教学工作进行价值判断的过程。教学评价包括对教师教学工作的评价和对学生学业水平的评价两个方面。学校通过教学评价，不仅可以检查教学的完成情况，还可以指导和调节教学过程和学习过程，从而改善教学，提高质量。(详细内容见本节第六点“教学评价”)

经典考题

1.(2013年·上半年·中学段《教育知识与能力》)(辨析题)教学的任务就是传授科学文化基础知识，培养基本技能技巧。

【答案要点】这种说法是错误的。教学的任务包括四个方面：第一，教学要向学生传授系统的基础知识和基本技能；第二，教学要发展学生的智力、体力以及创新精神和实践能力；第三，教学要培养学生的良好品德和审美情趣，奠定学生的科学世界观；第四，教学要促进学生的个性发展。教师传授学生掌握系统的科学文化基础知识和基本技能是教学的首要任务，但不是唯一任务。

2.(2014年·上半年·中学段《教育知识与能力》)(简答题)简述学校教务活动的基本环节。

【答案要点】教师进行教学工作的基本程序是备课(教学设计)、上课、课后作业、课后辅导和教学评价等。其中，上课是中心环节。

① 杨秀治．教育学[M]．济南：山东大学出版社，2007.03：167.

第二节 教学运行

教学的运行是一个动态过程。该过程需要遵循教学规律、贯彻教学原则、确定教学组织形式、开展教学设计、选择教学方法、实施教学评价。因此，本节将系统论述教学过程及其规律、教学原则、教学组织形式、教学设计、教学方法和实施教学评价六个部分。

一、教学过程及其规律

教学过程是教师和学生为实现教育目标，以各自独特的身份和地位通过教与学的直接交流活动而形成的多质性、多层次的活动体系。这个活动体系中隐藏着一系列不以人的意志为转移的客观规律。

(一)教学过程的概述

教学过程，即指教学活动的展开过程，是教师根据一定的社会要求和学生身心发展的特点，借助一定的教学条件，指导学生主要通过认识教学内容从而认识客观世界，并在此基础之上促进学生发展的过程。因此，从本质上讲，教学过程就是一种认识过程。

1. 教学过程是一种认识过程

认识过程即为主体对客体的主观反映过程。教学过程本质上是一种认识过程，它是学生在教师的引导下通过掌握人类长期积累起来的科学文化知识来认识外界的过程。该过程是学生认识世界的最为经济的途径。在此认识活动中，学生是认识的主体；外部世界为认识对象；教师和人类社会的知识经验属于认识手段。当然，教学过程作为一种认识过程，也要受认识论的一般规律所制约。因此，教育过程中，要注意调动学生的学习主动性、积极性，遵循“从生动的直观到抽象的思维，并从抽象的思维到实践”的这一认识原理①。

2. 教学过程是一种特殊的认识过程

教学过程归根结底是学生在教师指导下掌握前人所创造的文化知识财富的认识过程，因而需要遵循认识的一般规律。然而，教学这种认识过程不同于人类的一般认识过程，具有自己的特殊性，主要表现为“间接性、引导性、快捷性”这三个显著特点。

①间接性。教学过程主要是学习已有的文化知识，间接地认识客观世界，

① 桑志达等．马克思主义原理[M]．上海：上海人民出版社，1993.06：209.

而不是对客观世界的原创性认识，区别于科学家的认识过程。

②引导性。教学过程是教师引导学生通过文化中介认识世界的过程。整个过程都是在教师的引导下进行的，不同于学生自学活动，也区别于一般的认识过程。

③简捷性。教学活动将要传授的知识内容经过筛选和科学编排，用更有利于学生接受、更符合学生身心发展规律的方式传递给学生，活动中省略掉很多知识获得的过程，具有认识的简捷性。

(二)教学过程的基本环节

关于教学过程的基本环节，比较有代表性的有三种观点：一是赫尔巴特的“四段教学法”：明了、联系、系统和方法；二是杜威的“五步教学法”：困难(发现疑难)、问题(从疑难中提出问题)、假设(做出解决问题的假设)、验证(推断哪种假设能解决问题)、结论(检验修正假设、获得结论)；三是凯洛夫提出的“六环节的基本程序教学法”：引起求知欲，感知新教材，形成观念和概念，知识的巩固和复习，知识的运用与形成技能技巧，知识、技能技巧的检查等。其中，凯洛夫的教学环节是基于课堂教学设计的。如今，课堂教学仍然是教学的主渠道。因此，本节以凯洛夫的教学理论为基础分析教学过程的基本阶段。

1. 激发学习兴趣，引起求知欲

教学要从诱发和激起学生的学习兴趣和求知欲开始，引导学生作好学习的心理准备。学习兴趣和求知欲是直接推动学生学习的内驱力量。焕发学生求知欲应贯穿于整个教学过程之中，然而教学开始，简短的说明、提问、观察等，将学生引入要学的课题是十分必要的。教师教学的水平，教学的艺术，往往也表现在上课后能否尽快地引发学生的求知欲上。激发求知欲的方式多种多样，要因教学内容、学生年龄特征等不同而不同。

2. 感知教材，形成表象

感知是认识事物的第一步。感知教材主要是给学生关于所授内容的一个混沌的整体的表象，它包括所感知的教材内容的范围、轮廓，内容的大体结构，内容中出现的基本概念的词语和构成内容的主要事实等。学生这时的认识，是表象的、混沌的，是感性认识，因为他并不了解所授内容的内在逻辑，不了解概念的科学内涵，不了解事实与原理之间的关系，不了解所授知识在整个学科中的地位等。也就是还未进入理性认识。但没有对教材的感知，形成有关教材的表象，也就不可能进入到对教材的理解。

3. 理解教材，形成科学概念

理解是个体认识事物的联系、关系以及认识事物本质、规律的思维活动。比如，明确一个词义，弄清一个科学概念；明确公式、定理、法则的内涵；了解与掌握一篇文章的中心思想等。理解的进程是要将混沌的整体表象，经过分解、分析、比较、抽象，做出简单规定，然后再经过归纳、综合的思维加工，再回到事物的整体，这时的整体已经是一个具有许多规定和关系的丰富的总体了，这时的学生认识就从混沌走向明晰、从抽象走向具体。理解教材是教学过程的中心环节。理解的目的在于形成概念、原理，在于认识事物的本质和规律，这时学生的认识就从感性认识上升到了理性认识。

4. 复习与巩固知识

复习与巩固知识是指教师引导学生把所学知识牢牢地保持在记忆中。复习与巩固知识的必要性，一是因为学生在课堂上所学的主要是他人的间接知识，容易遗忘，因而必须复习；二是因为掌握与记住了的知识，才能为下一步学习奠定基础，才能学习新知识。理解是记忆的重要前提，学生在理解基础上的记忆才比较牢固和持久。复习就是把识记过的材料拿来再识记，使之巩固并达到记忆的目的。在识记之后应立即组织复习，教学过程中应用一段时间专门复习，定期复习，这对巩固知识都十分必要。

5. 运用知识与培养技能技巧

理解知识和巩固知识是运用知识的基础。但是学生理解了知识不等于会运用，牢固掌握了知识不等于形成了技能技巧。要使学生从理解、掌握概念、原理发展到能运用于实际、形成技能技巧，单靠动脑是不行的，还必须引导学生动口、动手，进行练习和实际操作才能达到。掌握知识的目的在于运用，在于形成解决实际问题的能力。故教学要重视运用知识，培养学生的技能、技巧。技能是运用知识去完成一种活动的方式，技巧是一种熟练。熟练是一个完善化了的行动方式，是在技能基础上，经反复练习而形成的。因此，在教学过程中，在掌握知识之后，为了培养一定的技能技巧，组织一定的练习是十分必要的。

6. 检查掌握知识、技能和技巧的情况

学生掌握知识、技能和技巧的质量如何，只能通过教师的检查才能确定。通过检查，教师能及时了解教学效果，及时改进、调整教学要求与进程。同时，也可帮助学生了解自己掌握知识、技能和技巧的情况，并可督促学生的学习。检查的方式，可以是课堂上的及时提问与检测，可检查家庭作业，可定期测试等。正确的检查应当形成学生一种良好的心态，以利于更好地学习。要避免检查中的种种弊端，以免造成一种不利于学生学习的心态。

(三)教学规律

教学规律是指教学及其组成成分发展变化过程中的本质联系和必然趋势。包括间接经验与直接经验的必然联系、掌握知识与发展智力的必然联系、传递知识与提高思想的必然联系、教师主导作用与学生主体的必然联系以及智力活动与非智力活动必然联系等。教学规律对教学活动有制约作用，是制定教学原则的重要依据。

1. 间接经验与直接经验必然联系

间接经验又称间接知识，主要是指书本知识，是前人总结出来的知识，一般属于理性认识，直接经验又称直接知识即个体从直接经验中得出来的知识，一般属于感性认识。在教学过程中，间接经验与直接经验是相互联系和相互影响的。

第一，学生学习的知识是以系统的间接经验为主。学生的认识对象主要是前人总结的概括化了的知识体系，主要是以书本知识的形式出现。间接经验是人类文化史的缩影，这种教学内容可以使学生不受个体的时间和空间的限制，缩短了学生对客观世界的认识过程，是使他们的认识迅速提高到社会需要水平上的一个重要保证。

第二，学生学习间接经验必须以直接经验为基础。学生要把间接的理性的知识转化为自己的知识，必须有一定的直接经验为基础，进行必要的实践活动以丰富他们的感性认识。

第三，为了促使学生的发展，要在教学中组织学生进行初步的探究活动，既要注重间接经验的传递，也要注重直接经验的积累，防止出现忽视系统知识传授或忽视直接经验积累的偏差。

2. 掌握知识与发展智力的必然联系

在教学过程中，掌握知识与发展智力是相互依存、互为条件，又互为因果、互相促进的。主要表现在：

第一，掌握知识是发展能力的基础。知识是人脑进行思维的“原料”，没有知识，也就不可能发展智力等各种能力。掌握知识经验越多越丰富，就越容易较快地理解新知识和解决新问题。同时科学知识既是人类长期实践积累的成果，又是人们认识能力的结晶，它蕴藏着丰富的智力因素和认识方法。所以，必须在掌握知识的过程中，使学生得到全面发展。

第二，能力是掌握知识的重要条件。在教学过程中，学生如果没有最基本的认识能力，不进行一定的智力活动，就掌握不了所学的有关知识。同时能力的提高，又可提高掌握知识的效率和质量。

第三，掌握知识和发展能力并不是同步的。知识的掌握与能力的发展不均衡，知识结构不合理，不易掌握，会与能力的发展相矛盾，能力强，智力高也不一定具有很高的知识。所以，教学过程中既要注意学生能力的培养，又不能忽视科学基础知识的传授，应使两者统一起来，防止单纯为灌输知识教学或只重能力发展的片面性。

3. 传递知识与提高思想的必然联系

在教学过程中，学生掌握科学文化知识和提高思想品德修养是相辅相成的两个方面，具体体现在以下三点：

第一，知识是思想形成的基础。培养学生良好的思想品德需要以一定的科学文化知识为基础。首先，在教学中向学生传授科学文化知识，不仅可以增长学生的知识、智慧和才能，而且可以帮助学生正确地认识自然和社会的发展规律，分辨是非，评价善恶，加深对道德的认识，为他们树立正确的人生观、科学的世界观奠定良好的基础。其次，知识学习本身是艰苦的劳动，可以锻炼培养学生的优良道德品质。

第二，学生思想品德的提高又为他们积极地学习知识奠定了基础。学生掌握科学文化知识的过程是一个认知过程。他们的思想品德状况对学习的积极性起着十分重要的作用。在教学中，教师要不断提高学生的思想品德水平，端正他们的学习态度，引导他们将个人的学习与文化的昌盛、科技的发展、祖国的建设、人类的幸福联系起来，培养他们爱科学、学科学、用科学的热情，给学生的学习以巨大的推动力，促使他们积极、主动地进行学习，这是学生获取知识的重要保证。

第三，传递知识和思想品德教育有机结合。在教学过程中要注意把二者有机地结合起来，防止两种倾向：一是脱离知识进行思想品德教育。这会使思想品德教育成为无源之水，无本之木。不仅不利于学生品德的提高，而且还影响系统知识的教学。在教学实践中，不能不结合知识对学生进行思想品德教育；二是只强调单纯传授知识，忽视思想品德教育。不能认为学生学习了知识以后，思想品德自然就会随之提高。因为教学的教育性必须要经过教师给学生施加积极影响，必须通过启发、激励，使学生对所学知识产生积极的态度时，教学的教育性才能得以实现。在教学过程中，要注意把二者有机地结合起来。

4. 教师主导作用与学生主体的必然联系

教学过程是教师指导下的学生的学习过程，既要发挥教师教的主导作用，又要发挥学生学习的主体作用。因为：

第一，教师是教育者，在教学过程中起主导作用。教师是社会要求的代表者，受过专业训练，有比较丰富的知识，接受过教育学、心理学、教学法等教育科学的训练。学生要想以最简捷有效的方法获取知识，必须依靠教师有计划、有组织、有目的的传授。因此教师能够在教学过程中起主导作用。

第二，学生要发挥学习的主体作用。学生是教育的对象，是活生生的人，是学习的主人，不是知识的消极接收器，因而具有积极主动性，是学习的主体。在教学过程中，只有调动学生学习的积极主动性，充分发挥其主体作用，才能把知识转化为学生的精神财富，促进学生个性的全面发展。

第三，教师主导作用和学生主体作用是统一于教学过程之中的。在教学过程中，学生是学习的主体，但是学生的主体地位又是在教师主导下逐步确立起来的；教师主导作用的落脚点必然是“学”，教学所追求的目标和结果，也一定由“学”体现出来。实际上，没有学生学习的主体，就没有教师的教学主导作用，“学”这个主体是“教”主导下的主体，“教”这个主导是对主体的“学”的主导，二者是辩证统一的。

5. 智力活动与非智力活动必然联系

第一，在教学过程中，学生的认知活动不仅有智力活动，还有非智力活动的参与。其中，智力活动主要指观察、思维、记忆和想象等心理因素的活动；非智力活动主要指在认知事物、掌握知识过程中的兴趣、情感、意志和性格等心理因素的活动。

第二，智力活动以非智力活动为内在动力，非智力活动以智力活动为服务对象。

第三，按教学需要调节学生的非智力活动才能有成效地进行智力活动，完成教学任务。

经典考题

1.（2012年·上半年·中学段《教育知识与能力》）在学校教育中，学生对客观的世界认识主要借的是（　　）。

A. 生产经验　　B. 生活经验　　C. 社会文化传统　　D. 间接经验

【答案】D

2.（2012年·下半年·中学段《教育知识与能力》）（问答题）教学过程有哪

些基本规律可循?

【答案要点】教学过程有5个基本规律可循，分别是：①间接知识与直接知识必然联系规律；②掌握知识与发展智力的必然联系规律；③知识传递与思想教育的必然联系规律；④教师主导作用与学生主体的必然联系规律；⑤智力活动与非智力活动必然联系规律。

3.(2015年·上半年·中学段《教育知识与能力》)(简答题)简述传授知识和发展智力之间的辩证关系。

【答案要点】传授知识和发展智力之间的辩证关系表现在：一方面，掌握知识是发展智力的基础；另一方面，智力发展是掌握知识的重要条件。同时，这要求教师既要防止单纯注重知识教学或只重能力发展的片面性，又要掌握知识与发展智力相互转化的内在机制。

4.(2015年·下半年·中学段《教育知识与能力》)(辨析题)教学中“授之以鱼”不如“授之以渔”。

【答案要点】这种说法是正确的。“授人以鱼”不如“授人以渔”说的是传授给学生既有知识，不如传授学生学习知识的方法。新课程改革要求教学从“教会学生知识”转向“教会学生学习”。因此，在教学中，教师教会学生学习的方法更为重要。

二、教学原则

(一)教学原则的概念

教学原则是指教师和学生在教学过程中所必须遵守的基本要求。这种基本要求服务于教育教学目的，反映教学规律，指导教学实践，贯穿于教学过程的各个方面和始终。教学原则在教学活动中的正确和灵活运用，对提高教学质量和教学效率起着一种重要的保障性作用。理解教学原则的内涵，需要从以下几个方面加以把握。

1. 教学原则的概念首先表明了教学原则的合目的性

教学活动永远是按照一定的教育教学目的进行的，教学原则要能够指导教学工作，必须与国家所规定的教育教学目的一致，必须是有利于这些目的的实现。

2. 教学原则的概念还表明了教学原则的合规律性

教学原则是建立在对教学规律认识的基础上的，所以人们对教学规律认识的深度直接影响教学原则的科学程度。人们在认识规律时，并不总是能够得到与之相符的结果。因此，人们提出的教学原则既可能是符合规律的，也可能是不符合规律甚至完全与规律相悖的。只有那些经过长期实践证明确实能给予教学工作正确指导的原则，才可能是真正反映了教学规律的。历史上的教育家提出了无数的教学原则，而真正能够保留下来的只是极少数。

(二)中小学常用的教学原则

现阶段，我国中小学常用的教学原则有：科学性和思想性相结合的原则，理论联系实际的原则，直观性原则，启发性原则，循序渐进性原则，巩固性原则，因材施教原则等。现分述如下①：

1. 科学性和思想性相统一的原则

科学性与思想性相统一的原则是指教师在教学过程中，既要保证所授知识正确无误，又要充分挖掘所教知识的思想元素以对学生进行相应的思想品德教育。该原则是“传递知识与提高思想的必然联系”这一教学规律的反映，也是我国的教育目的所要求的。我国的教育目的是促使学生在“德、智、体、美、劳”等几个方面都得到发展，成为有社会主义事业的建设者和接班人。为此，教师在各科教学中授予学生知识的同时，要挖掘其思想教育因素对学生进行相应的思想品德教育。

贯彻科学性与思想性相统一的原则的要求如下：

(1)确保教学的科学性

科学性是教学的根本要求。在教学中，教师讲授的内容应当是正确无误的结论，一般不宜将尚有争议的、不可靠的知识传授给学生。为扩大知识眼界，对高年级学生可以结合教材的基本知识，向他们介绍一些不同观点和学说，但应当在讲清楚基本知识的基础之上进行，以免造成思想混乱，妨碍基本概念和基本观点的建立。同时，在教学中，教师一旦发现自己讲授中有错误，必须认真更改。这样一来，坚持教学科学性的同时，也增强了教学的思想性。

(2)挖掘教材内在的教育因素结合知识教学进行思想品德教育

鉴于各学科中均蕴含着思想教育因子，所以思想品德教育必须结合科学知识的教学来进行。当然，由于各门学科的性质和内容有所不同，故思想品德教育应根据不同学科各自蕴含的教育因子进行，不能牵强附会。

【案例】

我就英语 cock & clock 这篇材料进行了认真的备课。对上好这堂课充满了

① 扈中平．现代教育理论[M]．北京：高等教育出版社，2000.08：282－291.

信心。当我给学生板书单词“cock(公鸡)”时，一个意想不到的事情发生了。班上一个男孩儿突然站了起来，恶作剧式的怪声怪气向我问道：“老师，有没有母鸡啊?”全班哄然大笑……当时我窘迫极了，作为一个新教师，从未遇到这种情况，真想找个地缝钻下去。生气归生气，但我并未表现出来，经过短暂的思考，我有了主意……

我沉静地看着这个小男孩，继续清晰的对全班同学说：“同学们，在英语中，同样有cock(公鸡)，也有hen(母鸡)，chicken(小鸡)。”说着，将母鸡、小鸡的单词板书下来。这种做法，同学们感到意外，但他们很安静。我接着说道：“这位提问的同学发现了问题，并敢于提出来，我要表扬你，但同时要批评你，一是发言不举手；二是说话怪声怪气。同学们，你们知道说话的语气对表达词义的作用吗?”我又给同学们举出了几个同样的词语因语气不同可能会表达不同词义的实例。接下来的讲课非常顺利，同学们屏神静气的听讲，连那位顽皮的男孩子也安静地坐着，不好意思地看着我，仿佛是在向我道歉……

2. 理论联系实际的原则

理论联系实际的原则是指教学要从理论与实际的结合中去讲授知识，并引导学生从理论联系实际的联系中去理解知识，运用所学知识去分析问题和解决问题，达到学以致用。该原则是“间接经验与直接经验的必然联系”这一教学规律的反映，也是我国的教育目的所要求的。理论联系实际不仅要使学生更好地理解掌握书上的理论知识，还要为培养学生解决实际问题的能力，为他们将来更好地将理论运用于实际打下良好的基础。

贯彻理论联系实际的教学原则的要求如下：

(1)书本知识的教学要注重联系实际来讲解

在教学中，为使学生深刻理解和掌握理论知识，教师必须广泛联系实际进行知识的讲授，尽可能地将抽象的书本知识还原为现实经验，便于学生理解。

(2)指导学生将所学知识运用于实践中

这样做的目的是让学生更好地掌握理论知识，形成技能，并理解理论知识的实践意义。如学了数学，可引导学生根据数学的理论、公式、定理进行运算和测量；学了电学，可引导学生根据电学的原理去安装电铃、电灯，修理无线电、收音机、检查教室或宿舍的电路等；学了化学，可指导学生根据化学原理制造一些简单的化学产品；学了生物，可指导学生根据生物学原理进行栽培、饲养等。

【案例】

学生在学除数是小数的除法之前，接触到的除法运算的商都比被除数小，于是他们几乎都认为这是定律了。当学到除数是纯小数的除法时，许多学生就对商比被除数还大表示难以理解。这次讲完例题后，当学生又提出这个问题时，教师不像以往那样急于回答，而是请学生回答下面的问题：

如果有 12 个馒头，每人吃了 3 个，能够分给几个人吃？每人吃两个呢？吃 1 个呢？吃半个呢？教师将学生的回答板书出来：

12/3＝4(人)

12/2＝6(人)

12/1＝12(人)

12/0.5＝24(人)

当教师写出最后一道除式后，学生恍然大悟，点头称是。他们信服地说："难怪，如果一个人没吃上一个，当然吃的人数会比馒头的总数要多。"这时，老师再进一步引导学生观察例题，并联系生活实际中的事例进行分析对比，最后总结出规律：当除数大于 1 时，商比被除数小；当除数等于 1 时，商和被除数同样大；当除数小于 1 时，商比被除数大。

3. 直观性原则

直观性原则是指在教学中，教师通过直观教具或现代化教学手段，抑或教师语言的形象描述，让学生形成对所学知识的丰富表象，从而形成科学概念，掌握理论知识。该原则是认识规律的集中体现。在教学过程中，学生的认识规律虽然有其自身的特点，但和人们认识过程的一般规律是一致的，是从直观到抽象。加之，学生的思维特点是处于从形象思维到抽象思维不断发展的时期，特别是年龄较小的学生，知识经验贫乏，抽象思维较弱，形象思维占主导地位。在教学中充分利用直观教具和语言的描述，不仅可使学生兴味横生，掌握知识，而且也有利于发展他们的思维能力。

贯彻直观性原则的基本要求如下：

(1)正确选择直观手段

直观手段一般可分为三类：其一，"实物直观"，包括各种实物、标本、实验、参观等；其二，"模像直观"，包括各种图片、图表、模型、幻灯、录像、电视、电影片等；其三，"语言直观"即主要指教师语言的生动形象。在教学中，教师需要根据教学的任务、内容和学生年龄特征正确选择直观手段。比如物理、化学、生物等学科，可以选择有形的自然实物进行观察对比，实验解剖，也可以通过模型、仪器和标本进行演示和实验；数学课可通过图表、图解和仪器进行演示；外语课可以通过图片、图画进行演示；历史、地理课可以通过模型、照片、地图以及历史沿革图进行演示，指导学生观察对比，形成表象，掌握概念和理论。

(2)直观与讲解相结合

教学中的直观，不是让学生自发地看，而是在教师的指导下进行有目的地观察，引导学生把握事物的特征，发现事物之间的联系，使学生获得较为全面的感性认识后，深刻地掌握理性知识。所以，在直观的同时要有教师的讲解参与其中。

(3)重视运用语言直观

教师的主导作用主要是通过其语言实现的。教师的语言在传道、授业、解惑过程中的作用是其他手段无法比拟的。教师生动的语言讲解、形象的描述，能够给学生以感性的知识，形成生动的表象或形象，也可以起到直观的作用。

【案例】

上《鱼》这一课时，教师事先在水盆里放了一条活鲫鱼，让学生仔细观察鱼的形状、鱼的表面、背鳍、胸鳍、尾鳍。然后问学生各种鳍的作用是什么？学生一下给问住了。这时，老师用剪刀把鱼的尾鳍剪掉，结果学生发现鱼在水中无法前进了；他又把胸鳍及腹鳍剪掉，结果鱼体在水里失去平衡；再把背鳍剪掉，鱼只能一动不动地躺在水里喘气。通过观察，学生明白了各种鳍的作用。

4. 启发性原则

启发性原则是指在教学中教师承认学生是学习的主体，调动他们学习主动性，引导学生独立思考，自觉地掌握知识，提高其分析问题和解决问题的能力。该原则有着悠久的历史沉淀。在我国，最早提出启发性教学的是孔子，他曾说“不愤不启，不悱不发”，这是“启发”二字的由来。后来《学记》继承和发扬了启发教学思想，提出“道而弗牵，强而弗抑，开而弗达”的要求。在西方，最早提出启发式教学的是苏格拉底，他提倡“产婆术”。他在讲课时经常向学生提问题，然后引导学生作答，如果答案错了，并不立即纠正，而是提出补充问题，使对方知道错误原因所在，从而逐步得出正确答案。第斯多惠有句名言“一个坏的教师奉送真理，一个好的教师教人发现真理”，充分反映了教学过程中的启发性原则。

启发性原则是“教师主导学生主体”这一教学规律的反映。主张只有启发学生积极思维，才能透彻理解问题，把所学知识融会贯通。

贯彻启发性原则的基本要求如下：

(1)启发学生的学习动机，调动学生学习的主动性

学习主动性是学生在学习上的内在动力。因此，启发学生的学习动机，调动学生学习的主动性，是贯彻启发性原则的首要问题。学生学习的主动性受到许多因素的影响，教师要善于因势利导，使许多一时的欲望和兴趣，汇集并发展为推动学生学习的持久动力。

(2)善于提出问题，启发学生思维

在教学中，提问是启发学生思考常用的方法。但提问时教师要了解学生的水平，提出的问题要难易适中。提出的问题太简单就不能激发学生的思维，问题太难学生也难以思维，只有以稍高于学生实际水平的要求提问学生，才能有效地激发学生进行思维。老师提问要多提有启发性的问题，不提带有暗示性的问题。要多提“为什么”一类的问题，不提“是不是”“好不好”一类的问题，以免学生不动脑筋，简单答问。

(3)发扬教学民主，鼓励学生积极思考

发扬教学民主，这是启发式教学的重要条件。它包括：建立民主平等的师生关系，创建民主和谐的教学气氛，鼓励学生发表不同的见解，允许学生向老师提问质疑等。在此种情况下，学生心情舒畅，敢于并热衷于发表自己的见解，积极参与教学中提出问题的讨论与争辩；反之，如果学生感到气氛压抑，不敢畅所欲言，就会造成启而不发，达不到预期的效果。

【案例】

《念奴娇赤壁怀古》课堂片段

王老师问：“这篇文章表现了什么?”

学生甲说：“文章表现了周瑜的英雄气概，苏轼早生华发的遗憾。”

学生乙说：“我以前看过这个故事，赤壁之战的时候，周瑜和小乔已经结婚十年了，不可能是初嫁，这么写主要是为了衬托周瑜意气风发的英雄气概。”

王老师说：“通过上述两位学生的意见，我们对这首词了解的已经比较清楚了，文章主要表现了周瑜的意气风发和苏轼早生华发的遗憾，那么大家还记得《赤壁》吗?”

学生们：“记得!”

王老师：“大家一起来背一下。”

学生们：“折戟沉沙铁未销，自将磨洗认前朝。东风不与周郎便，铜雀春深锁二乔。”

王老师问："这两首诗表述有什么不同？"

学生丙说："虽然是同一事件但描述不同，对同一材料的不同使用，都是为了衬托作者的观点。"

王老师说："这两首诗虽然对同一故事用法不同，但都为了表达自己的观点，那么我们在写作文的过程中应该怎么做呢？"

5. 循序渐进原则

循序渐进原则是指在教学中，要按照教材的内在逻辑性进行教学，又要按照学生认识活动的顺序性进行教学，使教学的内容、方法、分量和进度符合学生的特点，使学生的知识和技能形成完整的体系。《学记》曰"不陵节而施"，反映了循序渐进的教学要求；西方教育学家夸美纽斯也曾提出"应当循序渐进地学习一切"的观点。该原则是"知识的逻辑规律"和"学生身心发展的顺序性规律"的集中反映。首先，任何一门科学，它的逻辑结构是十分严密的。前面的知识是后面的知识的基础，后面的知识是前面知识的必然发展，只有使教学循其"序"而渐进，才能使学生顺利掌握知识。其次，学生的认识一般是从已知到未知，由简单到复杂的深化渐进过程，这种认识过程的顺序性，也要求教学要按其"序"进行。

贯彻循序渐进性原则的基本要求如下：

(1)按教材中知识的逻辑体系进行教学

在教学中，要求教师深入领会教材的系统性，结合学生的认识特点，保证教学的系统进行，要注意教材的前后连贯，新旧知识的衔接，尽量使新教材与学生已有的知识联系起来。因此，不能在教学中单纯地、消极地适应学生的知识水平和年龄特征。而是既要适应又要有一定的难度，必须使学生付出一定的努力，才能掌握一定的知识和达到一定的目的。

(2)教学时由浅入深、由易到难、由简到繁

要求教学必须由浅入深、由易到难、由简到繁，引导学生扎扎实实、循序渐进地掌握知识和技能。只有循序渐进地进行教学，学生有了扎实的基础，才能有进步。如果企图赶进度，学生学的知识不牢靠，事实证明"欲速则不达"，教学不可"跃进"。

【案例】

春秋时期，宋国有一个农夫，他总是嫌田里的庄稼长得太慢，今天去瞧瞧，明天去看看，觉得禾苗好像总没有长高。他心想：有什么办法能使它们长得高些快些呢？有一天，他来到田里，把禾苗一棵一棵地往上拔。一大片禾

苗，一棵一棵地拔真费了不少的力气，等他拔完了禾苗，已经累得筋疲力尽了，可是他心里却很高兴。回到家里还夸口说："今天可把我累坏了，我帮助禾苗长高了好几寸！"他儿子听了，赶忙跑到田里去看，发现田里的禾苗全都已经枯死了。

6. 巩固性原则

巩固性原则是指在教学中，引导学生在理解的基础之上牢固地掌握知识和技能，并能在需要时提取出来分析问题和解决问题。该原则是"遗忘规律"必然要求。在教学中，学生所学的知识是前人的经验，如得不到巩固(强化)就会遗忘。因此，知识的巩固对学生来说是十分重要的。历代许多教育家都很重视知识的巩固问题。孔子就说过"学而实习之"，"温故而知新"。19 世纪俄国教育家乌申斯基说"复习是学习之母"。

贯彻巩固性原则的基本要求如下：

(1)引导学生在理解的基础上巩固

理解知识是巩固知识的基础，要使学生牢固地掌握知识，首先应当帮助学生深刻地理解知识。所以在教学中，老师讲授知识要主次分明，条理清楚，通俗易懂，让学生对所学知识的本质有清晰的理解，这样才会记忆深刻，记得牢。当然，强调理解记忆，并不是否定对一些知识进行机械记忆，比如历史年代、地名、人名、外语单词等，还是要靠机械记忆的。

(2)重视组织各种复习，并教给学生一些记忆方法

复习就是重温过去学过的知识，它可以使知识在记忆中强化，它是学生巩固知识的重要手段。在教学中，应根据教学需要有计划地组织各种复习(学期开始时的复习，经常性复习，阶段性复习，期末复习)，并有意识地向学生传授一些好的记忆方法来发展学生的记忆能力。良好的记忆方法很多，如分类记忆法，即把所学知识按其性质特征进行归纳分类，使之条理化、系统化，例如学外语单词时，按季节、方向、颜色等方面分类，便于记忆；如谐音记忆法，例如有一个老师在让学生记数学里的圆周率的值(3.1415926)时，利用谐音"伞已撕，已无救而漏"，学生一下子就记住了。除此外还有很多记忆法，如对立记忆法，比较对照法等，这些都该教给学生。这不仅对学生掌握知识有益，而且对发展他们的智力有着极为重要的意义。

(3)引导学生把所学知识运用于实际以加强巩固

复习是通过反复的学习领悟已学知识来防止遗忘和进行巩固的，它是巩固的主要方法，但不是唯一方法。在教学中，积极地引导学生用所学知识应用于

实际，这是一种更为积极的巩固，效果也更佳。

【案例】

某生物老师在讲“种子发芽所需条件是温度、湿度、光照等条件”这一内容后，发现尽管上课的时候都把内容事无巨细地讲透了，学生也都听懂了，但第二次上课一问，又毫不吝啬地全部还给老师了。于是，该老师想了一个办法，引导学生自己按种子发芽的条件去种豆。这样一来，学生对于课堂上所学的知识理解得也更深，印象也更深，并牢牢记住了种子发芽的条件。

7. 因材施教原则

因材施教原则是指在教学中，教师要从学生的实际出发，依据学生的年龄特征和个别差异有的放矢地进行教学，使每个学生都得到最佳程度的发展。该原则具有悠久的历史沉淀。我国古代的孔子善于根据学生的不同特点，进行有针对性的教育，宋代的朱熹把孔子的这一经验概括为“孔子施教，各因其材”，这是“因材施教”的来源。因材施教原则是学生身心发展的个体差异性所决定的。学生的身心发展虽有共同的特征即年龄特征，但又有不同的个别差异，如有的学生喜欢语文，有的喜欢数学，有的喜欢文艺；有的内向，有的外向；有的能力强，有的能力弱。这就要求教师在教学中要承认学生的差异，区别教育，让每个学生都得到最大程度的发展。

贯彻因材施教原则应该遵循的基本要求如下：

(1)深入了解学生，根据学生实际进行教学

教师既要了解全班学生的一般特点，如全班学生的知识水平、接受能力、学习风气和学习态度等，还要了解每个学生的特点，有的放矢地进行教学。教学要把主要的精力放在面向全班的集体教学上，面向大多数的学生，从大多数的实际出发，按照他们所能接受的程度进行教学。同时也要在集体教学中兼顾个别学生。如在讲授中讲清楚基本内容让全班学生掌握的基础上，补充一些较难和较易的内容，让“尖子”能“吃得饱”，让“中等生”能“吃得好”，“差等生”能“吃的了”。

(2)针对学生个别特点，进行区别教学

了解学生个别特点是搞好因材施教的基础。教师应该充分了解每个学生的个别特点进行有针对性的教育。例如：对观察力弱的学生，要注意引导他们观察，培养他们的观察能力；对反应迟钝的学生，要多鼓励他们勤于思考问题；对思维力较强而态度马虎的学生，要给难度较大的作业，并要求他们精益求精；对于语言表达差强人意的学生，要多让他们在课堂上有机会发言，训练他

们的语言表达能力；对注意力不集中的学生，要多检查提问，引导他们集中注意学习；对信心不足的学生，要多鼓励表扬他们的进步，使其增强学习的信心。总之，教学要注意个别对待，加强个别指导。

【案例】

有一次，孔子讲完课，回到自己的书房，学生公西华给他端上一杯水。这时，子路匆匆进来，大声向老师讨教："先生，如果我听到一种正确的主张，可以立刻去做吗?"孔子看了子路一眼，慢条斯理地说："总要问一下父亲和兄长吧，怎么能听到就去做呢?"子路刚出去，另一个学生冉有悄悄走到孔子面前，恭敬地问："先生，我要是听到正确的主张应该立刻去做吗?"孔子马上回答："对，应该立刻实行。"冉有走后，公西华奇怪地问："先生，一样的问题你的回答怎么相反呢?"孔子笑了笑说："冉有性格谦逊，办事犹豫不决，所以鼓励他临事果断。但子路逞强好胜，办事不周全，所以我就劝他遇事多听取别人意见，三思而行。"

经典考题

1.(2012年·下半年·中学段《教育知识与能力》)我国古代教育文献《学记》中要求"学不躐等，不陵节而施"，提出"杂施而不孙，则坏乱而不修"。这体现了教学应遵循(　　)。

A. 启发性原则　B. 巩固性原则　C. 循序渐进原则　D. 因材施教原则

【答案】C

2.(2013年·下半年·中学段《教育知识与能力》)"西邻有五子，一子朴，一子敏，一子盲，一子偻，一子跛，乃使朴者农，敏者贾，盲者卜，偻者绩，跛者纺。"这体现的教学原则是(　　)。

A. 启发性原则　B. 因材施教原则

C. 循序渐进原则　D. 直观性原则

【答案】B

3.(2014年·上半年·中学段《教育知识与能力》)王老师在历史课上讲到民族英雄岳飞时，从历史事实出发，高度赞扬了岳飞的爱国主义精神，使同学们受到了感染，王老师的教学主要体现了哪一种教学原则(　　)。

A. 科学性和思想性相统一　B. 直观性原则

C. 启发性原则　D. 因材施教原则

【答案】A

4.(2015年·上半年·中学段《教育知识与能力》)教师不能满足"授之以

鱼”，更要做到“授人以渔”。这是强调教学应重视（　　）。

A. 传授学生知识　　B. 发展学生能力

C. 培养学生个性　　D. 形成学生品德

【答案】B

5.（2015年·下半年·中学段《教育知识与能力》）罗老师讲解“观潮”这篇课文时，通过播放视频，让学生真切感受到钱塘江大潮的雄伟壮观。他在教学中贯彻了（　　）。

A. 直观性原则　　B. 科学性和思想性相结合原则

C. 循序渐进原则　　D. 巩固性原则

【答案】A

6.（2016年·上半年·中学段《教育知识与能力》）王老师在化学课上讲到元素周期表中的“镭”元素时，向同学们介绍了“镭”的发现者居里夫人献身科学的事迹，同学们深受教育。这体现了哪一种教学原则？（　　）

A. 理论联系实际的原则　　B. 科学性和思想性统一的原则

C. 启发性原则　　D. 发展性原则

【答案】B

7.（2014年·上半年·中学段《教育知识与能力》）（辨析题）直观教学既是手段，也是目的。

【答案要点】这种说法是不正确的。是指在教学中，教师通过直观教具和现代化教学手段，或教师语言的形象描述，让学生形成对所学知识的丰富表象，从而形成科学概念，掌握理论知识。贯彻直观性教学原则，教师要认识到直观仅仅是一种教学手段而不是教学目的。强调直观教学原则，旨在帮助学生理解抽象的、复杂的概念，规律和原理。教师要围绕教材的重点、难点和关键问题恰当地运用直观教学手段，引导学生从直观性思维到抽象性思维，从而更好地培养完整的思维能力。

8.（2013年·上半年·中学段《教育知识与能力》）（简答题）简述科学性与思想性统一教学原则的含义及贯彻这一原则的要求。

【答案要点】科学性与思想性统一教学原则是指教师在教学过程中授予学生知识时，保证所授知识的正确无误，并根据所教知识的思想教育因素对学生进行相应的思想品德教育。贯彻科学性与思想性相统一的原则的要求如下：①确保教学的科学性，即科学性是教学的根本要求，要确保教学的科学性。②挖掘教材内在的教育因素结合知识教学进行思想品德教育，即教学中的思想品德教育，必须结合科学知识的教学来进行。由于各门学科的性质和内容有所不同，应根据它们各自蕴含的教育因子进行相应的思想品德教育，不能牵强附会。

三、教学组织形式

任何教学活动的开展都必须采用一定的组织形式，借助一定的时间流程和空间形态。教学组织形式要研究和解决的问题，乃是教学活动如何组织，教学的时间和空间怎样有效地加以控制和利用①。

(一)教学组织形式概述

1. 教学组织形式的概念

教学组织形式是为完成特定的教学任务，教师和学生按一定要求组合进行活动的结构②。换言之，所谓教学组织形式，就是根据一定的教学思想、教学目的和教学内容以及教学主客观条件组织安排教学活动的方式。

2. 教学组织形式的历史发展

教学组织形式不是固定不变的东西。随着社会政治经济和科学文化的发展及其对培养人才要求的不断提高，教学组织形式也不断发展和改进。在教育史上，先后出现的影响较大的教学组织形式有个别教学制、班级授课制、分组教学制和道尔顿制和文纳特卡制等。

(1)古代的教学组织形式

个别教学是最早的教学组织形式，我国商周至隋唐时期的各级官学和私学，欧洲古代和中世纪的教育均采用个别教学。个别教学是整个奴隶社会和封建社会中主要的、甚至唯一的教学组织形式。个别教学就是教师在同一时间以特定内容面向一个或几个学生进行教学。这种教学组织形式办学规模小、速度慢、效率低，但却能较好地适应个别差异。17 世纪以后随着班级授课在世界范围的普遍采用，个别教学就成为教学的非主要组织形式。但在 20 世纪五六十年代，个别教学在欧美各国重新受到重视。

(2)近现代教学组织形式

①班级授课

17 世纪捷克教育家夸美纽斯在其《大教学论》中提出了班级授课制，即把一定数量的学生按年龄和知识程度编成固定的班级，根据周课表和作息时间表

---

① 李森．现代教学论纲要[M]．北京：人民教育出版社，2005.11：199.

② 邹群，王琦．现代教育学[M]．大连：辽宁师范大学出版社，2001.12：297.

安排教师有计划地向全班学生集体进行教学的制度。19 世纪中期，班级授课制成为西方学校主要的教学组织形式。我国最早采用班级授课制在 1862 年创办的京师同文馆，并在 1904 年的《癸卯学制》中以法令的形式确定下来。

②“贝尔—兰开斯特”制

“贝尔—兰开斯特”制，亦称“导生制”，最早出现于 18 世纪末至 19 世纪初的英国。导生制的产生是以工场手工业向机器大工业过渡、社会急需大批有初级文化的工人为时代背景。其具体做法是：教学组织仍然以班级为基础，但教师不直接面向全体学生，而是选择年龄偏大、成绩较好的学生为“导生”，先给他们讲授教材，再由他们转教其他学生。这种教学组织形式能够缓解教师缺乏的压力，但难以保证教学质量，所以它并未持续很久。

③分组教学

19 世纪末 20 世纪初，为了适应科学技术的发展以及资产阶级自由竞争的需要，一些资产阶级教育家对班级授课制实行改良或改革。分组教学即为班级授课制改良的结果。分组教学又分为两种：一种是打乱原有的班级组织，在学校范围内按照学生的智力水平和能力分组，学生学习的课程相同但学习的年限不同；另一种是在原有班级范围内将学生按成绩分为不同的小组，各组教学内容难度深浅和学习进度均不相同。分组教学在一定程度上可以做到因材施教，但容易造成教学歧视。

④道尔顿制

1920 年，美国的 H. 柏克赫斯特在马萨诸塞州的道尔顿中学创建了一种新型的教学组织形式，人们通常称之为道尔顿制。道尔顿是指教师不再通过上课向学生系统地讲授教材，而只为学生分别指定自学参考书、布置作业，由学生自学和独立作业，有疑难时才请教师辅导，学生完成一定阶段的学习任务后，向教师汇报学习情况并接受考查，教师记录学生的学习情况，并安排学生的学习进度。道尔顿制能够培养学生独立学习的能力，但它对学生的学习自觉性以及教学条件有着较高的要求，一般学校很难做到。

⑤特朗普制

特朗普制是 20 世纪后半叶在美国一些学校进行实验的一种教学组织形式，由教育学教授劳伊德·特朗普提出。其基本做法是，把大班上课、小班讨论、个别作业三种教学组织形式结合起来。首先是大班上课，把两个或两个以上的平行班组合在一起上课，应用现代化教学手段，由最优秀的教师任教；其次是小班讨论研究，每个小班 20 个人左右，由教师或优秀学生负责，研究和讨论大班上课的材料；最后是个别作业，其中部分作业由教师指定，部分作业由学生自选，以此促进学生的个性发展。这三种形式的时间分配大致分别：大班上课大约占总时间的40％，小班研究讨论大约占总时间的20％，个别作业大约占总时间的40％。

(二)教学组织形式的类型

1. 基本形式——班级授课制

班级授课制是现代教学的基本组织形式。班级授课制具有悠久的历史，率先正是使用“班级”一词的是文艺复兴时期的著名教育家爱拉斯莫斯。捷克教育家夸美纽斯从理论上对班级授课制加以总结和论证，使它基本确立下来，后又经过赫尔巴特等教育家的补充，使它进一步完善。1862 年我国“京师同文馆”首次采用编班分级授课，开创了我国班级教学的先河。

(1)班级授课制的含义

班级授课制又称“班级教学”，是按照一定数量将年龄、文化程度相近的学生编成班组，由教师按教学计划规定的课程内容、教学时数和教学进度表(课表)，进行分科制下的集体教学的一种教学形式。

(2)班级授课制的主要特征

①学生固定。按照年龄和文化程度把学生编成固定人数的班级。班级是学校进行教学工作的基本单位，教师对全部学生进行集体授课。

②内容固定。教师向学生传授的教学内容是统一的，安排的课表进度也是统一的，采取多学科并进，交错授课的形式。

③教师固定。学校按照教师的业务专长和工作能力分配教学任务，每个班级的每个科目有固定的教师授课。

④时间固定。各学年、学期和每一学日的始末时间相同，全校有固定的作息时间表。

⑤场所固定。各班级的教室相对固定，学生的座次也相对固定。

(3)班级授课制的优点与不足(见表 8-1)

表 8-1　班级授课的优点与不足

优点	不足
①一个教师在同一时间内面向一个班的学生进行教学，大大提高教学效率，大面积培养人才； ②便于系统地传授各科知识； ③能够充分发挥教师的主导作用； ④有利于发挥班集体的教育作用。	①学生的主体地位或独立性受到限制，教学活动多由教师做主； ②实践性不强，学生动手机会少； ③教学面向全班学生，强调的是统一和齐步走，难以照顾学生的个别差异，不利于因材施教； ④以课为单位，而课又有时间限制，因而往往将完整的教学内容和教学活动人为地分割，以适应课的要求。

2. 辅助形式——个别指导和小组教学

(1)个别指导

个别指导是重要的教学的辅助组织形式之一，是教师对个别学生(一个或多个)进行教学的教学组织形式。个别教学作为世界上最古老的教学组织形式至今仍被应用。这种教学组织形式有利于教师根据每个学生的特点因材施教，无论是优等生还是后进生都能起到一定的促进作用。个别指导的基本要求：

首先，教师对不同水平学生的态度要公正。在教学中教师会遇到不同类型的学生，需要个别指导的学生，可能是智力有障碍的，可能是智力超群的，可能是性格有缺陷的，可能是心理不太健康的，可能是身体有残疾的，可能是体育尖子……这就需要教师公正地对待个别指导的学生，采取有效的措施，个别指导才能取得预期的效果。

其次，教师要充分了解学生的情况，为需要个别指导的学生制订合适的教学计划。任何教学组织形式的选择，教学的开展都需要以学生的个性特征为基础，因此，个别指导更需要教师充分了解和掌握学生的基本情况，譬如：身体状况、家庭情况、兴趣爱好、优势特长等方面景象全面的了解，为制订有效合理的教学计划做好规划。当教师充分了解了个别指导学生的情况后，为学生制定目标适宜、发展合理、易于操作和检验的教学计划就很重要。

最后，个别指导需要教师唤起学生的正确的学习动机。在个别指导中，教师虽然为学生制定了个别教学目标，但学生在某种程度上是需要教师帮助学生正确认识努力的实现其自身的价值。

(2)小组教学

小组教学是重要的教学辅助组织形式之一，是在新一轮基础教育课程改革倡导转变学生学习方式的背景下应运而生的。它是按照学生的能力或学习成绩将学生分为不同的小组进行教学的一种教学组织形式。实施小组教学首先要进行分组，小组的人数要合理，一般以4～6人为宜。分组时应根据教学任务和教学内容的要求，针对学生的个性、能力、兴趣、水平等差异进行分组。在分组过程中，应做到异质分组和同质分组相结合。与班级授课制相比，小组教学更关注学生的个体差异，有利于发挥学生的主体性，有利于生生互动和生生合作，在实施小组教学的过程中也有具体的要求：

首先，打破传统的座位排列方式。小组教学需要在座位排列方式上突出小组为单位的形式：圆形、椭圆形、马蹄形等排列方式。当然小组教学的座位排列要考虑组内成员能否与教师进行面对面的交流。

其次，教师努力创设活动，激发学生主动参与。小组教学不能简单地只是让学生进行讨论，要让每一个学生都在小组活动中找到存在的意义，因此，教师要根据具体的教学内容创设活动情境，激发学生学习积极性，让每一个学生都在具体任务下有不同程度的发展。

再次，留足时间让学生完成任务和发展思考力。很多时候，不少教师在进行小组教学的时候，只是流于形式，并没有让学生真正交流起来，也没有让学生在充裕的时间里思考和分析。因此在小组教学中，一定要给学生预留相对独立的思考空间和充足的学习讨论时间。

最后，合理分工，明确责任。小组教学若没有合理分工，学生们对任务的执行就有一定的难度，会出现大家都去争抢同一个任务的局面，因此在分工的同时，也就明确责任，责任到位才能使每一个小组成员承担其自己的任务，从而使小组成员全员参与，共同完成小组任务。

3. 特殊形式——复式教学

复式教学是教学的一种特殊组织形式。复式教学在教师资源相对缺乏的时候，能发挥较大的作用。它能使更多学生在缺乏教师的情况下，有机会接受教育。

(1)复式教学的概念

复式教学是指把两个年级以上不同程度的学生编在一个班里，由一个教师在同一个教室、同一课时里分别用两种以上的教材交叉地对学生进行教学的组织形式。它是我国农村小学课堂教学的一种特殊组织形式①。复式教学保持了课堂教学的一切本质特征，如班级、课堂和统一时间等。不同的是教师在一节课内要巧妙地同时安排几个年级和多种教学活动。它主要适合于学生少、教师少、校舍和教学设备条件较差的地区，对于普及农村特别是山区的小学教育有重要的意义。我国许多偏远的农村地广人稀，交通落后，学校条件较差，有的学校甚至只有一个教师和一间教室，所以多采用这种教学形式。在我国目前农村经济、文化相对来说比较落后，学校还不发达而又亟须普及小学教育、提高农村人口素质的情况下，这种教学组织形式还会在一定时期内作为一种必不可少的特殊教学组织形式而得到重视。

(2)复式教学的要求

首先，把握复式班特点，精心编写教学设计。复式班除了有与单式班一样的教学重点外，它还应该考虑年级重点，不能每一节课两个年级平分秋色，要有明确的教学顺序，所以在编写教学设计上，教师需要照顾全面。

其次，精讲多练。教师直接教学的时间比较少，学生自主学习的时间比较多，而课堂要完成的教学任务又和单式班是相等的，这就需要教师做到精讲。

再次，培养学生学习的自觉性是完成课堂教学任务重要保证。在教学中，教师要着眼于学生，激发学生兴趣，指明探索的路径，解决疑难问题，授之以渔，教给学生学习方法，充分调动学生学习的自觉性、积极性。

最后，培养得力助手，共同完成教学任务。复式教学班要着重培养一批学习好，责任心强，乐于帮助别人的得力小助手，来帮助老师完成课堂教学任务。如检查练习和作业完成情况，辅导差生等，都可以交给他们去完成，让老师把更多精力放在授课上。

以上这些常见的教学组织形式都有其优势和特点，但是任何一种教学组织形式都有其局限性，我们只能说某种教学组织形式更适合某一种教学任务。具体到教学实践中运用什么样的教学组织形式，主要是看完成什么样的教学任务，就像巴班斯基说的那样："每一种教学形式——全班的、小组的和个别的都能顺利完成一些教学教育任务，而对另一些教学教育任务的效果就较小。"

四、教学设计

任何教学活动，事先都是经过认真地思量和设计。因此，每一位教师在上课之前，都要依据一定的教育思想和自己对教育教学过程的理解，以各种方式

① 唐德海，徐学莹．教育学[M]．桂林：广西师范大学出版社．2004.07：148.

和方法对教与学的双边活动进行安排和考虑。实际上，这种对教学活动进行的规划和安排，就是教学设计①。

(一)教学设计的概念

教学设计(instructional design)是指以促进学习者的学习为根本目的，运用系统方法，对教学目标、教学策略(教学过程与方法)、教学媒体的选择等进行具体规划，创设有效教与学的系统的过程。教学系统设计是以解决教学问题、优化学习为目的的特殊设计活动，既有设计学科的一般性质，又必须遵循教学的基本规律②。通过教学设计，教师可以对教学活动的基本过程有个整体的把握，可以根据教学情境和教学对象的特点确定合理的教学目标，实施可行的评价方案，从而保证教学活动顺利进行。此外，通过教学设计，教师还可以有效地掌握学生学习的初始状态和学习后的状态，从而及时调整教学策略、方法，采取必要的教学措施，为下一阶段的教学奠定良好的基础。

(二)教学设计的过程

教学设计包括教学目标设计和教学策略设计。当然，在对以上两项进行设计之前，首先要对教学需求分析、教学内容和学生情况进行分析；设计结束后，还要对设计成果进行评估。因此，教学设计过程具体涉及“教学需求分析、教学内容分析、学情分析、教学目标设计、教学策略制定、教学媒体选用以及教学效果评价”等具体工作。如图 8-1 所示。

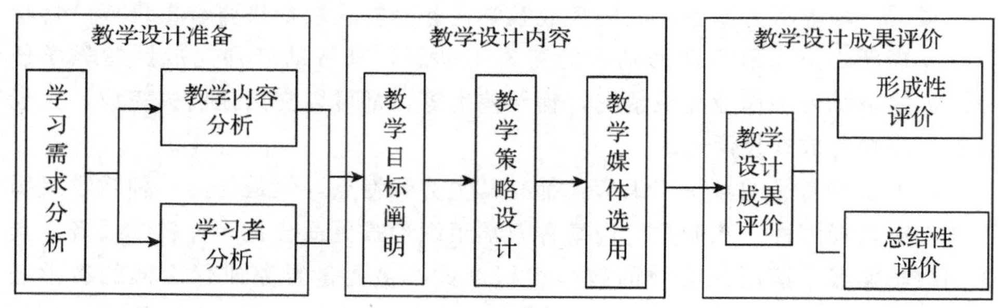

图 8-1　教学设计的基本过程模型

1. 学习需要分析

学习需要分析是教学设计的前端分析中的一个重要组成部分。学习需要是

① 李龙. 教学过程设计[M]. 呼和浩特：内蒙古人民出版社，2000.07：1.

② 何克抗等. 教学系统设计[M]. 北京：高等教育出版社，2006.05：2—3.

指学生目前的学习状况与他们所期望达到的学习状况之间的差距。在这里的“期望达到的学习状况”是指学生应当具备什么样的能力素质，包括社会、学校和家庭对学生期望，以及学生对自己的期望。“目前的学习状况”是指学生已经具备的能力素质。“学习需要”正是这两者之差。要找到学习需要，就必须了解期望学生达到的学习状况和他们目前所处的学习状况，这个分析过程就是学习者学习需要分析。

学习需要分析主要应进行三方面的工作：

(1)深入调查研究，分析教学中需要解决的问题是什么；

(2)通过分析该问题产生的原因，以确定解决该问题的必要途径；

(3)分析现有的资源条件和制约因素，明确教学设计方案以解决该问题的可行性。

2. 教学内容分析

教学内容分析是指借助于归类分析法、图解分析法、层次分析法、信息加工分析法等方法，分析学习者要实现的教学目标，需要掌握哪些知识、技能或形成什么态度。通过对学习内容的分析，可以明确规定教学内容的范围、深度和揭示教学内容各组成部分之间的联系以保证达到教学最优化的内容效度。其中，教学内容的范围指的是学习者必须达到的知识和能力的广度；教学内容的深度规定了学习者必须达到的知识深浅程度和能力的质量水平。

3. 学习者分析

教学设计的一切活动都是为了促进学习者的学习，因此，教学设计需要对学习者进行分析，以学习者的特征为教学设计的出发点。学习者的特征是指影响学习过程有效性的学习者的经验背景。对学习者的特征分析，主要是了解学习者的一般特征、学习风格，分析学习者学习教学内容之前所具有的初始能力，并确定教学的起点。其中，学习者的一般特征分析就是了解那些对学习者学习产生影响的心理特点和社会特点，主要侧重于对学习者整体情况的分析；学习风格分析主要侧重于了解学习者之间的一些个体差异，了解不同学习者在信息接受与加工方面的不同方式、他们对学习环境和条件的不同需求、他们在认知方面的差异以及他们的焦虑水平等某些个性意识倾向性差异等。

4. 学习目标的阐明

通过前期分析，可以确定学习者通过教学活动所要达到的学习结果或标准。这种结果或标准的具体化、明确化就是教学目标的阐明。教学目标包括知识与技能目标、过程与方法目标、情感态度目标(见表 8-2)。教学目标是制定教学策略、实施教学评价的依据。

表 8-2　教学目标的内容①

维度	学习目标层级水平		内容标准中使用的行为动词
知识与技能目标	低↓高	了解	描述、列出、列举、说出、指出、写出、找出、选出、读准、默写、背诵、划分、使用、比较，举例、说出等。
		理解	说明、举例说明、概括、概述、复述、辨别、区别、解释、收集、处理、阐明、分析等。
		迁移应用	分析、得出、设计、拟定、应用、评价、撰写等。
过程与方法目标	低↓高	模仿	尝试、模仿、模拟、重复、再现、例证、临摹、扩展、编写等。
		独立操作	运用、使用、完成、表现、制定、解决、拟定、安装、绘制、测量、尝试、试验等。
		熟练操作	联系、转换、灵活运用等。
情感态度价值观目标	低↓高	经历(感受)	体验、参加、参与、交流等。
		反应(认同)	关注、认同、拒绝等。
		领悟(内化)	形成、养成、具有、热爱、树立、建立、坚持、保持、确立、追求等。

5. 教学策略的设计

教学策略设计是指为完成特定的教学目标而设计教学顺序、教学活动程序、教学方法、教学组织形式等因素。在制定教学策略时，需要从学习目标出发，依据各种学习理论和教学理论，综合考虑学习内容、教学对象以及实际的教学条件等各种因素。该部分主要解决“怎样教与怎样学”的问题，需要运用系统方法的同时考虑目标、内容、学生、时间、教学条件等要素，从实际出发，从争取整体教学效益的角度来正确选择适当的教学策略。

6. 教学媒体的选择与运用

教学策略制定之后，需要借助于一定的教学媒体来传递教学信息。因而，教学媒体的选择与运用也是教学设计过程中的一项重要工作。教学媒体包括印

① 陈时见等．参与式教学[M]．北京：高等教育出版社，2012.05：108.

刷品、视听媒体、计算机网络等多种形式。教学媒体的使用需要根据教学实施计划中的具体要求优化组合。如果媒体选择与运用不得当，不仅达不到优化课堂教学的目的，反而会给人以画蛇添足之感，严重的甚至会干扰、影响课堂教学的效果。

7. 教学系统设计成果的评价

经过前六个阶段的工作，就形成了相应的教学方案和教学媒体等材料，并加以实施。最后要确定教学和学习是否合格，即进行教学评价。包括：(1)确定判断质量的标准；(2)收集有关信息；(3)使用标准来决定质量。具体在教学设计成果的评价阶段，就是要依据前面确定的教学目标，运用形成性评价和总结性评价等方法，分析学习者对预期学习目标的完成情况，对教学方案和教学材料的修改和完善提出建议，并以此为基础对教学设计的各个环节的工作进行相应的修改。评价是教学设计的一个重要组成部分。

五、教学方法

(一)教学方法的概念

教学方法是教师和学生为了完成教学任务所采用的方式和手段。教学方法具有两个基本特点：(1)教学方法是为了达到教学目的而进行的一种有组织的活动程序，是一种有秩序的活动方式体系；(2)教学方法体现了教师教授活动和学生学习活动的内在统一。

通常情况下，人们将教学方法划分为教师教的方法和学生学的方法。然而，将教学方法划分为教的方法和学的方法，是为了理论分析需要，实际教学过程中无法将教与学分离。因此，本书不再系统分析教的方法与学的方法，而是合一论之。

(二)中小学常用的教学方法

目前，中小学常用的教学方法主要涉及以信息语言传递为主的教学方法、以直接感知为主的教学方法、以实际训练为主的教学方法和以实际操作为主的教学方法三大类。

1. 以语言信息传递为主的教学方法

(1)讲授法

讲授法是教师通过语言系统连贯地向学生传授科学文化知识、思想理念，并促其智能与品德发展的方法。这是当前我国最常用的一种教学方法。

讲授法分为讲读、讲述、讲解和讲演四种。其中，讲读是读(教科书)与讲的结合，边读边讲，亦称串讲；讲述是教师向学生描绘学习的对象、介绍学习的材料、叙述事物产生变化的过程；讲解是教师向学生对概念、原理、规律、公式等进行解释、论证；讲演则是不仅要系统全面地描述事实，而且要通过深入分析、推理、论证来归纳、概括科学的概念或结论。

讲授法的优点是教师容易控制教学进程，能够使学生在较短时间内获得大量系统的科学知识。缺点是学生活动较少，如果运用不当，容易造成教师满堂灌、学生被动听的局面。

运用讲授法的基本要求：①讲授内容要有科学性、系统性、思想性、启发性、趣味性。②讲究讲授的策略与方式。③讲究语言艺术。

(2)谈话法

谈话法亦叫问答法，是教师按照一定的教学要求向学生提出问题并要求学生回答，通过问答、对话的形式来引导学生思考、探究，获取或巩固知识，促进学生智能发展的方法。

谈话法分复习谈话和启发谈话两种。复习谈话是根据学生已学教材向学生提出一系列问题，通过师生问答以帮助学生复习、深化、系统化已学的知识；启发谈话则是通过向学生提出未解决的问题，一步一步引导他们去思考和探索新知识。

谈话法的优点是能集中学生的注意力，激发学生的思维活动，使学生通过独立思考来获取知识，同时有利于发展学生的智力和语言表达能力；缺点是不利于系统知识的传授。

谈话法的基本要求：①要准备好问题和谈话计划。②提出的问题要明确和具体。③要善于启发诱导。④要做好归纳和小结。

(3)讨论法

讨论法是学生在教师的指导下为解决某个问题而进行探讨，明辨其是非真伪以获取知识的方法。讨论法的种类很多，既可以是整节课的，也可以是几分钟的短暂讨论；或是全班性的，或是小组讨论，还可以将小组讨论与全班讨论结合起来进行。其优点在于能更好地发挥学生的主动性、积极性，有利于培养学生的独立思维能力和口头表达能力。

讨论法运用的基本要求：①讨论的问题要有吸引力。②要善于在讨论中对学生启发、引导。③做好讨论小结。

(4)读书指导法

读书指导法是指教师指导学生通过阅读教科书、参考书以获取或巩固知识的方法。

读书指导法包括指导学生预习、复习、阅读参考书、自学教材等。指导预习，要向学生提出要求，进行启发，扫除某些阅读障碍，使学生通过阅读能初步了解课文，为学新课做好准备。指导复习，要提出明确的任务、布置一定的作业，以便加深对课本知识的理解和巩固。指导阅读参考书，要精选适合的读物与内容，因人而异地提出要求，给予指导。指导学生自学教材，是在教师启发和辅导下，学生以自学的形式学习新课，它有助于调动学习的主动性和培养、提高学生的自学能力。

读书指导法运用的基本要求：①提出明确的目的、要求和思考题。②教给学生读书的方法。③善于在书中发现问题与解决问题。④适当组织学生交流读书心得。

2. 以直观感知为主的教学方法

(1)演示法

演示法是指教师通过展示实物、直观教具、实验或播放有关教学内容的软件、特制的课件，使学生认识事物、获得知识或巩固知识的方法。演示的特点在于加强教学的直观性，不仅是帮助学生感知、理解基本知识的手段，也是学生获得知识、信息的重要来源。

演示所使用的工具可分为以下四大类：①实物、标本、模型、图片等演示；②图表、示意图、地图等演示；③实验演示；④幻灯、电影、录像等演示。

演示法运用的基本要求：①要使学生明确演示的目的、要求与过程，主动、积极、自觉地投入观察与思考。②注意持续性和引导性。演示前，教师要明确演示的目的和关键，选择好演示的教具；演示时，教师要结合讲授进行，引导学生注意观察，演示必须精确可靠、操作规范；演示结束后，教师要引导学生分析观察到的结果以及各种变化之间的关系，通过分析、对比、归纳、综合得出正确结论。③通过演示，使所有的学生都能清楚、准确地感知演示对象，并引导他们在感知过程中进行综合分析。④尽量排除次要因素或减小次要因素的影响，以使目的明确，现象明显。

(2)参观法

参观法是指教师组织或指导学生到一定场所进行实地观察、访问、研究和学习，从而获得新知识或巩固已学知识的教学方法。参观法可以分为准备性参观、并行性参观和总结性参观三种类型。

①准备性参观。在学习某课题前，使学生为将要学习的新课题积累必要的

感性经验，从而顺利获得新知识而进行的参观。

②并行性参观。是在学习某课题的过程中，为使学生把所学理论知识与实际紧密结合而进行的参观。

③总结性参观。是在完成某一课题之后，帮助学生验证、加深理解、巩固强化所学知识而进行的参观。

参观法运用的基本要求：①参观准备。主要包括确定参观场所、了解参观单位有关情况，制订参观计划。②参观过程。在熟悉参观对象的基础上，有组织、有步骤地参观。参观过程中，教师可一边提出问题，一边引导学生仔细观察思考，对学生提出的问题教师要认真回答，必要时可请单位有专长的人进行讲解指导，指导学生做好参观材料的整理，做好参观笔记。③参观结束，要做好参观总结，检查计划执行完成情况，指导学生作好参观材料的整理研究，制成图表、标本、模型或制成卡片，放到陈列室里，供日后观察、教学或课外活动用。

3. 以实际操作为主的教学方法

(1)练习法

练习法是指学生在教师指导下运用知识去反复完成一定的操作，或解决某类作业与习题，以加深理解和形成技能技巧的方法。练习的种类很多。按培养学生不同的能力划分，有口头练习、书面练习、实际操作练习；按学生掌握技能的进程划分，有模仿性练习、独立性练习、创造性练习。

练习法的基本步骤：①教师提出练习的任务，说明练习的意义、要求和注意事项，并做出示范；②学生练习，教师巡回辅导；③练习之后，教师进行系统分析和总结。

练习法运用的基本要求：①使学生明确练习的目的与要求，掌握练习的原理和方法，防止练习的盲目性，提高练习的自觉性；②精选练习材料，适当分配分量、次数和时间，练习的方式要多样化，循序渐进，逐步提高；③严格要求。

(2)实验法

实验法是在教师指导下学生运用一定的仪器设备进行独立作业，观察事物和过程的发生和变化，探求事物的规律，以获得知识和技能的方法。通过实验法，可以使学生把一定的直接知识同书本知识联系起来，以获得比较完全的知识，又能够培养他们的独立探索能力、实验操作能力和科学研究兴趣。它是提高自然科学有关学科教学质量不可缺少的条件。

实验法可分为探究性实验和验证性实验两种：前者在进行新课时作为学生探究、发现和获得新经验、新知识、新方法服务；后者在讲完新课后做，检验所学原理的正确性，并加深理解。

实验法运用的基本要求：①做好实验前的准备；②明确实验的目的、要求与做法；③注意实验过程中的指导；④做好实验小结。

(3)实习作业法

实习作业法是教师根据教学大纲的要求，在校内外组织学生实际的学习操作活动，将书本知识应用于实际的一种教学方法。这种方法能很好地体现理论与实际相结合的精神，对培养学生分析问题和解决问题能力，特别是实际操作本领具有重要意义。

实习法运用的基本要求：①实习前，教师要落实实习场所，备妥实习用具，做好实习的准备；②实习中，教师要加强具体指导，做好操作示范，把握好实习进程，及时查缺补漏；③实习后，教师要指导学生完成实现报告，评定学生的实习成绩，做好实习总结。

(4)探究法

探究法是学生在教师的指导下通过独立的探索，创造性地解决问题，获取知识和发展能力的方法。研究法的突出优点是，能使学生在研究和解决问题过程中受到极大的锻炼和提高，逐步掌握研究问题的方法和形成创造性地分析问题和解决问题的能力，养成刻苦钻研、攻克难关、获取真知的意志和精神。

研究法运用的基本要求：①正确选定研究课题；②提供必要的条件；③让学生独立思考与探索；④循序渐进、因材施教。

(三)教学方法的选择与运用

1. 教学方法的选择

常言道："教学有法，但无定法"，教学是一种创造性活动，选择与运用教学方法和手段要根据以下几个方面的实际情况统一考虑，每个教师都应当恰当地选择和创造性地运用教学方法，表现自己的教学艺术和形成自己的教学风格。

(1)教学任务

教学任务对教学方法的选择具有方向性的意义。教学目标是教学任务的具体化，它直接影响着教学方法的选择。教学目标可分为学期的、单元的和课时的目标。明确教学目标之后，要对各种方法完成目标的可能性进行分析，然后结合实际情况选择最佳教学方法。

(2)教学内容

不同的教学内容决定了所用教学方法的不同。要依据不同学科的性质和教材的特点来选择教学方法。

(3)学生年龄特征

教师在选择教学方法时还要考虑到学生的实际情况，主要是学生的心理特征和知识基础情况。

教学方法的选择与运用除受到教学任务、教学内容、学生年龄特征的影响外，还受到教学手段、教学环境、教师特点等因素的制约。这就要求我们要全面地、具体地、综合地考虑各种有关因素，进行权衡取舍。

2. 教学方法的应用

教学方法的运用至少应注意两个方面的基本要求：

第一，做到优化组合和最佳选择。在教学过程中，一方面，要善于灵活地运用教学方法，做到优化组合；另一方面，要认清各种教学方法的优缺点，并根据教学的实际情况加以运用，增强教学方法的适应性。因为适合的才是最好的。

第二，做到原则性与灵活性相结合。对于教学方法的运用，既要掌握“教必有法”的原则性，又要领会“教无定法”的灵活性，力求达到二者的科学性和艺术性的结合。所谓“教必有法”，即指教一定要讲究方法。任何一种教学活动，都必须掌握和运用一定的教学方法。从课始到课终，对教学的每个环节和每个步骤，教师都要力求选用具有实用价值、能产生积极效果、提高教学水平和效率的教学方法。所谓“教无定法”，即指教学中没有一成不变的方法。在实际教学活动中，教师要根据具体情况，因课、因人、因时灵活机动地运用教学方法，不能将教学方法公式化或模式化。

经典考题

1.(2013年·上半年·中学段《教育知识与能力》)学生在教师的指导下进行数学的实地测算、地理的地形测绘，生物的植物栽培和动物饲养属于下列哪一种教学方法(　　)。

A. 实验法　　B. 参观法　　C. 演示法　　D. 实习作业法

【答案】D

2.(2015·下半年·中学段《教育知识与能力》)陈老师在讲“二氧化碳性质”时，讲台上放着两瓶没有标签的无色气体，其中一瓶是二氧化碳，一瓶是空气，怎么区分它们呢？陈老师边说边将燃烧的木条分别深入两个集气瓶中，告诉学生使木条熄灭的是二氧化碳，使木条继续燃烧的是空气，这种教学方法是（　　）。

A. 实验法　　B. 讲授法　　C. 演示法　　D. 谈话法

【答案】C

六、教学评价

教学评价是依据教学目标对教学过程及结果进行价值判断并为教学决策服务的活动，是对教学活动现实的或潜在的价值做出判断的过程。教学评价一般包括对教学过程中教师、学生、教学内容、教学方法手段、教学环境、教学管理诸因素的评价，但主要是对学生学习效果的评价和教师教学工作过程的评价。① 然而，教师的教学工作成效最终表现为学生的学业成绩，所以本节的教学评价专指学生的学业水平评价。教学评价作为教学系统的一个重要组成部分，它对于教学的改进和教学质量的不断提高有重要的意义。

(一)教学评价概念

教学评价是以教学目标为依据，按照科学的标准，运用一切有效的技术手段，对教学过程及结果进行测量，并给予价值判断的过程。这一概念包括以下几个方面的内容：

1. 教学评价受教育价值观的制约

所谓教育价值观，是教育主体基于长期的教育实践经验和理性思考而形成的关于教育价值的思想和观念。由于教育主体的实践过程不同，对教育活动认识的角度、深度和广度各异，因而所确立的教育价值观也各有不同。教育评价作为教育主体的对教育活动的价值判断，不可避免地带有教育主体的价值倾向。

2. 教学评价的依据是教学目标

教育评价作为一种价值判断，必然需要具备相应的评价依据。教学目标不仅为教学过程指明方向，还为教学评价提供依据。教育评价从根本上讲，就是判决教学过程是否达到或在多大程度上达到教学目标。

3. 教学评价需要以事实为基础

教学评价是对教学事实的评价。在整个评价过程中，对于事实材料的收集直接决定了评价结果的准确性和合理性。因此，评价主体应善于收集最能反映

① 贾玉霞等．教育学[M]．西安：陕西人民出版社，2011.06：195－196.

事实结果的重要材料，科学的收集、选择、分析信息，避免被大量的虚假信息包围，难辨真伪，从而丧失宝贵的信息，造成教学评价误差。

4. 教学评价过程是对教学过程和结果进行价值判断的过程

所谓“价值判断”，就是对事物的属性和作用进行判断。“价值判断”是教育评价的核心，也是教育价值观和教学目标的具体反映。对“价值”的准确判断，需要教育评价涉及整个教育活动的始末，既关注过程，也关注结果。

(二)教学评价的类型

1. 按照评价功能不同，可以分为诊断性评价、形成性评价和总结性评价

(1)诊断性评价

诊断性评价是指在教学任务开始前，对评价对象学习上的特点和学习准备情况做出鉴定，以便采取相应措施使教学计划顺利实施而进行的测定性评价。其功能主要有二：一是确定学生的学习准备程度；二是适当安置学生。

(2)形成性评价

形成性评价是在教学过程中，为调节和完善教学活动，保证教学目标得以实现而开展的评价。其功能在于及时了解和发现教学过程中存在的问题，以调节教学活动进程并通过反馈信息，保证教学目标顺利实现。

(3)总结性评价

总结性评价是在教学活动结束之后，以预先设定的教学目标为基准，对评价对象达成目标的程度即教学效果做出评价。其功能在于对教学的总体效果进行检查，考查学生学业成绩，并对学生进行甄别与选拔。

2. 按照评价的标准不同，可以分为绝对评价、相对评价和个体内差异评价

(1)绝对评价

绝对评价又称标准参照评价，是指在评价对象之外确定一个客观标准，将评价对象与这一客观标准相比较，以判断其达到程度。绝对评价设定评价对象以外的客观标准，考察教学目标是否达成，从而把教师和学生的注意力引导实现教学目标上来，避免学生之间、教师之间因为相互攀比而造成的巨大压力。当然，绝对评价的标准是人为制定的，很难做到完全客观，且不易形成竞争气氛。

(2)相对评价

相对评价也称常模参照评价，是从评价对象集合之中选取一个或若干个对象作为基准，将余者与基准做比较，排出名次、比较优劣的评价。相对评价便于学生在相互比较中判断自己的位置，激发竞争意识，增强学习动机。然而，相对评价重在考察被评价者在集体中的位置，不注重是否完成既定教学目标，故不仅难以确定教学目标的达成度，而且往往导致学生竞争名次而忽略自身素质的全面提高。

(3)个体内差异评价

个体内差异评价指以评价对象个体的过去与现在比较，或个体的不同方面进行比较，从而得出结论的评价类型。这种评价充分照顾学生的个体差异，有利于减轻被评价者的心理负担和压力，但这种评价没有客观标准，容易被一些虚假的信息所蒙蔽。

(三)教学评价的方法

1. 观察法

观察法是直接认知被评价者的最好方法。它适用于评价那些不易量化的行为表现(如兴趣、爱好、态度、习惯、性格)和技能性的成绩(如兴趣、绘画、体育技巧和手工制品)。为了提高观察法的可靠性与精确度，不仅需要观察常态化，还需要采用等级量表(见表 8-2)，力求观察精准。

表 8-2　观察等级量变(格式)

评定项目＼等级	优	良	中	差
教师课堂提问				
学生课堂回答				
教师组织学生小组合作学习				
……				

2. 测验法

测验法主要以笔试进行，是考核、测定学生成绩的基本方法，适用于学生学习文化知识的成绩评定。测验法能在同一时间内用同一试卷测验众多对象，收集大量可靠资料，且便于推行，故历来受到各国普遍重视。当然，测验法也存在一定的缺陷，难以测量学生的能力水平和非智力程度。

测验法的重要指标：

(1)信度

信度是指测验结果的可靠程度。如果一个测验在反复使用(如对同一对象多次进行)或以不同方式使用(如换成等值试题进行)都能得出大致相同的可靠结果，那么这个测验的信度就较高。否则，信度则较低。影响信度的因素很多，主要有测验的长度、测验的时间、受试者的身心状态、测验的指导语不清或是评分标准的不同等。

(2)效度

效度是指测验达到测验目的的程度，即是否测出所要测出的东西。一个测验的效度总是对一定的测验目标而言的，故不能离开特定的目标笼统地判断这个测验是否有效度。

(3)难度

难度是指测验包含的试题难易程度。过易、过难的试题都不能准确测出学生的真实成绩，所以，一张试卷总的来说难易要适中，既要有较难的题，又要有较易的题，做到难度适中。

(4)区分度

区分度是指测验对考生的不同水平能够区分的程度，即具有区分不同水平考生能力的程度。区分度与难度有关，只有在试卷中包含有不同难度的试题，才能提高区分度，拉开考生得分的差距。

3. 调查法

调查法是了解学生的学习情况，收集学生学习信息，进而判定学生学习成绩的一种评价方法。它一般通过问卷和访谈进行。

(1)问卷调查法

问卷即书面提问方式，题型包括选择题、是否题、填空课、计分题和等级排列题等。问卷调查法是通过预先设计好的问卷要求学生笔答以获取有关评价资料的方法。采用问卷调查法时，最主要的当然是根据需要确定调查的主题，然后围绕它，设立各种明确的问题，作全面摸底了解。

(2)访谈法

访谈法是教师与学生面对面交谈，了解学生学习的兴趣、需要、态度和课后学习情况的一个重要方法。这种方法实现研究者与被调查对象面对面的交流，针对性强，灵活真实可靠，便于深入了解多种因素结合内部原因，但访谈法比较花费人力和时间，调查范围比较窄。

访谈过程通常包括以下三个步骤：

首先，访谈开始，应向学生说明访谈的目的和基本要求。

其次，逐步提问，倾听回答。对于谈话要收集的内容可以用脑记，也可以笔记，还可以用录音机记录，以备以后整理分析。

最后，访谈结束，要专门对材料作整理，形成陈述性材料，并作一定的统计性整理，得出结论。

4. 自我评价法

自我评价法就是自己对自己的评价。在教学评价中，自我评价十分重要，可以帮助学生更好地理解教学目标，正确评价自己，从而自觉改进学习。自我评价法通常包括以下方式：

(1)运用标准答案自我评价

学生在课堂或课后完成作业时，教师可以给学生提供作业标准答案，然后由学生核对作业的正误并进行评定。这有利于培养学生自我检查和自我评价的良好习惯。

(2)运用核对表自我评价

核对表自我测评通常使用于作业(如作文、绘画或手工等)无法确定标准答案的时候。核对表规定了作业的质量要求，如中学作文要求切题，构思新颖，言之有据，结构严谨，层次分明，条理清楚，文句通顺，无错别字等。运用时，首先引导学生学习掌握核对表的要求，然后由学生用核对表对照分析自己的作业，并做出客观评价。

(3)运用录音录像设备自我评价

学生进行语言、歌唱、朗诵、舞蹈等作业时，可以采用录音录像设备将自己的言语或和行动录下来，然后由学生在教师的指导下自我分析与评价，认识自己的优缺点，以便自我纠正与提高。

经典考题

1.(2014年·上半年·中学段《教育知识与能力》)通过检测来评定学生的学业成绩是中学常用的评价方法，在一个测验中，衡量是否达到测验目的的程度，即是否测出了所要测量的东西的指标是(　　)。

A. 信度　　B. 效度　　C. 难易度　　D. 区分度

【答案】B

2.(2014年·上半年·中学段《教育知识与能力》)陈老师在教学中经常通过口头提问课堂作业和书面测验等形式对学生的知识和能力进行及时测评与反馈。这种教学评价被称为(　　)。

A. 诊断性评价　　B. 相对性评价

C. 终结性评价　　D. 形成性评价

【答案】D

3.（2013年·下半年·中学段《教育知识与能力》）（辨析题）教学评价就是对学生学业成绩的评价。

【答案要点】这种说法是错误的。

教学评价是指以教学目标为依据，通过一定的标准和手段，对教学活动及其结果进行价值上的判断，即对教学活动及其结果进行测量、分析和评定的过程。教学评价主要包括对学生学习结果的评价和对教师教学工作的评价。

本章知识结构

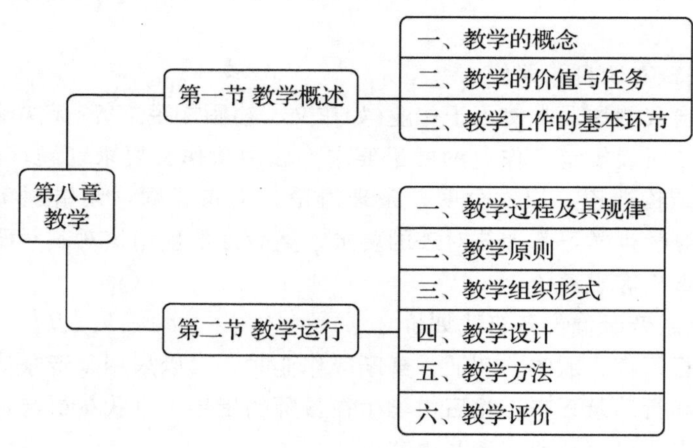

第四编
教育何以保障——德育与班级管理

【本编按语】

教育运行需要构建相应的保障体系。教育保障体系包括方向性保障和制度性保障。其中，方向性保障依赖德育工作来完成，而制度性保障依托教育法律法规和教育管理来实现。教育管理涉及宏观的教育行政、中观的学校教育管理和微观的班级管理。囿于篇幅和基于全国中小学教师资格考试需要，本编系统阐述方向性保障的德育以及制度保障中的班级管理这一微观层面，从而形成了第九章(德育)和第十章(班级管理)。

第九章　德育

本章要点

通过本章学习，我们将：

1. 理解德育的概念与意义；
2. 了解中小学德育的内容；
3. 理解德育过程及其基本规律；
4. 掌握和运用德育原则、德育方法和德育途径；

核心概念：德育　德育规律　德育原则　德育方法

[导学] 中国道德教育的三大困境(节选)

朱必法

中国自古以来，圣人教化就不绝于耳，道德之学一直就是显学，因此享有“礼仪之邦”的美誉。按理说，当代中国即使不能人人都有圣人之德，至少也应该是文质彬彬，讲信修睦。但现实并非常常如此，这敦促着我们去反思当代中国道德教育的困境。我认为，当代中国道德教育至少有三大困境：

一、道德教育的目标过于精英化

性善论是中国社会普遍的文化心理取向。中国人认为人人都有仁爱之心，倾向于善良。如果以人性之先天的善端作为走向道德目标的出发点，那么构建起来的道德势必走向一种精英道德和圣人伦理。问题在于，道德一旦走上“高大上”的路子，就会成为没有缺点的圣人、精英的专利。也就是说，普通人根本就无法享受道德带来的快乐与满足。对平常人或普通人来讲，道德就会变得虚无缥缈，变得可望而不可即，难以践行，无法做到，只能说说，只能听听，最终只能成为一个“假大空”的口号。在落差与紧张的背后，必然是道德一步一步地边缘化甚至一点一点地滑坡。

二、道德教育的手段过于强制性

有人断言，在当今道德滑坡日趋严重的情形下，应该走道德立法的道路，即先将道德变成法律规则，然后强制人们去遵守和执行，这就是所谓的“道德法律化”。这种看法除了隐含着一种法律优越论外，明显忽略了道德的特殊性。道德与法律是规范社会生活的两种不同的手段。道德规范是非制度化的、非强制性的、非外在化的一种特殊的规范。道德规范的特殊性，就是在于它是柔性的，是一种软约束，重在教化，重在价值范导。

三、道德教育的内容过于知识化

在如何获得善和德行这个问题上，当代中国普遍存在把道德直接作为确凿无疑的命题来认识，并普遍同意，道德的获得主要在于拥有道德的知识。所以，道德教育就是通过有组织有计划的方式自上而下地系统地将道德知识灌输到人们的头脑中。似乎人只有具备了有关道德的知识才能做善事，而且人只要具备了有关道德的知识就必然做善事。有知的人必然择善去恶，知其恶而为之或者知其善而不为是最大的无知。善出于知，恶出于无知。这实际上是一种道德问题上的知识决定论。

资料来源：《光明日报》 2004-12-16

第一节 德育概述

德育即品德教育，是我国学校教育的一个有机组成部分。加强德育是全面贯彻党的教育方针的需要，是青少年思想品德健康发展的需要，也是建设社会主义精神文明的需要。那么，什么是德育？它有何作用，又能够实现怎样的功能？让我们带着这些问题进入本章学习，以便找到它们的答案。当然，要弄清以上基本问题，首先得弄清何为品德。

一、品德发展概述

品德即道德品质，是指一定的道德规范在个体思想和行为中表现出来的较为稳定的心理特征或人格倾向，是道德认知、道德情感、道德意志和道德行为等构成的综合体。因此，品德包含道德认知、道德情感、道德意志和道德行为等心理成分。这些成分既相互独立，又相互联系、相互影响，构成一个完整的品德结构，简称品德的知、情、意、行结构。

(一)品德结构

1. 道德认知

道德认知是人们对客观存在的道德现象、道德关系以及处理这种关系的道德原则和规范的认识。道德认知是在社会环境和教育的影响下，在社会生活实践中逐步形成和发展起来的，是对人们思想、政治、法纪和道德等实际关系的反映、认识、判断和评价，是人们确定对客观事物的主观态度和行为准则的内在原因。道德认知是品德结构中的关键性因素，它是品德形成的基础，是道德情感和道德行为产生的基础与依据，道德认知与道德情感、道德意志结合起来对道德行为起着定向和调节作用。

2. 道德情感

道德情感是人们根据社会道德规范评价自己和他人的举止、行为、思想、意图时所产生的一种情感体验。道德情感是人所特有的一种高级情感，是品德形式结构中的一个重要组成部分，在人的各种高级情感(如理智感、美感)中居于特殊的地位，对道德行为起着激发、引导和控制作用。道德情感开始于道德认知，但并不是有了某种道德认知，就一定会有相应的道德情感。只有当道德认知同人们的世界观、人生观和道德理想相结合，才会形成对现实思想道德关系和品德行为的一种爱憎、好恶的道德情感。

3. 道德意志

道德意志是指人们在履行道德义务的过程中所表现出来的自觉克服困难和障碍、做出决策的顽强毅力和坚持精神。它常常表现为用正确动机战胜错误动机、用理智战胜欲望、用果断战胜犹豫、用坚持战胜动摇，排除来自主客观的各种干扰和障碍，按照既定的目标把品德行为坚持到底。道德意志是品德形式结构中的一个重要组成部分，对道德认知和情感的发展起促进作用。道德意志是在品德行为中表现出来的，同时又是调节品德行为的内在的精神力量。

4. 道德行为

道德行为是人们按照一定的道德原则和规范，在权衡个人利益和社会整体利益的关系基础上，自主选择的行为反应。道德行为是品德形式结构中的一个重要组成部分，是一个人品德形成发展的外在表现和客观标志，因而也是衡量一个人思想品德水平的重要标志。

(二)品德发展理论

1. 皮亚杰的道德发展理论

皮亚杰(Jean Piaget，1896－1980)，瑞士人，近代最著名的儿童心理学家。皮亚杰通过对儿童关于游戏规则的意识与执行的访谈以及对儿童说谎及公正观念的研究，揭示了儿童道德发展是一个从他律到自律的进程。具体而言，儿童的道德认知发展包含以下几个阶段：

(1)自我中心阶段(2～5 岁)

这个阶段的儿童能够接受外界的准则，但不顾准则的规定，仍然按照自己的想象执行规则。通常情况下，这时期儿童还不能把自己同外在环境区别开来，而把外在环境看作是他自身的延伸。规则对他来说不具有约束力。皮亚杰认为儿童在 5 岁以前还是“无律期”，顾不得人我关系，而是以“自我中心”来考虑问题。

(2)权威阶段(5～8 岁)

这一阶段也称作“他律期”。该时期的儿童服从外部规则，接受权威指定的规范，把人们规定的准则看作是固定的、不可变更的，而且只根据行为后果来判断对错。例如，妈妈不在家，一个小孩为了帮助妈妈做事，打碎了一盘玻璃杯；另一个为了偷柜上的糖果吃，打碎了一个玻璃杯。让这时期的儿童作判断，他往往认为前者错误更大，因为他打碎了很多的玻璃杯，而不考虑两个小孩的动机。有人称该时期为道德现实主义或他律的道德。

(3)可逆性阶段(8～10 岁)

这一阶段又称“自律阶段”。这一阶段的儿童已不把准则看成是不可改变的，而把它看作是同伴间共同约定的。他们认为，如果所有的人都同意的话，规则是可以改变的。儿童已经意识到一种同伴间的社会关系，应当相互尊重。准则对他们来说已具有一种保证他们相互行动、互惠的可逆特征。同伴间的可逆关系的出现，标志着品德由他律开始进入自律阶段。道德发展到这个时期，不再无条件地服从权威。当然这个时期判断还是不成熟的，要到十一二岁后才能独立判断。有人称该时期为道德相对主义或合作的道德。

(4)公正阶段(10～12 岁)

这一阶段的公正观念是从可逆的道德认识脱胎而来的。他们开始倾向主持公正、平等，更多地从行为的动机而不单纯是行为的结果来判断行为的责任。而且与成人的关系也从权威性过渡到平等性。当然，公正的奖惩不能是千篇一律的，应根据个人的具体情况进行。

皮亚杰的道德发展理论一方面肯定了儿童认知发展是其道德发展的必要条件。在皮亚杰看来，无论是儿童道德判断、道德情感，还是对道德规则的学习和理解都要受到认知水平的制约；另一方面，该理论丰富和发展了儿童道德发展的阶段理论，并确定了教育的适当作用。

2. 科尔伯格的道德发展理论

科尔伯格(Lawrence Kohlberg，1927—1987)是美国当代著名的心理学家、道德哲学家和教育家。他主张道德教育的主要目的是激发儿童的积极思维，发展儿童的道德推理能力，使道德思维向更高的道德阶段发展，以推进道德行为的完善。他致力于儿童道德判断力发展的研究，提出了“道德发展的三水平六阶段”理论。其中，三水平包括前习俗水平、习俗水平、后习俗水平；“六阶段”是指每个水平中又可划分为两个不同的阶段①。

(1)前习俗水平(0～9岁)

处在这一水平的儿童，其道德观念的特点是纯外在的。他们为了免受惩罚或获得奖励而顺从权威人物规定的行为准则。根据行为的直接后果和自身的利害关系判断好坏是非。这一水平包括两个阶段。

第一阶段：惩罚与服从定向阶段

处于这一阶段儿童往往根据行为的后果来判断行为是好是坏及严重程度，他们服从权威或规则只是为了避免惩罚。这一阶段的儿童认为受赞扬的行为就是好的，受惩罚的行为就是坏的，不会考虑惩罚或权威背后的道德准则。

第二阶段：相对功利取向阶段

处于这一阶段的儿童，其道德价值来自对自己需要的满足。他们不再把规则看成是绝对的、固定不变的，评定行为的好坏的标准主要看是否符合自己的利益。这个阶段的儿童认为，对自己有利就好，对自己不利的就不好。科尔伯格认为，大多数9岁以下的儿童和许多犯罪的青少年在道德认识上都处于前习俗水平。

(2)习俗水平(9～15岁)

处在这一水平的儿童，能够着眼于社会的希望与要求，并以社会成员的角度思考道德问题，已经开始意识到个体的行为必须符合社会的准则，能够了解社会规范，并遵守和执行社会规范。规则已被内化，按规则行动被认为是正确的。习俗水平包括两个阶段。

第三阶段：寻求认可的道德定向阶段

该阶段也称“好孩子”定向阶段。处在该阶段的儿童，个体的道德价值以人际关系的和谐为导向，顺从传统的要求，符合大家的意见，谋求大家的赞赏和认可。总是考虑到他人和社会对“好孩子”的要求，并总是尽量按这种要求去思考。他们认为好的行为是使人喜欢或被人赞赏的行为。

---

① [美]罗尔夫·E. 缪斯. 青春期理论[M]. 周华珍等译，上海：上海社会科学院出版社，2014.08.

第四阶段：遵守法规和秩序定向阶段

处于该阶段的儿童其道德价值以服从权威为导向，他们服从社会规范，遵守公共秩序，尊重法律的权威，以法制观念判断是非。认为准则和法律是维护社会秩序的，所以应当遵循权威和有关规范去行动，从而维持社会秩序。

(3)后习俗水平(15 岁以后)

后习俗水平，又称“原则水平”。处于这一道德水平的人，其道德判断已超出世俗的法律与权威的标准，而是有了更普遍的认识，想到的是人类的正义和个人的尊严，并将此内化为自己内部的道德命令。后习俗水平包括两个阶段。

第五阶段：社会契约定向阶段

处于这一水平阶段的人认为法律和规范是大家商定的，是一种社会契约。他们看重法律的效力，认为法律可以帮助人维持公正。但同时认为契约和法律的规定并不是绝对的，可以应大多数人的要求而改变。在强调按契约和法律的规定享受权利的同时，认识到个人应尽义务和责任的重要性。

第六阶段：原则或良心定向阶段

这一阶段是进行道德判断的最高阶段，表现为能以公正、平等、尊严这些最一般的原则思考人的行为。在这个阶段上，人们认为人类普遍的道义高于一切，只有动机是好的，行为就是正确的。

(三)中学生品德发展的基本特征

中学生品德的发展是随着其身体的发育、心理的完善而逐渐发展起来的，与个人的认知发展水平、心理发展水平、所处的社会环境、家庭教养以及学校教育都有着密切联系，在整个中学阶段呈现出以下基本特征。

1. 伦理道德发展具有自律性，品德心理中自我意识成分明显

所谓伦理，是指人与人之间关系以及必须遵守的行为准则，它是道德关系的概括，伦理道德是道德发展的最高阶段。在中学阶段，学生的品德迅速发展，处于伦理形成时期。同时，中学时期学生的自我意识发展迅速，从仿效他人的评价发展到独立进行道德评价，品德心理中自我意识成分明显。

2. 道德发展由动荡向成熟过渡

中学包括初中和高中两个阶段，总体来看，初中生的伦理道德已开始形成，但具有两极化的特点。高中生的伦理道德发展具有成熟性，可以比较自觉地运用一定的道德观念、原则、信念来调节自己的行为。具体而言，初中生的品德发展具有动荡性。初中生道德动机的多变性与稳定性交织在一起，以多变性为主，随年龄增长，总的趋势是向稳定性发展，多变性减少。根据研究，初

二年级是品德发展的关键期。高中阶段品德发展趋向成熟。高中阶段或青年初期的品德发展进入了以自律为主要形式、应用道德信念来调节道德行为的成熟时期，表现在能自觉地应用一定的道德观点、信念来调节行为，并初步形成人生观和世界观。

二、德育的概念与意义

(一)德育的概念

德育是什么？这是研究德育首先必须面对和回答的问题。对德育概念的认识，不仅决定着德育理论体系的构建，也支配着德育实践活动的开展。目前，学界对“德育是什么”这个问题有着各种不同的理解。有人认为，德育就是道德教育，或称道德品质教育；也有人认为，德育是思想政治教育，或称政治思想教育等。各种说法不一而足。直到现在，这个问题仍没有得到彻底解决。

然而，综观国内外众多学者的观点，德育概念主要包括广义的德育和狭义的德育。其中，广义的德育泛指所有有目的、有计划地对社会成员施加思想、政治与道德等方面的影响的活动。因此，广义的德育包括思想教育、政治教育和道德教育；狭义的德育专指道德品质教育，也就是西方教育理论中所讲的“moral education”①。在我国学校德育过程中，一直广泛使用的是广义的德育，即教育者根据受教育者身心发展规律，按照一定社会或阶级的要求，有目的、有计划、有组织、系统地对受教育者施加思想、政治和道德等方面的影响，通过受教育者积极的认识、体验、实践和人际交往，从而生成道德品质、人生观和社会理想的教育活动，是道德教育、政治教育、思想教育、法纪教育和心理品质教育的总称。

(二)德育的意义

1. 德育是社会主义现代化建设的重要条件和保证

我国现阶段的根本任务是进行社会主义现代化建设，精神文明建设是中国特色社会主义建设的一个重要方面，德育是精神文明建设的重要组成部分，同时又贯穿于物质文明和民主政治的建设之中。当今世界，人才在综合国力竞争中具有决定性的因素。随着经济全球化不断深入和科技进步日新月异，时代发展对人才提出了更高的要求，不仅要求掌握先进的科学文化技术，而且需要具有正确的政治方向、良好的思想素质和道德品质。因此，学校教育要把德育工作放在重要地位。

---

① 张相乐，郑传芹．教育学[M]．保定：河北大学出版社，2012.06：187.

2. 德育是青少年健康成长的条件和保证

我国的教育目的是把学生培养成为德、智、体、美、劳全面发展的人才。要使青少年身心获得全面发展，就要对他们进行全面发展教育，而德育在青少年的全面发展教育中起着定向的作用，发挥主导作用。青少年身心发展的特点也决定了在教育过程中必须把德育摆在首位。青少年正处在长身体、学知识和思想道德品质形成的发展时期，他们思想单纯、爱学习、追求上进、充满幻想、富有理想、可塑性强，但知识经验少，辨别是非能力差，容易接受各种思想的影响。因此，必须运用正确的思想和方法对他们进行教育，促使他们形成良好的道德品质，增强抵制错误思想道德影响的能力，引导他们沿着社会主义要求的方向发展，促使他们健康成长，防止他们误入歧途。

3. 德育是实现"全面发展"教育目的的条件和保证

我国的教育目的是培养德、智、体等全面发展的社会主义建设者和接班人。德育作为全面发展教育的重要组成部分，在全面发展教育中具有不可替代的价值和意义。在德育、智育、体育等全面发展教育中，德育为其他各育提供动力和方向，是其他各育得以顺利实现并获得良好效果的重要因素。学校德育不仅能够提高学生的道德情操，还能培养和激发学生非认知因素的发展，而这些非认知因素又是进行其他各育的必要条件。因此，德育对整个全面发展教育有着重要意义，是学生全面健康发展的必要条件和重要保证。

经典考题

（2014年·上半年·中学段《教育知识与能力》）（辨析题）德育就是培养学生道德品质的教育。

【答案要点】这种说法是不正确的。

①德育有广义和狭义之分。广义的德育泛指所有有目的、有计划地对社会成员在政治、思想与道德等方面施加影响的活动，包括社会德育、社区德育、学校德育和家庭德育等方面。

②狭义的德育则专指道德教育，是有目的、有计划地培养学生道德品质的一种活动。

三、中小学德育内容

德育内容是指德育活动所要传授的具体道德价值与道德规范及其体系。目前，我国中小学德育的基本内容主要包括以下几个方面。

(一)爱国主义教育

爱国主义既是重要的政治原则，又是重要的道德规范。爱祖国，一方面，表现为对自己伟大祖国的壮丽山河、悠久历史、灿烂文化和勤劳人民的无限热爱；另一方面，表现为对祖国的前途和命运的关心，对祖国的无比忠诚和为祖国献身的精神。当然，爱国主义不是狭隘的民族主义，它应与国际主义相结合，要教育学生关心世界形势，学会与世界各国共同谋求人类的和睦共处与合作、发展，致力于世界的和平事业，为世界和平与发展、人类进步做出自己的贡献。

(二)集体主义教育

集体主义是处理社会成员之间以及个体、集体、国家之间关系的根本原则和基本行为准则。对学生进行集体主义教育就是要教育学生正确认识和对待个人和集体的关系，逐步形成集体主义的观念，反对自私自利的思想，树立关心集体、热爱集体的思想，自觉地维护集体的利益和荣誉，并在集体生活中培养自己管理自己的能力和为集体服务的工作能力。

(三)劳动教育

劳动是人类社会赖以生存和发展的基础，有劳动能力的公民都应以自己的辛勤劳动为社会做出贡献。劳动教育的主要内容是：首先，教育学生树立正确的劳动观点，懂得劳动的伟大意义；其次，应使学生掌握一定的劳动技能，提高生存能力和社会适应能力；最后，教育学生学会尊重他人劳动，爱惜劳动成果和爱护公共财产。

(四)民主与法制教育

民主是国家政治生活的重要体现。民主教育应使青少年学生了解民主的本质与形式，在日常民主生活实践和熏陶中，培养民主意识和民主方法，养成民主习惯和民主作风；法制是一个国家的法律和制度，法制教育是保证青少年学生健康成长的重要内容，其主要目的是让青少年学生对基本的法律常识有一定了解，知法而后守法。同时，民主教育和法制教育相辅相成，民主是法制建设的前提和基础，而法制又是民主的确认和保障，民主教育、法制教育相互依存，殊途同归。

(五)日常行为规范的养成教育

日常行为规范的养成教育是中小学德育最基本的内容。文明行为习惯是一个国家社会风尚的现实反映，也是一个人的精神状态和文化修养的反映，对青少年进行日常行为规范的养成教育就是让他们逐步掌握基本的道德礼仪和规范，学会为人处世，待人接物。

(六)心理健康教育

心理健康是优良思想和品德发展的基础，要培养优良思想品德，必须有健康的心理。进行心理健康教育就是一方面教育青少年学生学会正确地认识自己，培养健康情感，善于调控不良情绪；另一方面教育他们学会面对挫折，正视现实，跟他人建立良好人际关系，保持心理相容。

第二节 德育运作

德育运作即德育的施行过程。在德育运作过程中，必须遵循德育规律，贯彻德育原则，选好德育方法，找准德育途径，方能获得较好的德育效果。因此，本节将系统分析德育规律、德育原则、德育方法和德育途径。

一、德育过程及其规律

(一)德育过程

德育过程是教育者和受教育者双方借助于德育内容和方法，进行施教传道和受教修养的统一活动过程，是促使受教育者道德认识、道德情感、道德意志和道德行为发展的过程，是个体社会化与社会规范个体化的统一过程①。在德育过程中，教育者和受教育者之间的矛盾，即教育者所提出的德育要求和受教育者思想品德发展现状之间的矛盾，是德育过程中的基本矛盾。换言之，教育者所提出的德育要求所引起的受教育者新的精神需要与其自身思想品德发展现状之间的矛盾，是个体思想品德形成和发展的动力②。

德育过程与品德形成过程是相互联系和相互区别的过程。首先，德育过程以品德形成过程为基础，品德的形成需要德育过程来促成。其次，德育过程与品德形成过程两者是有区别的，德育过程是教育者的一种教育过程，是教育者有目的、有计划、系统地对儿童品德进行培养的过程，它是受教育者与外部教育相互作用的过程；而品德的形成过程是指人在外部影响下，内部思想品德的变化发展过程，是主体人与外部各种教育、影响因素相互作用，产生一定思想品德变化发展结果的过程，属于人的素质和发展范畴。

---

① 焦锋．教育学基础与案例教程[M]．北京：国防工业出版社，2014.03：211.

② 胡中锋．现代教育学[M]．广州：广东高等教育出版社，2007.08：172－173.

(二)德育规律

德育规律即德育过程中固有的、本质的、必然的联系①。它是不以人的意志为转移的客观存在，人们只能发现和运用它，而不能忽视和改变它，更不能制造和创造它。目前，人们发现的德育规律主要有以下几个方面。

1. 德育过程是多开端地促进学生知、情、意、行统一发展的过程

学生的品德是由知、情、意、行四个基本要素构成的，所以学生的思想品德的发展过程是其“知、情、意、行”几方面相互制约、相互渗透和不断提高的过程。当然，这个过程并不总是以“知”为开端，而是具有多开端性。

(1)学生的品德是由知、情、意、行四个基本要素构成的

学生思想品德的形成和发展也就是知、情、意、行从简单到复杂、由低级到高级、由量变到质变的矛盾运动过程。因此，德育过程是促进学生知、情、意、行统一发展的过程。其中，“知”即道德认识，是人们对道德规范的理解及运用道德规范对他人和自己的行为所做的判断与评价；“情”即道德情感，是人们根据一定的道德标准评价他人和自己的行为时所产生的一种内心的态度体验；“意”即道德意志，是指人们在实现一定的道德行为过程中，自觉调节行为，克服困难，坚持不懈的心理品质。“行”即道德行为，是人们按社会道德要求在实践中表现出来的行为。

(2)学生的品德的发展过程是“知、情、意、行”几方面相互制约、相互渗透和不断提高的过程

道德认识是思想品德形成的基础。知是行的指导，没有正确的认识，行为就将失去正确的导向，良好的道德行为习惯就难以形成；道德情感是道德认识转化为道德行为的内在动力，是加深道德认识，形成道德信念、坚定道德意志和巩固道德行为习惯的催化剂；道德意志是一种自我控制、自我约束的能力。一个人要把行为坚持到底，必须有坚强的意志力支持。道德意志同样是品德形成过程中的动力条件。道德行为是道德认识、道德情感、道德意志的集中体现，是思想面貌和道德品质的外在标志。评价一个人思想品德如何，不仅要“听其言”，而且要“观其行”。

(3)学生的“知、情、意、行”等品德发展具有多端性

思想品德的形成，通常以知为开端，最终形成行为习惯。但由于知情意行

---

① 张雷声，梅荣政，钟明华．思想理论教育研究(第一辑)[M]．北京：高等教育出版社，2004.12：218.

各因素具有相对独立性，它们都可以作为德育的开端。然而，学生的思想品德并不是机械地按四要素的顺序发展的。在实际工作中，由于受多方面因素的影响，常常出现四要素发展不平衡的现象。如一个人有了一定的道德认识水平，并不一定表明他有相应的道德行为，即“语言的巨人，行动的矮子”，说明知与行的脱节。也有的人很容易激发道德情感，但缺乏道德意志，“无志之人常立志”，结果常常半途而废。鉴于知、情、意、行发展的不平衡现象，决定了德育过程的多端性。在教育实践过程中，德育过程不一定沿着“知、情、意、行”的固定程序进行，可以根据具体情况具体对待，灵活确定以哪一种因素作为德育开端。但是，无论以哪种因素作为德育开端，都必须使“知、情、意、行”全面发展，最终要使四要素达到和谐统一，成为稳定的整体结构，以促进学生思想品德不断向更高层次发展。

2. 德育是促进学生思想品德矛盾转化的过程

学生思想品德的形成和发展，离不开德育的外部影响，而这些影响要真正被学生接受并转化为他们的思想品德，还要经过一个内化过程，也就是思想矛盾斗争转化的过程。因此，德育过程必然是教师促使学生思想品德矛盾转化的过程。

(1)学生思想内部的矛盾斗争是学生思想品德发展的动力

学生思想上存在着各种矛盾。从内容上看，有先进思想与落后思想、正确思想与错误思想之间的矛盾；从认识过程来看，有不知与知、少知与多知、片面与全面、现象与本质之间的矛盾；从品德心理要素来看，有要素之间发展不平衡和心理发展水平高低之间的矛盾。这些矛盾概括起来，也就是教育者提出的道德要求与学生现有水平之间的矛盾。正是这一主要矛盾成为学生思想品德发展变化的动力。一个学生思想品德无论向哪个方向(消极或积极)发展，都要经过思想上矛盾的转化。教育者不能代替学生的思想矛盾的转化，但是教育者可以遵循学生思想矛盾的规律，对学生施加影响，启发诱导，长善救失，促进他们的思想矛盾向积极方面转化，使积极因素成为学生思想品德的主流。

(2)德育过程是教育与自我教育统一的过程

学生通过思想矛盾的转化形成思想品德，这是教育与自我教育相结合的结果。因为学生并不是消极地接受教育，而是有自己的主观能动性。学生一旦形成与教育要求相一致的思想品德，这些思想品德就会转化为一种能动的自我教育能力，积极地参与德育过程，成为德育过程不可缺少的教育力量。如果没有学生自我教育的积极性，甚至与教育者要求背道而驰，德育过程就不可能顺利。当然，教育者在德育过程中要善于引导学生不断增强自我意识，培养学生自我教育、自我评价的能力，提高他们辨别是非，坚持真理，抵制错误思想和行为诱惑的自制能力，使他们学会“吾日三省吾身”，处处“择其善者而从之，其不善者而改之”，只有这样，学生的思想矛盾才能向积极的方面转化，形成和发展正确的思想品德。

3. 德育过程是组织学生在活动与交往中提高思想品德的过程

(1)活动和交往是品德形成的基础

个体的思想品德不是与生俱来的，也不是后天自发产生的。马克思认为，人的本质是一切社会关系的总和。人总在特定的社会关系中掌握社会道德准则、形成道德行为的，而社会关系又必须通过交往活动才能形成、才会对人发生作用。儿童青少年也是社会人，时时刻刻广泛受到社会经济、政治、思想、文化等因素的影响。儿童青少年只有通过他们在家庭、学校、社会中与人交往，才能认识人与人之间的道德关系。因此，活动与交往是思想品德形成、发展的基础和源泉。

(2)学生在活动和交往中，必定受到多方面的影响

影响学生思想品德的活动与交往极其复杂，并非任何活动交往都符合德育要求。有些活动交往能够给学生以积极影响，而有些却是消极影响。因此，德育过程应有目的地根据德育目标和思想品德的形成规律设计实施活动，加快个体品德的发展速度，对学生品德发展方向起规范和保证作用。德育内容的广泛性，决定了组织学生活动与交往内容和形式的多样性，要通过组织丰富多彩的活动交往，培养学生的道德多方位、多层次、多方面的发展。在学生的各种活动中，其主要活动是他们的学习活动，学习活动一般是在班集体中进行的，其交往对象是教师与同学，因此，教育者应重视培养班集体，重视学习活动的组织。精心设计各种活动，使学生从中学习和掌握社会道德规范，从而形成自身的思想品德。

4. 德育过程是一个长期而反复的过程

学生思想品德的形成是一个长期的反复的过程，是由量变到质变的过程。这是学生思想品德发展的客观反映。

(1)德育过程是一个长期的过程

在德育过程中，知、情、意、行的提高绝非一朝一夕之功，需要通过长期的训练、积累才能实现。学生思想品德从无到有、从低到高、从不成熟到成熟是一个日积月累的长期过程，而且思想品德的提高无止境。作为德育过程，按

规定的要求实现了某项德育任务，但又会提出新的任务，矛盾永远不会终止，这样德育过程又继续下去。而且，学生思想品德的形成也不可能一蹴而就，而是经过多次强化、训练、逐步巩固起来的。

(2)德育过程是一个反复的过程

学生思想品德的形成和发展，除了学校德育这一主导因素外，还要受到家庭、社会各方面的影响。对于这种影响，教育者可以利用和限制，但无法完全控制，只要其中某一个消极因素在青少年中发生作用，就会造成反复。因此，要求德育过程一帆风顺，毫无阻碍和挫折而不出现反复现象，是完全不现实的。加之，青少年学生正处于成长时期，世界观尚未形成，思想很不稳定，其道德的形成必然是一个反复的过程，决定了德育过程的长期性和反复性。德育过程的长期、反复、渐进性等特点要求教育者必须持之以恒、耐心细致地教育学生，要正确认识和对待学生思想行为的反复，善于反复抓，抓反复，引导学生在反复中不断前进。

经典考题

1.(2013年·下半年·中学段《教育知识与能力》)“寓德育于教学之中，寓德育于活动之中，寓德育于教师榜样之中，寓德育于学生自我教育之中，寓德育于管理之中。”这体现的德育过程是(　　)。

A. 培养学生知情意行的过程

B. 促进学生思想内部矛盾斗争发展的过程，是教育和自我教育统一的过程

C. 长期、反复的逐步提高的过程

D. 组织学生的活动和交往，统一多方面的教育影响的过程

【答案】D

2.(2014年·上半年·中学段《教育知识与能力》)衡量学生思想水平高低的根本标准是(　　)。

A. 道德认识　　B. 道德意志　　C. 道德情感　　D. 道德行为

【答案】D

3.(2013年·下半年·中学段《教育知识与能力》)(辨析题)德育过程即品德形成过程。

【答案要点】这种说法是不正确的。

①“德育过程”与“品德形成过程”两者的联系：德育过程影响品德形成过程，品德的形成需要德育来促成。

②“德育过程”与“品德形成过程”两者的区别：德育过程是教育者的一种教育过程，是教育者有目的、有计划、系统地对儿童品德进行培养的过程，它是受教育者与外部教育相互作用的过程。而品德的形成过程是指人在外部影响下，内部思想品德的变化发展过程，是主体人与外部各种教育、影响因素相互作用，产生一定思想品德变化发展结果的过程，属于人的素质和发展范畴。

4.(2013年·上半年·中学段《教育知识与能力》)(简答题)简述品德的结构。

【答案要点】品德的心理结构包括四种基本心理成分：知、情、意、行。“知”，道德认识的简称。它是人们对道德规范的理解及运用道德规范对他人和自己的行为所做的判断与评价。“情”，即道德情感，是人们根据一定的道德标准评价他人和自己的行为时所产生的一种内心的态度体验。“意”，即道德意志，是指人们在实现一定的道德行为过程中，自觉调节行为，克服困难，坚持不懈的心理品质。“行”，即道德行为，是人们按社会道德要求在实践中表现出来的行为。

5.(2014年·上半年·中学段《教育知识与能力》)(简答题)简述德育过程的基本规律。

【答案要点】德育发展的基本规律：

①学生的知、情、意、行诸因素统一发展的规律；

②学生在活动和交往中形成的思想品德规律；

③学生思想内部矛盾转化规律；

④学生思想品德形成的长期性和反复性规律。

二、德育原则

(一)德育原则概述

德育原则是指教师对学生进行德育时所必须遵循的基本要求。它反映了德育过程的规律性，是对德育实践经验的概括和总结。可见，德育原则的制定并非是凭人们的主观愿望任意制定的，它必须反映德育过程的规律性；同时，德育原则来自德育实践，是德育实践经验的概括和总结，并随着社会生活的发展、学校德育经验的积累和对德育过程规律的认识深化而发展和充实。

(二)中小学应遵循的德育原则

德育原则指导着德育工作的各个方面及整个过程，对德育大纲的制定、德育内容的确立、德育方法的选择、德育组织形式的运用等方面均具有指导作用。目前，我国中小学常用的德育原则主要包括以下几种。

1. 导向性原则

(1)基本概念

导向性原则是指在进行德育时，要以正确的政治、思想、道德观念、价值取向为导向，指导学生形成良好的思想品德。由于学生正处于品德形成的关键期，可塑性较强且容易受到社会外界影响，因而要求学校德育要坚持导向性原则，为学生的品德健康发展指明方向。

(2)贯彻要求

第一，德育过程必须坚持以马克思主义、毛泽东思想以及科学特色社会主义理论为指导，坚持社会主义的政治方向。

第二，德育目标必须符合新时期的方针、政策和总任务的要求。教师对学生进行德育时必须结合时代的特征和社会发展的趋势，启发学生自觉地分清是非、真假、善恶、美丑。

第三，要把理想教育与学生日常实际生活结合起来，引导学生立足现实，放眼未来，将社会主义方向性渗透到日常学习、生活之中，从现在做起，从小事做起。

【案例】

一名年轻的老师第一次走上讲台，这是一个学校普遍认为的差班。刚走向讲台，一个男生就站起来问道："老师，您喜欢不喜欢差生?"老师没有回答，反而微笑地看着他，问道："你会不会把自己心爱的旧玩具丢掉?"男生想了一会儿，回答道："应当不会，我会好好珍藏的。"老师面向全班同学，庄重地说："我也不会，你们都是我的弟弟妹妹，如果你们有什么缺点，我会帮助你们改正，直到你们改好为止。一名差生不是各个方面都不及格的学生，而你们只不过是某些方面有所缺陷。我想，通过努力，大家都会成为优秀的学生。在我的眼里没有差生，只有不努力的学生。"学生们都感动地鼓起掌来。

2. 理论联系实际原则

(1)基本概念

理论联系实际原则，又称知行合一原则，是指在德育过程中，既要对学生晓之以理，提高他们的思想道德认识，又要对学生导之以行，培养他们良好的行为习惯。把理论与实践相结合，形成知行统一、言行一致的品格。

(2)贯彻要求

首先，联系实际，讲清理论。在德育过程中，教师要系统地向学生进行思想、政治、道德教育，帮助学生掌握是非、真假、善恶、美丑的正确标准，促使其形成积极向上的价值观、人生观和世界观，从根本上提高学生的道德水平。当然，这种教育必须紧密结合社会生活实际以及学生的学习、生活和品德实际，使学生的品德认识奠定在丰富可靠的感性材料的基础上，让系统的理论教育成为有血有肉、生动活泼、有的放矢的说理，防止空洞说教。

其次，组织学生参加多种实践活动。道德行为是个体思想品德的重要表现，是评价个体道德品质好坏的根本标志。然而，道德行为不是通过说理就能实现的，而是需要借助实践训练。通过实践训练，可以加深学生的道德认识，强化道德情感，锻炼道德意志，养成社会需要的道德行为习惯。因此，德育过程中，教师应导之以行，有计划地组织和引导学生把社会思想准则和规范付诸实践，身体力行，在实践中养成良好的道德行为和习惯。

【案例】

欣赏"每一个"学生——刺丛中也有花。花园里，同学们都纷纷说了自己喜欢的花，这时全校闻名的"调皮大王"李刚发话了："老师，我最喜欢的是仙人掌，它虽然全身长满了刺，但它的生命力最旺盛，而且刺丛中还能开出美丽的花儿呢！"他的话立即遭到同学们的反驳。"你们就看到它的刺了！你仔细看看人家刺中也有花，也值得我们去喜欢呀！"平时从不受欢迎的调皮大王，见同学们都不赞同他，便据理力争。"刺中有花！刺中有花！"调皮大王的话如一股电流触动了我的神经，赏花与育人不也同样吗？我激动地走到李刚身边，搂着他的肩对同学们说："李刚说得对。仙人掌虽然浑身是刺，但是它刺中也有美丽的花，我们不能只看到它的刺，就看不到它的花啦；更不能因为它刺多就不喜欢它的花。我们对待同学也应像赏花一样，特别是对缺点多一些的同学，更应该正确看待他身上的潜在的闪光点。'花'有千万种，各有优缺点，你们说对不对！"说着我拍了拍李刚的肩，我的话赢得了一片掌声，李刚也不好意思低下了头。

3. 长善救失原则

(1)基本概念

长善救失原则亦称"发扬积极因素克服消极因素"的原则，是指在德育过程中，要依靠和发扬学生积极向上的一面，限制和克服学生消极落后的一面，长善救失、因势利导培养学生自我教育的能力。

(2)贯彻要求

第一，一分为二地看学生。任何一个学生，都有不同程度的优点和缺点，在德育过程中，教师既要看到学生品德中的缺点、弱点和短处，更要善于发现他们品德中的优点和长处。特别是后进生，他们品德中的缺点和短处较为明显，其优点和长处时常被缺点和弱点所掩盖，不易被发现。因此，教师必须善于发现他们品德中的“闪光点”，并加以扶植，使其不断发扬光大，进而用它去克服缺点。对于比较先进的学生，品德中的优点、长处是主要的，但也存在缺点和弱点。教师必须充分发扬他们积极向上的优点，同时指出他们品德中的缺点和弱点，使他们正确认识自己，严格要求自己，不断向更高目标前进。

第二，教育学生发扬优点，克服缺点。教师要教育学生正确认识自己，自觉开展品德内部矛盾斗争，发扬优点，克服缺点。学生思想的进步，品德水平的提高，主要依靠他们自觉开展品德内部矛盾斗争，有效地实现品德内部矛盾的解决和转化。解决这种品德内部矛盾斗争的前提是要对自己的品德水平和状况有一个全面正确的认识。因此，教师要善于帮助学生全面、正确地认识自己品德中的优点和缺点，并促使他们自觉地开展品德内部矛盾斗争，发扬优点，克服缺点，不断进步。

第三，根据学生特点，因势利导，化消极因素为积极因素。青少年学生的一个特点是精力旺盛，活泼好动，如不正确引导，就会把旺盛的精力用到不正当的活动中去，造成不良的品德后果。因此，教师要积极组织开展各种健康有益的活动，把学生旺盛的精力引导到健康有益的活动中去，使他们在活动中受到教育，并在活动中得到发展。同时，学生品德中的优点和缺点，长处和短处是相对的，往往是矛盾地交织在一起的，在一定条件下是可以互相转化的。因此，教师要仔细地分析学生品德中的缺点、弱点和不足，从不足中找长处，并发现其中某些可以转化的积极因素，通过教师耐心细致的工作，引导其向积极方面转化。

【案例】

大学毕业不久，我就担任了初二(一)班的班主任，一天中午，一个学生急匆匆跑来说：“老师，小杨不知什么原因王和二班老师争吵，还骂老师了。”我赶紧过去问缘由。得知二班的卫生区有几片废纸，被学校的值日生扣了分，据说二班有学生看见他正好走过，就告诉王老师，认为是他扔的。于是王老师就找到小杨，并训斥了他。小杨不服气，就骂老师“瞎了眼”，结果惹恼了老师。我当时也很生气：“小杨，就算你没扔，也要好好和王老师说明，怎么可以骂老师呢？”“他根本不听我说，劈头盖脸训斥我……”见他如此冲动，我知道说什么都没用，要等待时机。

机会终于来了，在学校举办的秋季运动会上，我充分发挥了小杨热爱体育的特长，引导他为班级参加的体育项目出谋划策，协助体育委员组织，我鼓励他报了大家都未参加的3000米长跑，对此，我对他提出表扬，并号召全班同学向他学习。

运动会那天，小杨的3000米长跑得了冠军，成了班级最亮的一颗星，很多同学和他拥抱，给他送水、送毛巾，为他热烈鼓掌，使他感到了集体的力量和温暖，会后我找他谈心："小杨，运动会证明了你的实力，说明你是一个不甘落后的好学生，我相信你也会在其他方面严格要求自己，取得好成绩。""老师你真的相信我吗?""我当然相信你。"他的眼中闪烁出激动的亮光，突然说："那么老师，你也相信那天的废纸不是我扔的吗？我敢对天发誓，真不是我扔的。"看到他委屈又可笑的样子，我笑了："我相信你，当时我就相信不是你扔的!""真的吗?"他很惊讶也很高兴。"可你也有错，知道错在哪里吗?"他有些不好意思地低下头："知道老师，我会跟王老师道歉的，您放心!"

此后，小杨同学各方面有了长足的转变。

4. 正面教育与纪律约束相结合的原则

(1)基本概念

正面教育与纪律约束相结合的原则是指对学生进行思想品德教育时，既要以说服教育为主，积极疏导，启发自觉；又要对学生进行必要的约束，用一些规章制度约束学生的行为。从而实现正面教育与纪律约束相结合。

(2)贯彻要求

第一，正面说理，疏通引导，启发自觉。在德育过程中，教师要通过摆事实，讲道理，启发学生自觉地分清是非、真假、善恶、美丑。同时，树立先进典型，用正面榜样教育引导学生前进。当然，可以适当地选择一些具有说服力的反面典型和事例教育学生，以此作为他们思想行为的警戒，并增强正面榜样的教育、引导、激励作用。此外，教师要坚持以表扬为主，批评为辅，利用学生的自尊心和积极向上的心理，鼓励他们不断前进，抑制不良思想行为的产生和发展。

第二，建立必要的规章制度，把正面疏导与纪律约束结合起来。规章制度是思想政治准则和法纪道德规范的具体化，规定着学生应该怎样做和不应该怎样做，它不仅带有正面引导的性质，而且具有一定的强制约束性，这对正处于成长阶段而未成熟的青少年学生来说是十分必要的，是培养他们自我品德控制能力和良好品德行为习惯的必要手段。因此，学校应该建立必要的规章制度，并教育学生自觉遵守，以便把说理疏导和必要的严格的纪律约束结合起来。

【案例】

开学不久，陈老师发现杨朗同学有许多毛病。陈老师心想，像杨朗这样的同学缺少的不是批评而是肯定和鼓励，一次，陈老师找他谈话说："你有缺点，但你也有不少优点，可能你自己还没有发现。这样吧，我限你在两天内找到自己的一些长处，不然我可要批评你了。"第三天，杨朗很不好意思地找到陈老师，满脸通红地说："我心肠好，力气大，毕业后想当兵。"陈老师听了说："这就是了不起的长处。心肠好，乐于助人，到哪里都需要这种人。你力气大，想当兵，保家卫国，是很光荣的事，你的理想很实在。不过当兵同样需要科学文化知识，需要有真才实学。"听了老师的话，杨朗高兴极了，脸上露出了微笑。

5. 严格要求与尊重学生相结合原则

(1)基本概念

严格要求与尊重学生相结合原则是指在德育过程中，要把对学生思想和行为的严格要求与对学生个人的尊重、信任和爱护结合起来，使教师的要求易于转化为学生的自觉行为。严格要求是指教育者按照党和国家规定的标准，对学生进行严格管理和教育；尊重学生就是热爱学生，是教师对学生真诚的爱护和关怀。尊重学生的人格，承认他们的自尊心，相信他们的能力。

(2)贯彻要求

第一，尊重信任学生。教师要尊重学生的人格和权利，尊重学生的自尊心、上进心和自信心，尊重学生的力量和能力，对学生健康成长的可能性充满信心。同时，教师要以平等的态度对待学生，做学生的知心朋友，虚心听取学生的意见，尊重学生对教师所提的批评意见和合理化建议。对于学生提出的正确意见要虚心接受，不正确的意见要耐心解释。

第二，对学生的品德行为进行监督。教师对学生品德中的缺点和错误要进行严肃的批评和教育，决不能因为其事小，或因其年轻而原谅、姑息，要防微杜渐，从小教育好。对学生的热爱不是溺爱，尊重信任不是无原则的迁就放任。无原则的宽恕、怜惜和放任自流，这样只会使学生错误的品德行为不断蔓延滋长。"严是爱，松是害，不管不教要变坏。"

第三，对学生提出严格要求。教师要根据学校德育目标和学生原有的品德水平，提出正确、适当、明确、具体、有序、有恒的德育要求。其中，"正确"是指所提德育要求是科学的，合情合理的；"适当"是指所提德育要求符合学生身心特点和品德实际水平，既不太高，也不太低；"明确"是指所提德育要求有确定的意义和内容，能使学生明确地感知和理解，而不能含糊不清，模棱两可；“具体”是指所提德育要求具有具体实在的意义和内容，而不能是抽象的空洞的一般化的要求；“有序”是指所提德育要求是有计划有步骤地提出的，是一个系统连贯、循序渐进的体系；“有恒”是指德育要求提出后要坚决贯彻执行，坚持到底，抓出成效。

【案例】

周五下午最后一节课，在班主任老师的主持下，班里进行“选差”的民主投票。教室里闹哄哄的，望着同学们挤眉弄眼的鬼脸和似乎暗示着什么的手势，我烦恼的闭上了眼睛。真的，我不明白这样的评选究竟有什么意义。人各有志，让他们折腾吧，我还是专心致志地思考那几道数学题。投票结束，班主任一身正气地走上讲台，当场唱票，宣布评选结果。“纪律最差，孙晓梅(假名，下同)，32 票；劳动最差，王信，一共 30 票，不少啊；礼貌最差，郭大鹏，群众的眼睛是雪亮的；学习最差，李立，铁证如山；……”老师的声音像是从地狱里发出，我的脑子一片空白。放学了，一切都在喧嚣中结束了。那些当选最差的学生，谁也不肯回家。男生的眼中燃烧着怒火，女生则已经趴在桌子上泣不成声了。望着窗外朦胧的雨色，我只觉得一股说不清的滋味涌上心头。突然，鼻子一酸，泪水不禁夺眶而出。我不明白，老师的“选差”究竟要达到什么目的，这种“民主投票”又究竟要达到什么目的。我要转学，我要退学，我宁愿做一个文盲，也不愿回到这样的班级和学校。

6. 因材施教原则

(1)基本概念

因材施教原则是指在德育过程中，要从学生的思想认识和品德实际出发，根据其年龄特征和个性特点，确定德育内容，选用德育方法和形式来进行针对性教育。教育的对象是活生生的学生，他们的品德发展既有一般规律，又有各自的个性、优点与不足。对他们进行德育时要考虑学生的个性特点。这是进行德育的前提和基础，也是进行因材施教的基础。

(2)贯彻要求

第一，针对学生身心发展、品德发展的年龄特点进行教育。中小学生身心发展大致经历童年期(学龄初期)、少年期、青年初期这几个阶段。各个阶段学生身心发展都各有其特点，教育者要研究、掌握这些特点，特别是掌握不同年龄阶段学生品德心理发展的特点，从而使德育要求、内容在保持系统一贯的同时，注意其阶段性、针对性，并随着学生年龄的增长而逐步提高要求，加深、加宽内容。

第二，从学生的思想特点出发进行教育。由于每个学生都是一个独立的社会成员，他们在各自的环境和教育影响下活动着，因而形成各自的思想特点和品德实际，出现一些具有个人特点的特殊的实际的品德问题。因此，教育者不仅要研究、掌握学生的一些具有时代性、地区性或学校、班级的共同的思想特点，而且要了解各个学生的思想特点和品德实际情况，有针对性地进行教育。

第三，全面深入地了解研究学生，并针对学生的个性特点进行教育。同一年龄阶段、同一班级的学生，由于个人的遗传、环境和教育的不同，因而每个人的身心发展都有各自的特殊性，形成各不相同的个性特点，表现出身心发展的个别差异性。因此，教育者必须具体研究、掌握学生的个性特点，以便根据个人的具体情况，因人而异地进行德育，做好德育工作。

【案例】

初一(2)班学生李小刚对学习毫无兴趣，成绩极差，各科考试很少及格。一次期中数学考试，他一道题也答不出来，就在试卷上写下了这样一段话：

“零分我的好朋友你在慢慢地向我靠近零分你是如此多青难道你把我当着一个无用的人不我不是一个无用的人我是人我也有一棵自真心再见吧零分”。

数学老师阅卷时，看到这份无标点、错别字连篇、字迹潦草的“答卷”后，非常生气地把李小刚叫到办公室，交给了新任班主任梁老师。梁老师问明情况后，并没有直接训斥李小刚，而是耐心地帮助李小刚在他的“杰作”上加了标点，改了错别字，重新组织了那段话：

零分，我的好朋友，
你在慢慢地向我靠近。
零分，你是如此多情，
难道你把我当成一个无用的人?
不，我不是一个无用的人!
我是人，我也有一颗自尊心。
再见吧零分。

然后，梁老师让李小刚读了这段话，赞叹道：这是诗，一首很好的诗。

听到这句话，李小刚感到很诧异，梁老师接着说：“诗贵形象，你的这首诗很形象，诗言情，诗言意，从这首诗中可以看出你是一个不甘与零分为伍的人。”

“这是诗？我也能写诗?”

没想到梁老师不但没有批评他，还会如此的评价他，李小刚非常感动。

从此，在梁老师的不断鼓励下，李小刚驱散了心中的阴霾，坚定了学习的信心，端正了学习的态度。

两年后，李小刚顺利地考上了高中。

7. 集体教育与个别教育相结合的原则

(1)基本概念

集体教育与个别教育相结合的原则是指在德育过程中，德育既要教育集体、培养集体并通过集体活动与舆论教育个人；又要通过个人影响集体的形成与发展，把集体教育与个别教育结合起来。①

(2)贯彻要求

第一，努力培养和形成良好的学生集体。集体不是自发形成的，只有通过有意识地培养和教育才能建立。教师要重视学生集体的培养，关心它的成长，指导和帮助它开展集体活动，使它形成具有共同的奋斗目标、严密的组织、坚强的领导核心和健康的集体舆论的良好的学生集体。

第二，充分发挥学生集体的教育作用。培养集体的过程，也是教育学生的过程。集体一旦形成，它就成为相对于个体而存在的教育力量。要充分发挥集体的教育作用，就要使集体的奋斗目标成为鼓舞其成员前进的力量，使每个成员自觉地为集体目标的实现而严格要求自己，积极地为集体工作。同时，组织和开展集体活动，通过活动教育学生，使之形成良好的品德。

第三，加强个别教育，把集体教育和个别教育结合起来。集体是由集体中的各个成员组成的，集体中的成员不仅有其共性，同时又各具个性。集体教育只能解决共性问题，而只有从每个学生的实际出发，进行个别教育，才能解决个性问题。如果只抓集体教育，忽视个别教育工作，则个别学生的问题就会影响整个集体。反之，做好了个别教育工作，就可用典型带动全面，对集体起到推动作用。因此，德育过程既要进行集体教育，又要进行个别教育，使学生的个性在集体中得到发展和表现。

【案例】

小肖同学是班级的劳动委员，他做事认真负责，在初中阶段也一直担任班级的劳动委员，所以他的工作一直很令我满意。有一次，他所在的寝室接连几天卫生扣分，问题是出在他们的抽水马桶上。于是我就在班级里批评了他们寝

① 《德育原理》编写组．德育原理[M]．北京：北京师范大学出版社，1985.11：108.

室，还说再出问题我就要采取相应的惩罚措施。这时，班上的一个男同学在下面说了几句嘲笑的话。在我还没有反应前，就听见小肖用一种很愤怒响亮的声音说："最讨厌你这种人，幸灾乐祸！"全班同学都愣住了。我当时就说了几句，转了个话题。下课后，我把他叫到了办公室，问他到底是怎么回事。他开始并不说话，可不久，他哭了起来。我说："你有什么委屈，都说出来吧。我们心平气和地谈谈。"他抬起头来说："我现在成绩不好，寝室卫生也不好，同学们好像都在嘲笑我，我不想做班级干部了。我想等我把成绩弄上去了再做班干部。再说，我们也很用心努力地打扫了，我也搞不懂怎么还老是扣分。有些人嘴上说得很好听，唱高调，但班级的事情什么也不管，这样的人读书却比我好，我真想不通。"没想到，他一下子倒了这么多苦水，在他的心里有这么多矛盾，我想这是三言两语化解不了的。我说："小肖，请你静下心来，思考这样几个问题：搞好班级卫生到底为什么？学习与班级工作是相互矛盾的吗？你愿不愿意做一个自私的人？你把这三个问题想清楚了，我们再来谈。"

第二天一早，小肖同学就主动来找我，他面露羞愧之色，对我说："老师，我很认真思考过，以后我会加倍努力的。"在以后的课堂上，专心听讲，学习努力，班级的劳动工作也尽心尽力，在同学中的威信也很高。

8. 教育影响一致性和连贯性原则

(1)基本概念

教育影响一致性和连贯性原则是在德育过程中，教师应当有目的、有计划地把来自各方面的对学生的教育影响加以组织、调节，使其互相配合、协调一致，达到前后连贯地进行下去，以保障学生的品德能按教育目的的要求发展。众所周知，学生的品德是在学校、家庭、社会等各方面的长期教育影响下形成和发展的。这些影响纷繁复杂，不仅相互之间存在着矛盾与对立，而且往往前后并不一致。如果不加以组织则必将削弱学校德育对学生的影响。尤其在现代社会，科学技术的进步使学生活动和交往的范围扩大，通过书刊、网络接受的信息量大大增加。在这样的情况下，要有效地教育学生，必须加强学校对各方面教育影响的控制和调节。以便形成强大的教育合力，确保学生的品德按照社会的要求健康成长。

(2)贯彻要求

第一，校内各方面德育影响要一致。学校应在校长的领导下，统一校内各方面教育力量，使全体教职工和各种学生组织，按照统一的培养目标、德育要求、内容和计划，分工合作，共同对学生进行教育。在一个班上，班主任、各科教师和团队组织对学生的德育影响必须一致。特别是班主任要积极主动地争取各科教师的配合，各科教师要自觉地承担起教书育人的责任，管教、管导，既教书，又育人，明确教书是手段，育人是目的，从而紧密配合班主任做好德育工作。

第二，学校和家庭的德育影响要一致。学校要发挥专门教育机构的职能，同学生家长进行多种联系，向家长宣传教育科学知识，介绍学校教育的情况，共同分析研究学生的表现，对家庭德育进行指导，协调一致地做好学生的品德教育工作。

第三，学校与社会的德育影响要一致。学校要采取措施，对社会的影响加以调控，把社会中的积极因素运用到德育中来，特别是学校要与校外教育机构及社会有关部门、团体加强联系，共同研究、协调对青少年的教育，指导学生的校外活动，安排好学生的假期生活，开展学生喜爱的活动，充分发挥校外教育机构和各部门、各团体的教育作用，使社会德育与学校德育相一致。

第四，加强德育的计划性和连贯性。德育内容的确定和安排既要考虑社会主义思想道德的科学体系，同时又要尽可能地切合学生品德发展的顺序和水平。要注意使小学、中学、大学之间以及各年级之间，在德育要求、内容、方法和活动上，既有所区别，又加强联系，互相衔接，使之前呼后应，逐步加宽和加深。各种内容的教育和各种德育活动的开展都要有计划有系统地进行，使之既有内在逻辑联系和连贯性，形成一个不断扩展和加深的进程，又使之有条不紊地顺利进行。

【案例】

有一个星期一早上，我发现4班有5位男同学没有交联系册，于是在上课时我对全班学生说没有上交联系册的回家后一定别忘了让家长签名，否则老师就要打电话给家长叫他们过来。这一招真灵，第二天英语早自修我来到班级，课代表就把册子交到我手里。但我很快就发现薛刚同学的联系册仍没有交上来。这时我想起了上次上课时对学生所说的话，就看着他严肃地说“你为什么不交，马上叫你家长来学校。”这时，他突然猛地从座位上站起来，虎着脸吼到：“你有什么权力规定要有家校联系册？校长有没有给你权利！”我惊呆了，想到我是为他们的学习负责却受到如此恶言，就厉声说：“你在说什么？我作为老师，怎么连这个权利都没有？”我强忍住委屈的泪水。然而，他并没有让步，反而声嘶力竭地说“别的班级都没有家校联系册，为什么就我们要有？”一副盛气凌人样子。“我是为你们负责！”我也提高了嗓门。这时，班主任刘老师在隔壁班听到吵声马上过来了。知道情况后马上打电话叫他的家长过来。经过刘老师的教育和家长的批评后，薛刚似乎认识到了自己的过激行为，当场向我鞠躬道歉。当他对我说："老师，真的很对不起，今天我太冲动了，请你原谅我！"时，我再也忍不住了，眼泪夺眶而出。后来，他认真写了检讨书，然后在班会课上向全班检讨。我也知道在处理事情时不够冷静，没考虑他的感受，于是当着全班学生我也向他道歉。之后，他看见我总是像以往一样主动问好，上课时积极发言，也不时地到办公室来问题。我们和好如初了。

经典考题

1.（2011年·下半年·中学段《教育知识与能力》）苏联教育家马卡连柯说："要尽量多地要求一个人，也要尽可能地尊重一个人。"这体现的是德育的（　　）。

A. 导向性原则　　B. 教育一致性与连贯性原则

C. 因材施教原则　　D. 严格要求与尊重学生相结合原则

【答案】D

2.（2012年·下半年·中学段《教育知识与能力》）在德育过程中，体现马克思主义"一分为二"辩证认识学生的德育原则是（　　）。

A. 发扬积极因素与克服消极因素相结合

B. 理论与实践相结合

C. 集体教育与个别教育相结合

D. 严格要求与尊重学生相结合

【答案】A

3.（2013年·上半年·中学段《教育知识与能力》）针对我国目前家庭教育与学校教育对学生品德要求出现的差异甚至对立的现象，应强调贯彻的德育原则是（　　）。

A. 发扬积极因素，克服消极因素　　B. 理论联系实际

C. 教育影响的一致性与连贯性　　D. 正面启发，积极引导

【答案】C

4.（2013年·下半年·中学段《教育知识与能力》）"夫子循循然善诱人，博我以文，约我以礼，欲罢不能。"体现的德育原则是（　　）。

A. 思想性原则　　B. 疏导性原则

C. 连贯性原则　　D. 一致性原则

【答案】B

5.(2014年·下半年·中学段《教育知识与能力》)(简答题)简述贯彻教育影响一致性和连贯性德育原则的基本要求。

【答案要点】学校德育应当有目的、有计划地把来自各方面的对学生的教育影响加以组织、调节，使其互相配合、协调一致，达到前后连贯地进行下去，以保障学生的品德能按教育目的的要求发展。学生的品德是在学校、家庭、社会等各方面的长期教育影响下形成和发展的。有四个方面的贯彻要求：①校内各方面德育影响要一致；②学校和家庭的德育影响要一致；③学校与社会的德育影响要一致；④加强德育的计划性和连贯性。

三、德育方法

(一)德育方法概述

德育方法是指教师和学生在德育过程中为达到一定的德育目标而采用的活动方式与手段的组合。在德育活动中，德育方法居于枢纽环节，不仅是实现德育目标的基础，还是组织和传载德育内容、构建德育具体形态的基本工具。在具体德育工作中，必须根据实际情况，选择行之有效的方法，这样才能做到事半功倍的效果。

(二)中小学常用的德育方法

1. 说服教育法

(1)基本概念

说服教育法是指教师通过摆事实、讲道理，使学生提高认识、明辨是非、形成正确观念的一种教育方法。细言之，说服教育法是教师从学生的道德认知水平和个性出发，借助语言向学生提供事实、阐明道理，引发其内在道德认知的冲突与矛盾，促使其放弃已有不正确的价值观念、道德态度，接受新的价值观念，形成新的道德态度的方法。

(2)操作要求

第一，内容要有针对性。针对性是提高说服教育实效性的前提条件。在说服时，要从受教育者的思想实际、年龄特点、个性差异以及心理状态等实际出发，做到有的放矢，切中要害，启发和触动学生的心灵，为他们所接受，防止“模式化”和“一刀切”。

第二，情感要充沛。情感是品德形成的催化剂。“情通则理达”，教师要善于以自己充沛的热情和坚定的信念去唤起学生情感上的共鸣，激起学生思想上的波澜，从而转化为他们内心的信念，达到良好的教育效果。

第三，态度要民主。教师对学生进行说服教育时，要有民主、平等、诚恳的态度，要坦诚相见，循循善诱，广开言路，切忌讽刺、挖苦、盛气凌人、“扣帽子”“揪辫子”“小题大做”。应让学生在一种和谐的良好氛围中心悦诚服地接受意见。只有待之以诚，才能打开学生的心扉，使教师讲的道理被学生所接受。

第四，时机要适宜。教师要想很好地达到说服教育的效果，也要讲究教育时机。说服的成效，往往不取决于花了多少时间、讲了多少道理，而取决于是否善于捕捉教育的时机，拨动学生的心弦，引起他们的情感共鸣。

2. 榜样示范法

(1)基本概念

榜样示范法是以正面人物的优良品质、高尚情操、模范行为和卓越成就来影响受教育者品德的一种方法。榜样示范法形式主要有：伟人的典范、教育者的示范、同龄人中的优秀学生的示范等。

(2)操作要求

第一，选择好榜样。选好榜样是榜样示范法的前提。榜样是无声的语言，这种无声的语言往往比有声的语言更有力量，对学生有很强的吸引力、说服力和感染力。选择榜样时要注意青少年的年龄特征、接受能力、社会氛围和时代特点，所选榜样应具有先进性、典型性、生动性，使学生能够产生亲切感和崇敬感，并乐于效仿。

第二，要善于指导学生学习榜样。学习榜样不仅仅停留在口头上，要落实到学生的学习和生活之中。在指导学生模仿的过程中，教育者要对受教育者提出具体可行的要求，使其明确学什么和怎样学，引导学生用榜样来调节行为，提高修养。

第三，教师要以身示范。教师是学生最信赖的榜样，往往被学生视为社会成人的模式。教师的一言一行都可能成为学生效仿的榜样。因此，教师要教好学生，必须以身作则、严于律己，力求在各个方面都成为学生的表率。

3. 实践锻炼法

(1)基本概念

实践锻炼法是指教育者根据学生身心发展和社会的需要，有目的、有计划地组织学生参加各种实践活动，以培养学生良好的品德行为的方法。实际锻炼法包括：①执行制度，即让学生按照学生守则、课堂纪律、作息制度等必要的规章制度进行锻炼；②委托任务，即教育者委托学生完成一定的工作任务；

③组织活动，即组织学生参加各种实际的活动，如学习活动、课外活动、劳动以及一定的社会实践活动等。

(2)操作要求

第一，调动学生参加实践的积极性。学生的积极性是实践锻炼法的基础，只有学生积极参与活动，才能全身心投入，从而获得良好的心理效应，否则难有实效。因此，教师在引导学生进行实践锻炼时，要向学生讲明锻炼的目的、意义、任务等，充分调动学生的积极性和主动性。

第二，坚持严格要求。有效的锻炼有赖于严格的要求。任何一种锻炼，如果不严格遵守一定的规范和要求，就会流于形式，不可能使学生得到锻炼和提高。所以对学生品德实践锻炼贵在一个“严”字，丝毫不能放松。当然，“严”必须与尊重、信任和爱相结合。

第三，注意检查与坚持。良好的习惯与品德的形成必然经历一个长期的反复锻炼过程。前紧后松，一曝十寒，时冷时热，都无益于品德的培养。教师在对学生进行锻炼时不能放松对他们的督促和检查，鼓励他们克服困难，长期坚持下去。

4. 情感陶冶法

(1)基本概念

情感陶冶法是教育者通过创设良好的情境，潜移默化地培养学生品德的方法。情感陶冶法的方式有：①人格感化，即教育者凭借自己高尚品德、人格魅力以及对学生深切期望和真诚的爱来触动和感化学生；②环境陶冶，即通过学校的物质文化环境和精神文化环境熏陶和感染学生；③艺术熏陶，即通过音乐、美术、舞蹈、诗歌、影视等文化艺术活动，使学生潜移默化地接受影响。

(2)操作要求

第一，创设良好的教育情境。良好的教育情境是陶冶的条件和工具。要有效地陶冶学生，必先创设良好的情境，营造良好的氛围。为此，教师要努力创设直观、生动、形象的德育情境，让学生在不知不觉中受到熏陶、接受教育。

第二，情境熏陶与说理相结合。为了更有效地发挥情境的陶冶作用，不能只让创设的情境自发地影响学生，还需要教师配合以启发、说服，引导学生喜爱其学习与生活的美好环境，自觉接受有益影响。

第三，引导学生参与情境建设。良好的情境不是固有的自然存在，需要人为的创设。然而，情境的创设不能只靠教师去完成，而应当更多地引导学生参与。学生在积极创建美好情境的活动中，他们会感到自豪，其品德也随之得到深化与提高。

5. 自我教育法

(1)基本概念

自我教育法也称自我修养法，是指在教育者指导下，学生按照一定的道德规范进行自我认识、自我评价和自我提高，以形成良好思想品德的方法。自我教育是一个人在品德修养上自觉能动性的表现，更是学生思想进步的内部动力。

(2)操作要求

第一，激起学生自我教育的自觉性。激发学生自我教育的自觉性可从以下两点出发，一是帮助学生明确意识社会、家庭、学校对自己提出的道德要求；二是引导学生从自己仰慕的英雄人物中，找到自己学习的榜样。

第二，引导学生制定自我教育的标准与计划。制订恰当的修养标准和计划是避免自我教育盲目性的一个重要方式。教师应当鼓励和帮助学生制订程度适当、具体可行的修养标准与计划，并引导学生以此进行经常性的评价，不断提高自己的品德水平。

第三，引导学生在社会实践中进行自我教育。学生自我教育能力的培养离不开社会实践活动。教育者要让学生积极参加各种社会实践活动和交际活动，帮助学生在道德实践中提高自身的自我修养。

6. 品德评价法

(1)基本概念

品德评价法是对学生已经形成或正在形成的思想品德做出肯定或否定评价，以督促其形成良好品德的一种方法。品德评价法主要有三种形式：(1)奖励，即对学生思想品德给予肯定评价，包括赞许、表扬和奖赏等。(2)惩罚，即对学生不良思想行为的否定评价，包括批评、谴责和处分三种。(3)操行评定，即对学生一定时期内的思想品德进行比较全面的评价，包括写评语和等级评定两种。

(2)操作要求

第一，目的明确，客观公正。品德评价是一种德育方法，其目的是为了长善救失，激励学生进步。故评价时应充分肯定成绩，诚恳地指出缺点，提出改进意见。同时，评价学生时要客观公正，实事求是，灵活掌握评价的分量和时机，做到恰如其分，该奖则奖，该罚则罚，使之与学生品德表现的好坏程度相适应，坚决防止主观臆断，感情用事，滥用评价的做法。

第二，要充分发扬民主，获取集体舆论支持。在对学生进行品德评价时，特别是总结性评价时，要充分发扬民主，走群众路线，广泛征求各方面的意见，并取得集体舆论的支持与赞同，否则就削弱教育作用，甚至产生不良后果。

第三，重视形成性评价，引导学生不断完善。品德评价不能只看结果，应该关心学生品德发展过程的点点滴滴，关注学生品德发展的细微变化，及时纠正学生品德发展的不良势头，从而引导学生不断完善其品质。

上述德育方法各具特点，任何一种方法都是德育所不可或缺的。同时，各种方法之间相互联系、相互渗透、相互作用。因此，在德育过程中，应该根据德育的任务、内容和学生实际，灵活而科学地选择和使用不同的德育方法。

经典考题

1.（2011年·下半年·中学段《教育知识与能力》）某教师引导学生依据个人的奋斗目标，选出有针对性的格言作为自己的座右铭，用以自律自励，不断自我提高。该教师的行为体现的德育方法是（　　）。

A. 修养　　B. 锻炼　　C. 陶冶　　D. 制度

【答案】A

2.（2012年·下半年·中学段《教育知识与能力》）教师引导学生选择有针对性的格言、箴言作为座右铭，以自励、自律，使其获得教益的德育方法是（　　）。

A. 说服法　　B. 个人修养法　　C. 环境陶冶法　　D. 品德评价法

【答案】B

3.（2013年·上半年·中学段《教育知识与能力》）孟子说："天将降大任与斯人也，必先苦其心志，劳其筋骨，饿其体肤，空乏其身，行拂乱其所为，所以动心忍性，增益其所不能。"这段话体现的德育方法是（　　）。

A. 实践锻炼法　　B. 个人修养法　　C. 环境陶冶法　　D. 榜样示范法

【答案】A

4.（2014年·上半年·中学段《教育知识与能力》）班主任于老师通过委托任务和组织班级活动对学生进行思想品德教育的方法是（　　）。

A. 榜样示范法　　B. 品德评价法　　C. 实际练习法　　D. 情感陶冶法

【答案】C

5.（2015年·上半年·中学段《教育知识与能力》）班主任赵老师经常运用表扬、鼓励、批评和处分等方式引导和促进学生品德积极发展，这种方法属于

(　　)。

A. 说服教育法　　B. 榜样示范法　C. 实际锻炼法　　D. 品德评价法

【答案】D

6.(2016年·上半年·中学段《教育知识与能力》)班主任李老师接手一个新班后，针对该班纪律散漫学风懈怠的情况，首先运用板报墙壁等媒介做好舆论宣传，建立良好的班风，同时以真诚的爱感化学生，促使学生积极进取。一个学期下来，该班班风学风焕然一新。李老师运用的主要德育方法是(　　)。

A. 个人修养法　　B. 榜样示范法　C. 实践锻炼法　　D. 情感陶冶法

【答案】D

7.(2012年·上半年·中学段《教育知识与能力》)(简答题)在学校德育工作中，运用说服教育法有哪些要求？

【答案要点】见文中。

8.(2013年·下半年·中学段《教育知识与能力》)(简答题)在学校德育工作中，运用锻炼法的基本要求有哪些？

【答案要点】见文中。

四、德育途径

德育途径是实现德育目的、完成德育任务、实施德育内容的具体活动渠道。中小学德育的主要途径主要有五种，分述如下。

(一)教学活动

教学是学校教育的基本途径。学校德育的任务、内容可以通过教学活动来体现和实施。通过教学实施德育，是学校德育区别于校外德育的一个显著特点。德育教学包括德育课教学与其他学科的教学。其中，德育课向学生较系统地进行思想品德教育；其他学科的教学不同程度的包含德育要素，可以充分挖掘以提升学生的道德品质。

(二)团队活动

中国共青团和少先队是先进学生的群众组织。作为中国共产党的得力助手和后备力量的共青团是广大青年学习共产主义的学校，而少先队则是中国共产党委托共青团领导下的少年儿童的群众组织。学校通过团队活动进行德育，有利于调动学生的积极性、主动性，有利于培养学生自己教育自己、自己管理自己的能力，培养组织观念和集体主义思想。

(三)校园环境建设

校园环境作为一种特殊的育人氛围，具有凝聚、调适和塑造功能。整洁、优美、富有教育意义的校园环境能使学生受到良好的熏陶和影响，提高学生道德素质和修养。因此，学校要积极进行校园环境建设，加强校园环境管理，充分发挥校歌、校训和校风对学生的激励和约束作用；利用黑板报、橱窗、广播、图书馆、壁报、影视、荣誉室等多种形式专用场所，创造良好的教育环境。

(四)社会实践活动

学生品德是在活动与交往中发展形成的，社会实践活动是进行德育不可缺少的一个途径。在德育工作中，可根据学生不同的年龄层次，组织学生参加一定的生产劳动和公益劳动，在劳动中培养学生热爱劳动、热爱人民、珍惜劳动成果的思想感情、行为习惯和艰苦奋斗的作风；积极组织学生参观、访问、进行社会调查、参加社会服务和军训等实践活动，开阔眼界，认识国情、了解社会，增长才干，把理论和实践结合起来，增强辨别是非的能力。

(五)班主任工作

班级是学校进行德育的基层单位。班主任工作是培养学生良好思想品德和指导学生健康成长的重要途径。因此，班主任必须联系各种教育影响力量，结合本班实际情况有计划地开展各种教育活动，加强班级管理，形成良好的班风，充分发挥学生的主观能动性，培养他们自我教育和自我管理的能力。

本章知识结构

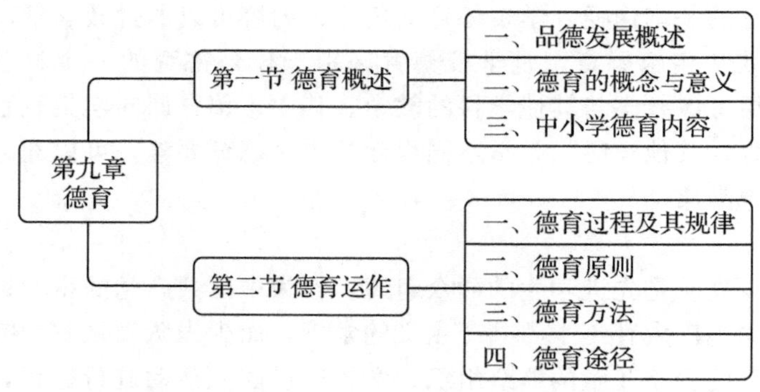

第十章　班级管理

本章要点

通过本章学习，我们将：

1. 理解班级及班级管理的内涵；
2. 了解班级管理的目标和内容；
3. 了解班主任的工作内容与方法；

核心概念： 班级管理　班集体　班主任

[导学]班级管理的“偏方”

今年刚接手了一个新班级，在工作中进行了一些思索，发现班级管理很难找到固定的模式和方法，要想实现我们班级发展的目标，更多地需要一些创新的小偏方。这些小偏方平日里看上去比较细微，但实际作用很大，如能长期坚持，必定会取得意想不到的效果。

班级事务竞标制

一般来说，班级事务大多是在班主任的制定或安排下，由小组或个人被动完成的。时间一长，老师和学生会同时产生机械应付的心理，出现拖沓等现象，这会直接影响到班级活动的质量和效果，同时学生也难以真正得到锻炼和提高。

我想到了在班级中实行“班级事务竞标制”，就是把班级日常工作中的组织权、管理权等以竞标的形式，承包给小组，由他们分别对班级的事务进行规划设计，并组织安排和实施。由班主任牵头组织班委会负责检查验收评价，并在小组和个人的综合考核中给予奖励性的加分。例如班级的板报，根据校评比的主要内容，由学生自己独立去寻找素材，特别要把奖励措施说清楚。然后由各个团队小组写出具体实施计划和预期目标，后由班主任及任课老师认真考虑实施的可行性和优劣之后做出选择，并向全体学生公布结果。之后由学生牵头，以小组的形式采取行动。此项措施大大提高了孩子们的积极性，任何班务都不是那样困难了。

给家长写表扬信

写信是我们人类交流沟通的良好方法。但是我们经常给孩子们发表扬信，忽视了教育的另外一个执行者——家长的心理。

近年来，我试着对表扬信做了一些改变，主要是感谢家长对我们工作的支持和帮助，并表达对孩子的信任与期待。特殊的感情通过文字来表达，让我获得了家长的支持与信任。主要体现在通过网上家长学校这个平台进行表扬。其中的一封信是这样写的。

尊敬的家长：

感谢您对我们班级工作以及教学工作的支持！

您的孩子在本学期学习生活等方面都有了很大的进步，这离不开您平时对孩子的严格要求。

通过观察，我对您的孩子充满了信心，相信他还会取得更大的进步。我为有这样一名懂事的学生而高兴！再次感谢您对我们工作的支持！

资料来源：《苍梧晚报》 2011-12-14

第一节　班级管理概述

班级是学校的基本单位，是学校促进学生成长的正式组织之一，整个学校教育功能的发挥主要是依赖于班级活动。班级管理，顾名思义就是对班级进行的管理。作为整个教育管理的微观层面，班级管理是落实整个教育功能的基本保障。因此，本章系统分析班级与班级管理的内涵，阐述班级管理的运作体系，为研习者提供科学的班级管理理念和策略。

一、班级管理的概念

(一)班级的概念

班级是学校为实现一定的教育的目的，将年龄相当、文化程度大体相同的学生按一定的人数规模建立起来的教育组织。班级不仅是学生接受教育的基本场所，还是学生社会化和自我教育的重要资源。“班级”一词最早来自文艺复兴时期的埃拉斯莫斯，后经捷克教育家夸美纽斯的论证而制度化。

(二)班级管理的概念

班级管理是一个动态的过程，它是教师根据一定的要求，采用一定的手段措施，带领全班学生对班级中的各种资源进行计划、组织、协调、控制，以实现教育目标的组织活动过程。可见，班级管理是一种有目的、有计划、有步骤的社会活动，这一活动的根本目的是实现教育目标，使学生得到充分的、全面的发展。班级管理包括以下几个方面的内涵。

首先，班级管理的目标是提高班级教育教学效率，促使学生充分的、全面的发展。

其次，班级管理的内容是班级中的人力、物力、财力、时间、空间等班级资源。

最后，班级管理方式是计划、组织、协调和控制。

二、班级管理的意义

班级管理既是贯彻学校的管理意图，又是学校工作运转的基本部分。学校的工作计划、工作要求都是通过班级工作来落实。因此，班级管理是学校管理活动的具体化，是学校管理工作中不可缺少的一部分，其意义具体表现为以下几个方面。

(一)班级管理有助于实现教学目标，提高教学效率

班级组织产生的根本原因在于更加有效地实施教学活动，完成教学目标和任务。因此，有效进行班级管理，不仅可以将各种教育教学要素有机结合起来，促进教育教学活动的顺利开展，还能帮助教师更好更快地实现教学目标。同时，通过班级管理，为学生创造一个良好的学习环境和学习氛围，有效促进学生学习效率的提升。

(二)班级管理有助于维持班级秩序，形成良好班风

班级是学生全体活动的基础，是学生交往活动的主要场所。通过班级管理，不仅可以建立良好的班级秩序，确保班级教育教学活动顺利进行；还能充分调动班级成员参与班级管理的积极性，从而形成健康向上的班级风气，为学生的学习和生活创造良好的精神环境。

(三)班级管理有助于锻炼学生的能力，培养学生自治与自理

班级组织中存在着最基本的人际交往和社会联系，存在着一定的组织层次和工作分工。因此，班级管理不但能帮助学生成为学习自主、生活自理、工作自治的人，而且要帮助学生进行社会角色学习，获得认识社会、适应社会的能力，而这对于促进学生的人格成长是极其重要的。

第二节　班级管理运作

班级管理的运作即班级管理的实施过程。该过程不仅需要确立班级目标，还需确立管理内容和选择管理方法。因此，本节将分别阐述班级管理目标、班级管理内容以及班级管理方法与途径(班主任工作)。

一、班级管理的目标

(一)班级管理目标的概念

班级管理目标是班级组织为实现学校的目标和任务，从本班级实际出发确定管理活动所要达到的一种理想状态或预期结果①。

(二)班级管理目标的内容

1. 目标方针

目标方针是班级管理目标的总的概括。它规定了班级管理在一定时期内的基本方向和总的要求。确立班级管理目标方针时，其含义要明确，表述要清晰，具有激励性和可操作性，且易于评价。

2. 目标项目

目标项目是班级管理目标方针的具体化，包括学生的学习、生活、品德、劳动、体育卫生等方面的内容。确立目标项目时，既要注重全面性，又要突出重点。

3. 目标值

目标值是班级项目目的预期成果，可定量表示，也可定性表述。目标值的确定要求明确具体，实事求是，具有可行性。

(三)班级管理的根本目标——优秀班集体

班集体是班级发展的高级形式，是按照班级的培养目标和教育规范组织起来的，以共同学习活动和直接人际交往为特征的学生共同体，是班级管理的根本目标。

1. 优秀班集体的基本特征

(1)明确的共同目标

明确的共同目标是班集体形成的基础。当班级成员具有共同的奋斗目标时，他们就会在实现目标的过程中保持一致行动，努力推动班集体沿着德、智、体全面发展的轨道前进。

(2)健全的组织结构

健全的组织机构不仅是班集体形成的标志，更是班集体有效运行的制度保障。在健全的班级组织中，班干部能正确扮演自己的角色，能够正确地处理与

① 周玫．德育与班级管理[M]．武汉：华中师范大学出版社，2011.03：117.

老师和同学的关系，能带领全班同学实现共同的奋斗目标。同时，学生积极参与班级管理，充分发挥每个人的聪明才智，群策群力。

(3)良好的人际关系

班集体中，班级成员之间相互悦纳，每一个成员都能感受到自己在这个集体中的价值。班集体成员之间的交往比一般班级群体更为频繁，也更为深入，表现出显著的情感一致性。学生与学生之间、学生与教师之间保持良好的沟通关系。

(4)正确的班集体舆论

班集体舆论是在班级中形成的、并为大多数学生赞同的意见和思维方式。健康的舆论是影响学生发展的巨大精神力量，对学生有潜移默化的作用。成熟的班集体具备正确的集体舆论，并内化为学生的行为规则与准则，

(5)高度的凝聚力

班集体一旦形成，便具有较高的凝聚力，班级成员之间同心协力，有高度的相互作用和影响，构成一个安定、团结的整体。同时，成员之间在思想情感和观点上比较一致，每一个成员对集体有自豪感、依恋感、荣誉感等肯定的情感体验。

2. 优秀班集体的发展阶段

班集体不是自然形成的，任何一个班集体的形成，都会经历组建、形成、发展到成熟这样一个过程，这实际上也是一个教育培养与社会化的过程。

(1)组建阶段。在这一阶段，学生初进学校，学生之间尽管形式上同属一个班级，实际上都是一个个孤立的个体。班集体靠教师组织指挥，靠行政手段组织班级，班级的目的任务都来自教师个体自身要求。

(2)形成阶段。在这一阶段，同学之间开始相互了解，在班主任的引导培养下，涌现出了一批积极分子，班级核心初步形成，开始协助班主任开展各项工作。但是，班级行为规范还未成为学生的共同需要，正确的舆论与良好班风尚未形成。

(3)发展阶段。这一阶段班集体已成为教育主体。不仅学生干部，多数学生也能互相严格要求。教育要求已转化为集体成员的自觉需要，也无须外在监督，已能自己管理和教育自己。同学之间团结友爱，形成强有力的舆论与良好的班风。勤奋学习，各项活动表现良好。

(4)成熟阶段。这一阶段是班集体趋向成熟的时期，集体的特征得到充分的体现，并为集体成员所内化，全班已成为一个组织制度健全的有机整体，整

个班级洋溢着一种平等、和谐、上进、合作的心理氛围，学生积极参与班级活动，并使自己的个性特长得到发展。

3. 优秀班集体的培育方法

(1)确定班集体的发展目标

目标是集体发展的方向和动力，一个班集体只有具有共同的目标，才能使班级成员在认识上和行动上保持统一，才能推动班集体的发展：为此，教师要精心设计班级发展的目标。班集体的发展目标一般可分为近期、中期、远期目标三种，这三种目标必须有机结合，才能使整个班级处于不断前进的状态。目标的提出应由易到难、由近及远、逐步提高。在实现班集体目标的过程中，教师要充分发挥班级成员的积极性。

(2)建立班集体的核心队伍

建立班集体的核心队伍，首先，教师要善于发现和培养积极分子。这就需要教师在了解学生的基础上，及时发现并选拔出热心为集体服务、团结同学并且具有一定管理能力的学生干部；其次，教师应该把对积极分子的使用与培养结合起来。既要鼓励积极分子独立开展工作，又要创造机会耐心帮助他们提高工作能力；既要尽量在同学面前树立和维护他们的威信，又要对他们严格要求；既要肯定他们的工作成绩，又要指出他们工作中的不足。

(3)建立班集体的正常秩序

班集体的正常秩序是维持和控制学生在校生活的基本条件，是教师开展工作的重要保证。班集体的正常秩序包括必要的规章制度、共同的生活准则以及一定的活动纪律。教师在班集体的组建阶段，就应着手正常秩序的建立工作。在建立正常秩序的过程中，教师要依靠班干部的力量，由他们来带动全班同学，一旦初步形成了班级秩序，就不要轻易去改变它。

(4)组织形式多样的教育活动

班集体是在全班同学参加各种教育活动中逐步成长起来的，而各种教育活动又可使每个人都有机会为集体出力并显示自己的才能。根据班级教育活动的时间分布，主要由日常性的教育活动与阶段性的教育活动两大部分组成，所涉及的内容有主题教育活动、文艺体育活动、社会公益活动等。教师在组织各种教育活动时，要有明确的目的和要求，要精心设计活动内容，注意形式的适龄化，力争把活动的开展过程变成教育学生的过程。

(5)培养正确的舆论和良好的班风

班集体舆论是班集体生活与成员意愿的反映。教师要注意培养正确的集体舆论，善于引导学生对班集体的一些现象与行为进行评议，要努力把舆论中心引导至正确的方向。良好的班风是一个班集体舆论持久作用而形成的风气，是班集体大多数成员的精神状态的共同倾向与表现。良好的班风一旦形成，就会无形地支配着集体成员的行为。教师可通过讲道理、树立榜样、严格要求、反复实践等方面培养与树立良好的班风。

二、班级管理的内容

班级管理涉及的内容多、范围广，可以说学生在校的所有行为以及与学生身份相关的校外行为都在管理的视野内。通常情况下，班级管理的内容包括班级组织建设、班级日常管理、学习管理、活动管理、教育力量的管理等五个方面。

(一)班级组织建设

班级的组织建设包括班级组织机构的建立和班级规章制度的建立两个方面。其中，班级组织机构主要指班级学生委员会(简称“班委会”)，通常由班长、副班长、学习委员、纪律委员、劳动委员、文艺委员、体育委员和生活委员等组成。在班委会成员中，班长是班委会的召集人和班委会日常工作的总协调人，负责主持班委会全面工作；副班长主要协助班长开展工作；学习委员主要负责开展班级学习工作；纪律委员主要负责开展班级纪律检查工作；劳动委员主要负责开展班级卫生和劳动工作；文艺委员主要负责开展班级文艺娱乐工作；体育委员主要负责开展班级体育运动工作；生活委员主要负责开展学生生活和班费管理工作。班委会是班级管理的具体执行机构，是班主任开展班级管理工作的助手。此外，班级组织建设还包括班级规章制度的建设，具体包括班级组织制度和行为规范(道德规范、课堂纪律、学校纪律、学习要求、文明礼貌、安全要求)制度。

(二)班级日常管理

班级日常管理是班级管理的又一项重要内容，主要包括思想管理、纪律管理以及学习常规管理等。(1)思想管理是先导。思想是人在实践中形成的观念、想法，它支配人的行为和感情。中学是学生形成人生观、价值观的关键时期，因此，对他们的基本思想进行引导、教育和规范是常规管理的内容。(2)纪律管理是保障。纪律是集体中协调成员行为、使其步调一致、实现共同目标的行为规范系统。纪律能起到统一行动、统一意志的作用。它是集体有序生活、高效率工作学习、有战斗力的保障。正所谓“没有规矩，不成方圆”“步调一致才能胜利”。除此之外，纪律还是一个班级班风的具体而集中的反映。(3)学习常规管理是核心。学习是学生的主要任务，是学生在校从事的最经常、最大量的活动，更是学生成长为具有高素质的社会一员的主要训练途径。学习常规管理包括学习态度的管理以及学习活动的常规管理。其中，态度是个体在对某件事物产生认识和情感的基础上形成的倾向性特征。学生有了端正的学习态度，不仅热爱学习，会勤奋地学习，努力获得好的学习成绩，而且能迁移锻炼学生形成其他良好品德，如形成对工作认真负责、专注投入的良好社会性品质。另外，学习活动常规管理可分为课堂学习常规管理、课外学习常规管理、考试常规管理等。

(三)课堂管理

课堂管理是指教师通过协调课堂内的各种人际关系从而有效地实现预定教学目标的过程。课堂管理主要涉及课堂气氛管理和课堂纪律管理两个方面。(1)课堂气氛管理。通常情况下，课堂气氛包括积极性、消极型和对抗型三种。其中，积极型课堂气氛是一种理想状态的课堂气氛，表现为课堂纪律良好、学生注意力高度集中，思维活跃，课堂发言踊跃，师生双方都有饱满的热情，师生关系融洽，配合默契，课堂气氛宽松而不涣散，严谨而不紧张。消极型课堂气氛通常以学生的紧张拘谨、心不在焉、反应迟钝为基本特征，具体表现为师生关系不融洽，学生之间不友好，学生产生烦闷、厌恶、恐惧、紧张、焦虑等消极的态度和体验。对抗型课堂气氛实质上是一种失控的课堂气氛，教师失去了对课堂的驾驭和控制能力，学生在课堂学习过程中各行其是，教学秩序一片混乱，正常的教学活动难以开展，师生均视教学位一种负担。(2)课堂纪律管理。课堂纪律是对学生课堂行为所施加的准则与控制。依据课堂纪律形成的原因，可以将课堂纪律划分为教师促成的纪律、集体促成的纪律、任务促成的纪律和自我促成的纪律四种。其中，教师促成的纪律也称“教师导向的纪律约束模式”，主要指在教师的帮助指导下形成的班级行为规范。集体促成的纪律主要指在集体舆论和集体压力的作用下形成的群体行为规范。任务促成的纪律主要指某一具体任务对学生行为提出的具体要求。这类纪律在学生的学习过程中占有重要地位。自我促成的纪律简称自律，它是学生在自觉努力下由外部纪律内化而成的个体内部约束力。自我促成的纪律是课堂纪律管理的最终目的。

(四)课外活动管理

课外活动是指学校在课堂教学之外有目的、有计划、有组织地对学生进行的多种多样的教育活动。根据组织的主体不同，课外活动可分为校内活动和校外活动。其中，校内活动是由学校领导或教师组织指导的活动；而校外活动则是由校外教育机构组织指导的活动。可见，校内活动并不仅仅限于学校范围之内。通常情况下，课外活动的内容主要涉及科技活动、学科活动、文学艺术活动、体育活动、社会公益活动、课外阅读活动以及传统的节假日活动等等。课外活动不仅有利于学生开阔眼界，获得知识；还能为学生的个性发展和品德完善的发展提供广阔天地。

课外活动的形式包括群众性活动、小组活动和个人活动。(1)群众性活动。群众性活动是一种面向多数或全体学生的带有普及性质的活动，其优点是可以在较短的时间内使较多的学生受到教育。具体形式包括报告和讲座、集会活动、竞赛活动、参观、访问、游览和调查、社会公益活动等。(2)小组活动。小组活动是课外活动的基本组织形式，是在教师的指导下，以自愿结合原则为主，根据学生的兴趣爱好和学校的具体条件，以某一课题为内容，进行有目的、有计划的经常性活动。小组活动主要包括学科小组、劳动技术小组、艺术小组、体育小组等。(3)个人活动。个人活动是学生在课外根据个人爱好而进行的单独活动形式。其目的在于充分发挥每个学生的积极性和创造性，丰富学生的个人生活，扩大和加深他们的知识，培养他们独立作业的能力。

课外活动组织管理要求具有明确的目的性和计划性；并且，活动内容要丰富多彩，形式要变化多样，富有吸引力；同时要求充分发挥学生的积极性和创造性。

(五)班级教育力量的管理

学生发展是多种教育力量共同作用的结果。因此，协调和整合班级各种教育力量构成班级管理的一项重要内容。班级教育力量的管理是指班主任对班级有影响的各种教育力量的协调。它包括协调学校教育力量、家庭教育力量和社会教育力量。(1)学校教育力量。学校的每一个部门、每一名工作人员都对学生负有教育责任。任课教师承担着班级的教学任务，是班主任需要统合的最重要的教育力量。在工作实践中，班主任应该与任课教师加强沟通与协调，共同构建密切配合、相互促进的教育共同体。(2)家庭教育力量。家庭是影响学生发展的一个重要教育力量，班主任需要对家长的教育思想、教育方法给予必要指导，促使家庭和学校的教育形成合力，使每一个学生都能健康成长。班主任与家长的联系渠道通常有家长会、家访、网上沟通、书面沟通、通信沟通、携手开展活动、家长访校日等。(3)社会教育力量。社会是个大课堂，是一本取之不尽、用之不竭的鲜活教材，它为我们的教育提供了生动丰富的内容，也为学生的学习提供了详尽、感性、富有人情味的环境。班主任应该引导学生参与社区活动，提供交往的机会，引导学生走出校门接触社会，扩大交往范围，通过参观、调查、访问，让学生体会到交往与社会发展的密切关系，增进与成年人情感和思想的交流，向成年人学习调解冲突和解决矛盾的知识，逐渐提高他们的社会交往技能。

经典考题

(2011年·下半年·中学段《教育知识与能力》)(简答题)培养班集体的方法。

【答案要点】主要可以通过五个方面建设培养班集体：①确定班集体的发展目标；②建立班集体的核心队伍；③建立班集体的正常秩序；④组织形式多样的教育活动；⑤培养正确的舆论和良好的班风。

三、班主任工作

(一)班主任的概念

班主任是全面负责一个班学生的思想、学习、健康和生活等工作的教师。班主任的工作职责是组织、教育、引导学生并与学生一起管理好班级，促进学生全面发展。因此，班级管理的方法最终体现为班主任的工作方法。

(二)班主任的作用

1. 学生和谐发展的直接责任人

班主任是学生健康和谐发展的直接责任者，这是由班主任工作的性质来决定的。班主任负责学生成长的各个方面的工作，德、智、体、美以及对学生的其他方面的教育工作都要由班主任参加和实施，这是其他教师所不能取代的。这种作用发挥得越充分，学生的健康和谐发展就越完美。反之，班主任偏颇于某些方面，学生的健康和谐发展就会受到影响。

2. 班主任是学校工作展开的纽带和具体实施者

班主任是学校工作展开的纽带和具体实施者，主要表现在以下两个方面。一是班主任是学校工作的实施者。学校是以班级为基本单位的，学校工作形成了以班级为单位的格局。不论是教学工作、学生品德教育工作、学校的其他各方面的管理工作等，都离不开班级。二是整个学校工作是个立体的全方位的工程，这个立体的全方位工程的目标指向是学校的全体学生，不可能直接指向具体的学生，同时各个部门又需要沟通和连接，这些连接的纽带就是班主任。

3. 班主任是沟通学校、社会和家庭的桥梁

学校教育在很大程度会受社会和家庭的制约，学校教育离不开社会和家庭的影响。学生生活在社会中，不可能没有社会的烙印，各种现象都会对青少年学生产生各种各样的影响。同样，学生来自不同的家庭，父母长辈的潜移默化，使孩子耳濡目染，受到很大影响。有时社会教育、家庭教育与学校的“不一致”对学校教育的反作用极大。教育要力争发扬积极因素，利用积极因素使学生得到积极的影响。这个工作单靠学校的力量，单靠学校教师的工作，是不能奏效的。所以学校必须借助社会力量，利用社会环境中的积极因素，发动社会上的积极教育力量，优化社会环境中健康有益的部分，而这些事情需要班主任具体落实。

(三)班主任工作的内容和方法

班主任是班级管理的核心力量。然而，一个优秀的班主任无须对班级管理的所有事务亲力亲为，而是有重点地开展工作，有所为有所不为。通常情况下，班主任要重点做好以下几个方面的工作。

1. 了解和研究学生

了解和研究学生是班主任开展教育工作的前提。班主任对学生的了解包括对学生个体的了解和对学生群体的了解两部分。其中，对学生个体的了解包括以下几个方面：思想品德、学习、身体状况、心理、家庭和社会交往情况等；对群体的为了解包括对正式群体和非正式群体的了解。班主任了解和研究学生一般可以采用以下几种方法：

(1)观察法。即班主任在自然状态下，有目的、有计划地对学生进行了解和研究的方法。这是班主任了解学生最基本的方法。

(2)谈话法。即班主任有目的、有准备地与学生通过问答方式直接交谈，从中了解学生情况的方法。这是班主任了解研究学生、管理班级常用的一种方法。

(3)书面材料与学生作品分析法。即班主任通过学生档案或书面问卷、心理测验等书面材料以及学生的作业(如作文、试卷、图画本等)了解和研究学生的方法。

2. 选拔和培养学生干部

选拔和培养学生干部不仅是班主任工作的重要内容，还是班主任教育学生的重要途径。班主任在选拔班干部时需要注意以下几个要求。

(1)要有良好的品行。品行是干部的灵魂。学生干部应为人诚实，言行一致，要有正义感，有原则。

(2)要有较强的能力。能力是干部的必要条件，学生干部的能力包括组织能力、工作能力、语言表达能力等。

(3)要有责任心。有了责任心，才能做到任劳任怨，处处以身作则。

(4)要学习认真，成绩良好。学生的主要任务是学习，学习成绩的好坏直接关系到学生干部在同学中的威信，会对工作产生很大的影响。

3. 开展个别教育

(1)先进生教育。先进生是指在一个班中，思想好、学习好、纪律好、劳动好、身体好的学生。他们一般自尊心强，充满自信，强烈的荣誉感，较强的超群愿望与竞争意识。先进生的教育要遵循以下四点：

第一，严格要求，防止自满。先进生也有缺点，也会犯错。也就是说优缺点兼有、长处和短处并存。因此，班主任对他们不能偏爱，而要严格要求，对其缺点和所犯的错误不能轻易放过，要及时批评，以防止先进生产生自满心理。

第二，不断激励，弥补挫折。一般而言，每个学生都会遇到这样或那样挫折，会产生沮丧、失意、不满、焦虑等不良感觉。先进生对挫折的感觉尤为强烈，如果班主任不及时为他们创造、提供良好的补偿机会，他们也许从此一蹶不振，所以班主任应努力满足先进生的补偿心理，使先进生沿着“偶然失败——再次表现——表现成功——自信心增强——不懈努力”的良性循环轨道前进。

第三，消除嫉妒，公平竞争。先进生有较强的超群愿望，一旦有人比他优越就会产生嫉妒。班主任要引导他们正确理解自己与他人的差距，并尽力去缩短差距，赶上甚至超过他们，这才是一个先进生应有的心理品质。同时，班主任应营造一种团结互助、你争我赶的良性竞争意识，让学生在公平的前提下进行竞争。

第四，发挥优势，全班进步。先进生有诸多优势：学习成绩好，热爱班集体，关心班集体，有一定的组织能力和威信，善于团结同学等。班主任可利用先进生的优点，让全班学生模仿，即发挥先进生的榜样作用，让全班同学都取得进步。

(2)后进生教育。后进生通常指那些学习积极性不高、学习成绩暂时落后、不太守纪律的学生。后进生是一个相对概念，运用时应谨慎。后进生一般具有不适度的自尊心，学习动机不强，意志力薄弱，是非观念模糊。后进生的教育要遵循以下四点：

第一，关心爱护后进生，尊重他们的人格。后进生特别需要温暖和热爱，因为他们经常遭到同学的白眼，家长的嫌弃。他们的人格上得不到尊重，自然地与教师、同学、家长处于对抗状态。因此，班主任只能爱他们，并且爱得深、爱得真、爱得持久，才能改变他们对人对物的态度，从而产生“不改正错误就对不起教师”的心理，变教师的爱心、尊重为自己进步的动力。

第二，培养和激发学习动机。一方面，班主任可以利用后进生学习成果反馈，激发其学习动机；另一方面，班主任要一分为二地看待后进生，善于利用“闪光点”作为推动后进生前进的动力和转化的良好开端。

第三，提供范例，增强是非观念。后进生尽管不断出现问题，不断承认错误，有时也有进步表现，但本人并不一定真正意识到问题的性质、危害以及克服缺点方法。为了从根本上解决问题，必须设法增强他们的是非观念。为此班主任可向他们提供有正反面经验教训的生动事例。通过启发、讨论，使他们明辨是非，分清好坏，从中得到借鉴，领悟到改正自己行为的必要性与可能性。

第四，根据个别差异，采取不同的教育措施。班主任要在深入调查了解的基础上，针对每个后进生年龄、性别、性格特点、错误轻重、态度好坏等，选择灵活有效的教育措施，发现教育的突破口，寻找钥匙打开他们的心灵之锁，促进转化。

4. 指导班会活动

班会是以班级为单位，在班主任指导之下，一般由学生干部主持进行的全班性会务活动。班会的种类。包括常规班会、生活班会和主题班会。班会的特征包括集体性、自主性和针对性三个方面。其中，集体性是指是所有学生都得参加并在班会中接受教育；自主性指班会的组织者一般是班干部，参与者是所有的学生，不是通过班主任的说教解决问题，而是通过学生间的交流和争论形成共识；针对性是指班会所要解决的问题是在班主任指导下事先确定的，不是漫无目的进行的。班会组织指导应注意的几个问题：

第一，主题不能过多。一次班会应以解决一两个问题为宜。

第二，要有的放矢。立足于本班实际，要有鲜明的针对性。

第三，班主任要做好“导演”而不是“演员”。主题班会应以学生为主，教师不能包办。

第四，善于抓住教育学生的契机。做班主任一定要抓住一些有利的教育时机，在适当的时机召开主题班会，往往会取得很好的教育效果。

5. 开展其他相关工作

班主任除了重点开展以上几个方面的工作以外，还要实施其他相关工作。

主要涉及学生档案管理工作、协调各种教育影响、操行评定、撰写工具计划与总结等：

（1）建立和管理学生档案。班主任在全面了解学生的基础上，对所掌握的材料进行分析处理，并将整理结果分类存放起来，即建立学生的档案。管理学生档案一般分四个环节：收集、整理、鉴定、保管。

（2）协调各种教育影响。包括统一科任教师的教育影响；统一学校领导的教育影响；统一班委会的教育影响；统一家庭的教育影响；统一社会的教育影响。

（3）操行评定。以教育目的为指导思想，以学生守则为基本依据，对学生一个学期（或一个学年）内其学习、劳动、生活、品行等方面的表现进行小结与评价。班主任需要把评定的结果用口头或书面的形式告诉学生，必要时做出解释。

（4）工作计划与总结。班主任工作计划一般分为学期计划、月或周计划以及具体的活动计划。学期计划比较完整，一般包括三大方面：班级基本情况；班级工作的内容、要求和措施；本学期主要活动与安排。

本章知识结构

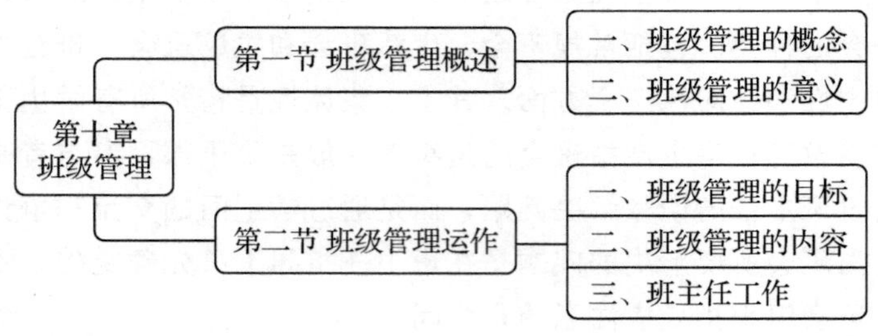

参考文献

[1] [德]马克思，[德]恩格斯．马克思恩格斯全集(第23卷)[M]．中共中央马克思恩格斯列宁斯大林著作编译局译，北京：人民出版社，1972.09.

[2] [德]马克思，[德]恩格斯．马克思恩格斯全集：第二卷[M]．中共中央马克思恩格斯列宁斯大林著作编译局译，北京：人民出版社，1972.09.

[3] [德]米夏埃尔·兰德曼．哲学人类学[M]．阎嘉译，贵阳：贵州人民出版社，1988.11.

[4] [法]卢梭．爱弥儿 论教育(上卷)[M]．李平沤译，北京：商务印书馆，1978.06.

[5] [捷]夸美纽斯，大教学论[M]．傅任敢译，北京：人民教育出版社，1984.12.

[6] [美]布鲁纳．教育过程[M]．邵瑞珍译，北京：文化教育出版社，1982.06.

[7] [美]罗尔夫·E. 缪斯．青春期理论[M]．周华珍等译，上海：上海社会科学院出版社，2014.08.

[8] [美]泰勒．课程与教学的基本原理[M]．施良方译，北京：人民教育出版社，1994.01.

[9] [苏]阿尔森·古留加．康德传[M]．贾泽林译，北京：商务印书馆，1981.07.

[10] [苏]巴拉诺夫等．教育学[M]．李子卓等译，北京：人民教育出版社，1983.05.

[11] [日]筑波大学教育学研究会．现代教育基础[M]．钟启泉译，上海：上海教育出版社．1986.06.

[12] [英]亚当·斯密．国民财富的性质和原因的研究[M]．郭大力，王亚南译，北京：商务印书馆，1972.12.

[13] [英]约翰·洛克．教育漫话[M]．傅任敢译，北京：人民教育出版社，1985.11.

[14] 北京师范大学出版社编辑部．教育学专业基础[M]．北京：北京师范大学出版社，2006.10.

[15] 本书编写组．马克思主义基本原理理论[M]．北京：高等教育出版社，2010.08.

[16] 蔡宝来．现代教育学[M]理论和实践．上海：上海教育出版社，2011.08.

[17] 曹树真．教育学教程[M]．武汉：华中科技大学出版社，2012.02.

[18] 陈寒，林群．教育学教程[M]．北京：北京师范大学出版社，2011.09.

[19] 陈凯丰．教育学教程[M]．北京：作家出版社，2003.08.

[20] 陈坤华，彭拥军．现代教育学[M]．长沙：中南大学出版社，2009.08.

[21] 陈立鹏，刘新丽．中国教育法律解读[M]．北京：机械工业出版社，2002.08.

[22] 陈平．教育学基础[M]．贵阳：贵州人民出版社，2006.08.

[23] 陈时见等．参与式教学[M]．北京：高等教育出版社，2012.05.

[24] 陈时见．课程与教学理论和课程与教学改革[M]．桂林：广西师范大学出版社，1999.01.

[25] 陈伟军．教育学[M]．济南：山东人民出版社，2014.02.

[26] 陈玥，唐靖．社会学概论[M]．成都：西南交通大学出版社，2014.02.

[27] 成正方．教育理论[M]．天津：南开大学出版社，2005.05.

[28] 戴国明．教育学教程[M]．开封：河南大学出版社，1996.02.

[29]《德育原理》编写组．德育原理[M]．北京：北京师范大学出版社，1985.11.

[30] 丁锦宏．教育学[M]．南京：南京大学出版社，2002.08.

[31] 杜晓利．教师政策[M]．上海：上海教育出版社，2012.01.

[32] 范晓玲．教学评价论[M]．长沙：湖南教育出版社，1999.10.

[33] 范晔，司马彪．后汉书(上卷)[M]．长沙：岳麓书社，2009.04.

[34] 方华，刘大椿．走向自为——社会科学的活动与方法[M]．重庆：重庆出版社，1992.12.

[35] 冯克诚．杜威实用主义教育思想与论著选读(上册)[M]．北京：人民武警出版社，2011.06.

[36] 冯文全，冷泽兵，卢清．教育学[M]．成都：电子科技大学出版社，1996.03.

[37] 冯文全．现代教育学[M]．北京：北京师范大学出版社，2011.09.

[38] 付俊贤，秦文孝．现代学校教育学[M]．西安：陕西师范大学出版

社，2007.12.
[39] 傅岩，吴义昌．教育学基础[M]．南京：南京大学出版社，2014.02.
[40] 龚乃传．中国义务教育学制改革大思路[M]．北京：人民教育出版社，1995.09.
[41] 顾明远．教育大词典(增订合编本)[M]．上海：上海教育出版社，1998.01.
[42] 郭洋波，秦玉峰．教育学[M]．北京：人民出版社，2013.07.
[43] 国家教育委员会师范教育司．教育法导读[M]．北京：北京师范大学出版社，1996.10.
[44] 韩桂凤．现代教学论[M]．北京：北京体育大学出版社，2003.06.
[45] 韩愈．韩愈集[M]．北京：中国戏剧出版社，2002.03.
[46] 何克抗等．教学系统设计[M]．北京：高等教育出版社，2006.05.
[47] 胡中锋．现代教育学[M]．广州：广东高等教育出版社，2007.08.
[48] 扈中平．现代教育理论[M]．北京：高等教育出版社，2000.08.
[49] 黄济，王策三．现代教育论[M]．北京：人民教育出版社，1996.03
[50] 黄欣．教育法学[M]．上海：上海教育出版社，2011.08.
[51] 黄宇智．现代教育改革论[M]．汕头：汕头大学出版社，1993.12.
[52] 加里宁．论共产主义教育[M]．北京：中国青年出版社，1950.09.
[53] 贾玉霞等．教育学[M]．西安：陕西人民出版社，2011.06.
[54] 焦锋．教育学基础与案例教程[M]．北京：国防工业出版社，2014.03.
[55] 教育部基础教育司．新课程的理念与创新[M]．北京：高等教育出版社，2004.04.
[56] 教育部基础教育司．走进新课程——与课程实施者对话[M]．北京：北京师范大学出版社，2002.06.
[57] 靳玉乐，李森．现代教育学[M]．成都：四川教育出版社，2011.07.
[58] 靳玉乐．教育概论[M]．重庆：重庆出版社，2006.09.
[59] 李保强，周福盛．教育基本原理[M]．济南：山东人民出版社，2008.02.
[60] 李龙．教学过程设计[M]．呼和浩特：内蒙古人民出版社，2000.07.
[61] 李森．现代教学论纲要[M]．北京：人民教育出版社，2005.11.
[62] 刘凤瑞，董成栋．当代教育科学新探[M]．北京：中国档案出版社，2006.05.
[63] 刘家访，余文森，洪明．现代课程论基础教程[M]．长春：东北师范大学

出版社，2007.12.

[64] 刘黎明．西方自然主义教育思想史[M]．武汉：华中科技大学出版社，2014.04.

[65] 刘旺洪．教育法教程[M]．南京：南京师范大学出版社，2006.06：70.

[66] 柳海民．教育学[M]．北京：中央广播电视大学出版社，2011.08：286.

[67] 柳海民．教育学原理[M]．北京：高等教育出版社，2011.05.

[68] 柳海民．现代教育学原理[M]．长春：东北师范大学出版社，2002.07.

[69] 柳海民．现代教育原理[M]．北京：人民教育出版社，2006.04.

[70] 罗炳之．外国教育史[M]．南京：江苏人民出版社，1981.02.

[71] 罗儒国．教学生活的反思与重建[M]．济南：山东人民出版社，2009.09.

[72] 吕达．课程概论[M]．北京：人民教育出版社，2004.10.

[73] 马凤芹，杨国欣．教育学[M]．北京：中国书籍出版社，2012.08.

[74] 马焕灵，陈万金．新编教育学教程[M]．广州：暨南大学出版社，2011.07.

[75] 马云鹏．课程与教学论[M]．北京：中央广播电视大学出版社，2006.01.

[76] 牟艳杰．教育原理[M]．北京：化学工业出版社，2010.09.

[77] 南京师范大学教育系．教育学[M]．北京：人民教育出版社，1984.08.

[78] 潘洪建，刘华，蔡澄．课程与教学论基础[M]．镇江：江苏大学出版社，2012.01.

[79] 潘世钦等．教育法学[M]．武汉：武汉大学出版社，2003.09.

[80] 庞守兴，广少奎．教育学新论[M]．济南：山东大学出版社，2009.08.

[81] 彭绪铭．教育学原理[M]．北京：中国人民大学出版社，2010.02.

[82] 蒲蕊．教育学原理[M]．武汉：武汉大学出版社，2010.10.

[83] 朴雪涛，李楠．教育理论[M]．沈阳：白山出版社，2005.02.

[84] 齐梅，马林．教育学原理[M]．北京：清华大学出版社，2012.06.

[85] 秦金亮．儿童发展概论[M]．北京：高等教育出版社，2008.01.

[86] 瞿葆奎．元教育学研究[M]．杭州：浙江教育出版社，1999.04.

[87] 全国十二所重点师范大学．教育学基础[M]．北京：教育科学出版社，2002.07.

[88] 全国十二所重点师范大学．课程论[M]．北京：教育科学出版社，2007.12.

[89] 桑志达等．马克思主义原理[M]．上海：上海人民出版社，1993.06.

[90] 上海师范大学教育系．列宁论教育[M]．北京：人民教育出版社，1979.03.

[91] 施良方．课程理论——课程的基础、原理与问题[M]．北京：教育科学出版社，1996.08.

[92] 石鸥．教育学教程[M]．长沙：湖南师范大学出版社，1998.11.

[93] 石佩臣．教育学基础理论[M]．长春：东北师范大学出版社，1996.04.

[94] 石忠仁．教育原理[M]．北京：人民教育出版社，2002.12.

[95] 司晓宏，张立昌．教育学教程[M]．北京：高等教育出版社，2011.08.

[96] 宋秋前，陈宏祖．教育学[M]．杭州：浙江大学出版社，2010.09.

[97] 孙俊三．教育原理[M]．长沙：中南大学出版社，2001.08.

[98] 孙立明，汪锡龄．教育学[M]．大连：辽宁师范大学出版社，1994.08.

[99] 孙立权．论语注译[M]．长春：吉林文史出版社，2011.10.

[100] 孙培青．中国教育史(第三版)[M]．上海：华东师范大学出版社，2009.06.

[101] 唐德海，徐学莹．教育学[M]．桂林：广西师范大学出版社．2004.07.

[102] 陶仁．教育学[M]．成都：电子科技大学出版社，2010.04.

[103] 滕丽．教育法通论[M]．哈尔滨：黑龙江人民出版社，2001.11.

[104] 汪潮．基础教育学[M]．杭州：浙江大学出版社，2012.09.

[105] 汪刘．教育学原理[M]．杭州：浙江大学出版社，2007.09.

[106] 汪霞．课程理论与课程改革[M]．合肥：安徽教育出版社，2007.11.

[107] 王本陆．现代教学理论 探索与争鸣[M]．合肥：安徽教育出版社，2007.11.

[108] 王道俊，郭文安．教育学[M]．北京：人民教育出版社，2009.05.

[109] 王道俊，王汉澜．教育学[M]．北京：人民教育出版社，1999.05.

[110] 王汉澜．教育学[M]．开封：河南大学出版社，1989.06.

[111] 王鸿江．现代教育学[M]．上海：上海教育出版社，2001.12.

[112] 王家奇．教育学基础与应用[M]．哈尔滨：哈尔滨工业大学出版社，2004.05.

[113] 王家云，张启树．现代教育学基础[M]．合肥：安徽大学出版社，2004.08.

[114] 王嘉毅．课程与教学设计[M]．北京：高等教育出版社，2007.06.

[115] 王萍．现代教育学[M]．济南：山东教育出版社，2012.07.

[116] 吴方桐．社会学教程[M]．武汉：华中师范大学出版社，2007.01.
[117] 吴俊升．教育哲学大纲[M]．北京：商务印书馆，1943.06.
[118] 吴康宁．教育社会学[M]．北京：人民教育出版社，1998.07.
[119] 吴亚林．教育学[M]．武汉：湖北教育出版社，2010.12.
[120] 吴永军．新课程核心理念例解[M]．南京：江苏人民出版社，2003.07.
[121] 吴永军．新课程学习方式论[M]．南京：南京师范大学出版社，2005.11.
[122] 武模桥，刘合英．教师职业道德修养与教育法规[M]．成都：电子科技大学出版社，2008.06.
[123] 武启云．新编教育学[M]．沈阳：东北大学出版社，2014.01.
[124] 许高厚等．普通教育学[M]．北京：北京师范大学出版社，1995.08.
[125] 闫祯．教育学学程——模块化理念的教师行动与体验[M]．北京：北京大学出版社，2010.08.
[126] 杨明全．课程概论[M]．北京：北京师范大学出版社，2010.09.
[127] 杨小微．现代教学论[M]．太原：山西教育出版社，2004.07.
[128] 杨秀治．教育学[M]．济南：山东大学出版社，2007.03.
[129] 杨颖秀．教育法学(第二版)[M]．北京：中央广播电视大学出版社，2007.07.
[130] 杨颖秀．教育法学[M]．北京：中央广播电视大学出版社，2004.01.
[131] 姚俊，杨兆山．教育学原理[M]．大连：辽宁师范大学出版社，2003.07.
[132] 叶澜等．教师角色与教师发展新探[M]．北京：教育科学出版社，2001.10.
[133] 余文森，王晞．教育学[M]．北京：北京大学出版社，2009.11.
[134] 余雅风．学生权利概论[M]．北京：北京师范大学出版社，2009.01.
[135] 俞可平．政治学通论[M]．北京：当代世界出版社，2002.10.
[136] 喻长志．教育法律基础[M]．合肥：安徽大学出版社，2012.01.
[137] 翟继勇．体育文明的现状与发展探索[M]．北京：光明日报出版社，2013.01.
[138] 张斌贤．外国教育思想史[M]．北京：高等教育出版社，2007.04.
[139] 张国庆，马嘉友．教育学[M]．北京：现代教育出版社，2009.09.
[140] 张焕庭．西方资产阶级教育论著选[M]．北京：人民教育出版

社，1979.09.

[141] 张军，王茂，关一航．教育理论[M]. 北京：中央民族大学出版社，2005.10.

[142] 张乐天．教育学(新编本)[M]. 北京：高等教育出版社，2007.03.

[143] 张雷声，梅荣政，钟明华．思想理论教育研究(第一辑)[M]. 北京：高等教育出版社，2004.12.

[144] 张念宏，徐仁声．教育百科辞典[M]. 北京：中国农业科技出版社，1988.07.

[145] 张相乐，郑传芹．教育学[M]. 保定：河北大学出版社，2012.06.

[146] 张英彦．教育学[M]. 合肥：合肥工业大学出版社，2008.08.

[147] 张忠华．教育学原理[M]. 北京：世界图书北京出版公司，2012.09.

[148] 张梓荆．现代育儿新书(第三版)[M]. 北京：人民军医出版社，2005.04.

[149] 赵传江．教育学教程[M]. 开封：河南大学出版社，2005.08.

[150] 赵鹤龄．教育学 问题与实践的新视角(上卷)[M]. 哈尔滨：黑龙江教育出版社，2012.02.

[151] 赵厚勰，陈竞蓉．中国教育史教程[M]. 武汉：华中科技大学出版社，2012.07.

[152] 郑良信．教育法学通论(修订版)[M]. 南宁：广西教育出版社，2005.04.

[153] 中国大百科全书出版社编辑部．中国大百科全书·教育[M]. 北京：中国大百科全书出版社，1985.08.

[154] 中央教育科学研究所．中华人民共和国教育大事记(1949－1982)[M]. 北京：教育科学出版社，1988.01.

[155] 钟启泉，崔允漷．新课程的理念与创新[M]. 北京：高等教育出版社，2003.07.

[156] 钟启泉．课程与教学论[M]. 上海：华东师范大学出版社，2008.07.

[157] 钟祖荣，刘维良．教育理论(第五版)[M]. 北京：高等教育出版社，2007.01.

[158] 钟祖荣，刘维良．教育理论[M]. 北京：高等教育出版社，2005.01.

[159] 钟祖荣．教育学[M]. 北京：北京出版社，2004.03.

[160] 周玫．德育与班级管理[M]. 武汉：华中师范大学出版社，2011.03.

[161] 朱家存，王守恒，周兴国．教育学[M]．北京：高等教育出版社，2010.12.
[162] 邹群，王琦．教育学[M]．大连：辽宁师范大学出版社，2009.05.
[163] 邹群，王琦．现代教育学[M]．大连：辽宁师范大学出版社，2001.12.